新能源汽车产业人才需求预测报告

中国汽车工程学会 主编

Talent Demand Forecast Report on the New Energy Vehicle Industry

北京理工大学出版社
BEIJING INSTITUTE OF TECHNOLOGY PRESS

版权专有　侵权必究

图书在版编目（CIP）数据

新能源汽车产业人才需求预测报告／中国汽车工程学会主编．--北京：北京理工大学出版社，2022.6
ISBN 978-7-5763-1381-9

Ⅰ.①新… Ⅱ.①中… Ⅲ.①新能源—汽车—人才需求—研究报告—中国 Ⅳ.①F426.471

中国版本图书馆 CIP 数据核字（2022）第 100778 号

出版发行 ／ 北京理工大学出版社有限责任公司
社　　址 ／ 北京市海淀区中关村南大街 5 号
邮　　编 ／ 100081
电　　话 ／ （010）68914775（总编室）
　　　　　　（010）82562903（教材售后服务热线）
　　　　　　（010）68944723（其他图书服务热线）
网　　址 ／ http：//www.bitpress.com.cn
经　　销 ／ 全国各地新华书店
印　　刷 ／ 三河市华骏印务包装有限公司
开　　本 ／ 710 毫米×1000 毫米　1/16
印　　张 ／ 15　　　　　　　　　　　　　　　责任编辑 ／ 申玉琴
字　　数 ／ 233 千字　　　　　　　　　　　　文案编辑 ／ 申玉琴
版　　次 ／ 2022 年 6 月第 1 版　2022 年 6 月第 1 次印刷　责任校对 ／ 周瑞红
定　　价 ／ 88.00 元　　　　　　　　　　　　责任印制 ／ 李志强

图书出现印装质量问题，请拨打售后服务热线，本社负责调换

顾问委员会

付于武　中国汽车工程学会
李　骏　中国汽车工程学会/清华大学
赵　继　东北大学
李志义　沈阳化工大学
张进华　中国汽车工程学会
吴志新　中国汽车技术研究中心有限公司
赵福全　清华大学汽车产业与技术战略研究院
管　欣　吉林大学汽车研究院
朱明荣　中国人才研究会汽车人才专业委员会
王晓明　中国科学院科技战略咨询研究院
陈小沐　广州汽车集团股份有限公司
廉玉波　比亚迪汽车工业有限公司
杨晓建　博世（中国）投资有限公司
林　琦　上海重塑能源集团股份有限公司
楼狄明　南昌智能新能源汽车研究院

专家咨询委员会

高振海　吉林大学汽车工程学院
王建强　清华大学车辆与运载学院
张俊智　清华大学车辆与运载学院
张立军　同济大学汽车学院
席军强　北京理工大学机械与车辆学院
杨世春　北京航空航天大学交通科学与工程学院
颜伏伍　武汉理工大学汽车工程学院
肖成伟　中国电子科技集团第十八研究所
贡　俊　上海燃料电池汽车商业化促进中心
王董雨　上海汽车集团股份有限公司
周　欣　上海蔚来汽车有限公司
古惠南　广汽埃安新能源汽车有限公司
凌和平　比亚迪汽车工业有限公司
甘　星　博世（中国）投资有限公司
高　雷　上海重塑能源集团股份有限公司

编写委员会

主编

赵莲芳　中国汽车工程学会

副主编

张　宁　中国汽车工程学会

产业现状研究组

梁　艺　电动汽车产业技术创新战略联盟

李天稳　国际汽车工程科技创新战略研究院

人才现状研究组

王永环　中国汽车工程学会

乔　芳　中国汽车工程学会

陶志军　北京上尚汽车研究院

高博麟　清华大学车辆与运载学院

院校供给研究组

王军年　吉林大学汽车工程学院

吴　坚　吉林大学汽车工程学院

李建华　吉林大学汽车工程学院

余宝星　中国汽车工程学会

周伟伟　淄博职业学院汽车工程学院

张小飞　荆州职业技术学院新能源汽车学院

人才需求预测组

刘宗巍　清华大学汽车产业与技术战略研究院

宋昊坤　清华大学汽车产业与技术战略研究院

问题与建议编制组

薄　颖　中国汽车工程学会

徐念峰　中国汽车工程学会

大数据分析组

赵艳娇　中国汽车工程学会
马　丽　同道猎聘集团
姜海峰　北京纳人网络科技有限公司
李　瑛　北京纳人网络科技有限公司
廖　航　襄阳达安汽车检测中心有限公司
王海涛　北京长安汽车工程技术研究有限责任公司
杨火峰　北京长安汽车工程技术研究有限责任公司

支持单位

北京华汽汽车文化基金会
广州汽车集团股份有限公司
比亚迪汽车工业有限公司
博世（中国）投资有限公司
上海重塑能源集团股份有限公司
南昌智能新能源汽车研究院

参与单位

中国汽车工程学会

电动汽车产业技术创新战略联盟

国际汽车工程科技创新战略研究院

吉林大学汽车工程学院

清华大学汽车产业与技术战略研究院

清华大学车辆与运载学院

中国汽车工程学会技术教育分会

中国汽车工程学会汽车应用与服务分会

编写说明

一、研究背景

汽车产业是推动新一轮科技革命和产业变革的重要力量，是建设制造强国的重要支撑，是国民经济的重要支柱。新能源汽车是全球汽车产业绿色发展、转型升级的主要方向，也是中国汽车产业高质量发展的战略选择。党中央、国务院高瞻远瞩、统揽全局，在全球范围内率先明确了发展新能源汽车的国家战略，抢抓了发展先机。在相关部门、地方政府、行业企业的共同努力下，中国新能源汽车产业发展取得显著成效，突破了一批电池、电机、电控、专用平台等关键技术，产销量连续7年世界第一，成为引领全球汽车产业电动化转型的重要力量。

发展新能源汽车是我国从汽车大国迈向汽车强国的必由之路，是应对气候变化、推动绿色发展的战略举措。从国家战略来看，各个国家和地区都把新能源汽车放到核心战略发展地位，制定一系列的战略规划及法律法规支持产业发展。从市场前景来看，节能汽车在相当长一段时间仍是市场主体。新能源汽车正处于快速成长期，2021年销量达352.1万台，比2020年同期增长157.5%，市场渗透率为13.4%。据中国汽车工程学会预计，到2035年新能源汽车将成为市场主流产品，市场渗透率将达到55.8%。从技术趋势来看，新能源汽车将成为新一轮科技革命和产业变革的标志性、引领性产品，是新一代信息技术、高端装备制造、新材料、新能源等战略性新兴产业的创新集成载体。

人才是经济社会发展的第一资源，任何一个产业的发展都离不开人才的发展，高质量的人才队伍是产业高质量发展的基础和前提。新能源产业的爆发式增长对人才队伍建设在质量和数量两方面提出更高的需求，带来更大的挑战。

为贯彻落实《中共中央关于深化人才发展体制机制改革的意见》和中央人才工作会议精神，工信部积极发挥行业主管部门作用，为分析掌握新能源汽车产业及人才发展现状，研究提出支撑新能源汽车高质量发展的人才队伍建设需求，推动完善产业、人才融合发展的工作体系，实现产业人才资源市场化配置、供需有效对接，加快建设制造强国，中国汽车工程学会联合国内新能源汽车发展战略研究的骨干力量，在相关汽车企业、高校和专家的支持下，开展新能源汽车人才需求预测工作。

二、研究边界

聚焦车辆本身，基于汽车产业链各环节的变化进行延展思考，是识别新能源汽车产业人才结构和需求变化的前提和基础。从横向上看，新能源汽车产业链贯穿汽车产品全生命周期，在设计开发、生产制造和销售售后等环节都和燃油汽车产业有所不同；从纵向上看，其供应链有了极大的扩展，包含传统整车及零部件厂商，动力电池（除燃料电池）[①]、燃料电池、电驱动系统、车载电源供应商等。展望未来，新能源汽车产业将由众多不同类型的企业共同参与，总体上可分为整车企业和供应链企业。

本次研究的目标是对近期（2022—2025 年）新能源汽车人才需求进行预测，为此将研究边界确定为产业链中的设计开发、生产制造、销售与售后服务环节，以及供应链中的整车企业和新旧供应链企业。此处未包含运营服务环节，主要是基于以下考虑：运营服务环节一部分是能源服务产业，虽然与新能源汽车强相关，但仍属于能源产业，诸如电力公

---

① 动力电池（除燃料电池）在下文中统一简称为动力电池。

司、充电设备供应商及运营商、氢燃料生产及运输企业等都应视为汽车相关产业。从汽车产业需求角度，应提供满足供能储能技术需求的电池规格、充电接口等，这部分工作已涵盖在车辆的设计开发环节中。运营服务环节的另一部分是网约车平台等增值服务，但也不属于汽车产业，而应归于服务类行业。

综合以往相关研究的成果和范式，课题组将新能源汽车产业人才按岗位大致划分为五类——领军人才、研发人员、生产制造人员、销售与售后服务人员、各类管理人员（包括但不限于经营管理、行政、人力资源、质量、采购/物流、财务等）等；根据人才类型分为研发人员与技能人员两大类。针对不同类别人才的主要特征以及对应的研究方法可以发现，与燃油汽车产业相比，新能源汽车产业人才类别总体上并未发生改变。

基于以上判断，本次研究工作的边界确定为：

产业边界：包含新能源汽车［纯电动、插电式混合动力（含增程式）和燃料电池汽车］的上游的核心零部件、中游的整车制造（含动力电池回收利用技术、车端充电技术）和下游的销售与售后服务等。

人才边界：在人才数量分析上，研究对象包括新能源汽车相关研发（含测试）人员、生产制造人员、销售与售后服务人员、各类管理人员（包括但不限于经营管理、行政、人力资源、质量、采购/物流、财务等）等，即新能源汽车产业链上全部的技术人员和技能人员。在人才质的分析和目标年度人才缺口预测上本次研究重点分析知识结构变化最大的人群——研发人员。同时，由于国家和行业对技能人才的高度关注，也对技能人员着重加以分析。

研发人员聚焦在与整车及零部件企业，以及能源与电池、电机企业等形成交集，具有车端新增核心技术能力［如动力电池、燃料电池、电驱动系统、使用/服务技术（车载电源）等四大技术领域］，精于材料/工艺、结构/硬件开发、软件/算法开发（性能开发工程师）、系统集成、仿真和测试、运维等相关技术的人员。

技能人员覆盖新能源汽车产业从生产制造端到后市场销售服务端的产业链主要技能领域，涉及新能源汽车关键零部件和整车的研发辅助、生产制造、销售、售后服务四大主要岗位。其中技能人员中的研发辅助人员与研发人员中的仿真和测试工程师很难拆分，在人才数量预测时合并到研发人员中进行分析。

三、研究思路

新能源汽车产业的人才需求与燃油汽车差异明显。未来在碳中和目标下，新能源汽车必将持续快速发展，并由此引发汽车产业人才结构与特征的显著变化。

本次研究充分结合了新能源汽车产业的自身特点，基本思路是：以准确研判新能源汽车发展趋势为基础，科学定义研究边界；通过多样化信息采集手段，分析新能源汽车产业链结构、产值规模、市场趋势等产业发展基础情况；统计归纳从业人员数量、人才画像、职业岗位序列、任职资格标准等产业人才需求端现状；梳理院校高相关专业类或学科、毕业生规模、流入比等产业人才供给端情况；以上述产业现状、需求端、供给端的统计分析结果为支撑，综合运用定性与定量分析，进行新能源汽车产业人才结构与特征预测、需求数量预测、岗位族和知识结构供需分析，为产业人才缺口、紧缺岗位需求目录等提供参考和依据；在以上研究的基础上明确新能源汽车发展中面临的人才主要问题，为院校专业优化提供建设思路，为紧缺人才的行业标准制定、培训、评价体系建立提供政策建议。

本次研究的核心是研发人员质和量的供需分析，针对人才知识结构变化方面，通过大数据和企业访谈、专家访谈确定岗位族、技术领域和主要岗位，研发人员的专业来源，确定高、中相关专业等。根据高等教育质量监测国家数据平台数据，分析了车辆工程专业核心课程设置情况，并根据专家访谈、企业调研、研发人员个人问卷等，分析了高校课程设置与行业需求间的差异。

针对人才的数量供需比较，根据公开数据、企业问卷数据、专家调研等首先估算了人才整体存量和研发人员存量，根据北京纳人网络科技有限公司（以下简称纳人）的高校毕业生求职大数据计算出新能源研发人员流入比，根据高等教育质量监测国家数据平台数据计算了高校2025年前累计供给量。清华大学汽车产业技术与战略研究院开发了人才需求预测模型，对人才结构和人才特征进行系统分析，确定人才类型及基本内涵，预测2025年前的各年度人才需求数量，从而得到人才缺口。

四、研究方法

课题组针对当前新能源汽车研发人员和技能人员的构成和特点，主要采用了文献研究、会议研讨、专家访谈、企业访谈、问卷调查、大数据分析和模型预测等信息采集方式，从多维度分析了我国新能源汽车研发人员和技能人员呈现的部分特征。

课题组采用视频会议、走访调研的方式与一汽集团、上汽集团、长安汽车、广汽集团、比亚迪、特斯拉、蔚来汽车、智新科技、亿华通、重塑、博世等企业进行了充分交流，深入了解企业对新能源汽车产业人才的需求，听取了企业对新能源汽车产业人才队伍建设的建议。

课题组通过专家访谈和企业访谈梳理出新能源汽车产业岗位族，并通过梳理岗位职责确定提取数据所需的岗位关键词。依据岗位描述中的技术关键词通过纳人、同道猎聘集团（以下简称猎聘）、怡安企业服务（上海）有限公司等大数据平台获取新能源汽车产业人才画像、薪酬、区域分布、紧缺岗位、专业分布、毕业生流入比等宝贵数据信息。在教育部教育质量评估中心的支持下，分析了2017—2020年与新能源汽车相关的58个本科专业招生数量、应届毕业生数量以及课程设置等高等教育质量监测国家数据平台数据。通过问卷调研获取产业人才数量、紧缺岗位、课程、师资、教材、实训基地、产教融合等宝贵数据信息。

课题组采用了频次分析、描述统计、方差分析、线性回归、平滑预测等方法对数据进行了整理、分析与预测，为报告核心观点的形成提供了有力支撑。

本次研究发出企业问卷176份，收回有效问卷123份，包括整车及零部件企业90家，销售与售后服务企业31家，研究机构2家，覆盖了新能源汽车产业全产业链；发出院校问卷458份，收回有效问卷420份，覆盖了全类别的普通高等院校、职业院校；回收个人有效问卷919份。

目 录

核心观点

第一章 新能源汽车产业发展现状和预测

一、发展新能源汽车的战略意义 ……………………………… 10
二、新能源汽车产业基本概念和产业链结构 ………………… 11
 （一）新能源汽车产业内涵 ………………………………… 11
 （二）新能源汽车产业链结构 ……………………………… 11
 （三）新能源汽车产业链代表性企业 ……………………… 13
三、国内外新能源汽车产业发展现状 ………………………… 14
 （一）新能源汽车动力电池产业发展现状 ………………… 14
 （二）燃料电池汽车产业发展现状 ………………………… 17
 （三）新能源汽车电驱动技术产业发展现状 ……………… 19
四、2020年新能源汽车营业收入测算 ………………………… 22
 （一）全球新能源汽车营业收入测算 ……………………… 22
 （二）我国新能源汽车营业收入测算 ……………………… 23
五、2025年新能源汽车营业收入预测 ………………………… 24
 （一）全球新能源汽车营业收入预测 ……………………… 24
 （二）我国新能源汽车营业收入预测 ……………………… 25
六、我国新能源汽车中长期发展趋势 ………………………… 26
 （一）绿色低碳 ……………………………………………… 27
 （二）未来出行 ……………………………………………… 27

第二章 我国新能源汽车产业人才现状及需求分析

一、人才基础信息分析 ……………………………………………… 30
  （一）人才概况和劳动生产率 …………………………………… 30
  （二）人才画像 …………………………………………………… 32

二、人才质的需求 …………………………………………………… 37
  （一）研发人员特征分析 ………………………………………… 37
  （二）技能人员特征分析 ………………………………………… 54

三、人才保障能力分析 ……………………………………………… 60
  （一）企业人才来源分析 ………………………………………… 60
  （二）薪酬及离职原因分析 ……………………………………… 62
  （三）人才保障途径 ……………………………………………… 70

四、人才职业岗位序列 ……………………………………………… 71
  （一）职业岗位序列 ……………………………………………… 71
  （二）职业岗位任职资格标准 …………………………………… 73
  （三）岗位矩阵及紧缺度和紧缺人才需求目录 ………………… 73

第三章 院校人才供给分析

一、普通高等院校人才供给分析 …………………………………… 78
  （一）普通高等院校相关学科（专业）建设情况 ……………… 78
  （二）普通高等院校相关专业人才培养方案典型案例 ………… 97
  （三）普通高等院校毕业生规模 ………………………………… 107
  （四）普通高等院校毕业生流入新能源汽车产业比例 ………… 108
  （五）普通高等院校人才供给预测 ……………………………… 108
  （六）普通高等院校人才质量预测 ……………………………… 109

二、职业院校人才供给分析 ………………………………………… 110
  （一）职业院校相关专业建设情况 ……………………………… 110
  （二）职业院校相关专业人才培养方案典型案例 ……………… 119
  （三）职业院校毕业生规模 ……………………………………… 124
  （四）职业院校毕业生流入新能源汽车产业比例 ……………… 126

（五）职业院校人才供给预测 …………………………………… 126

第四章　新能源汽车产业人才需求预测

一、人才需求预测研究基本思路 …………………………………… 128
　（一）预测的难点分析 ……………………………………………… 128
　（二）研究工作基本方法和思路 …………………………………… 129
二、人才需求预测 …………………………………………………… 130
　（一）研发人员需求预测模型 ……………………………………… 130
　（二）技能人员需求预测模型 ……………………………………… 133
　（三）人才需求预测 ………………………………………………… 135
三、人才净缺口预测 ………………………………………………… 141
　（一）研发人员净缺口预测 ………………………………………… 141
　（二）技能人员净缺口预测 ………………………………………… 142

第五章　存在的主要问题和原因分析

一、研发人员存在的主要问题和原因分析 ………………………… 148
　（一）研发人员缺口大及其原因分析 ……………………………… 148
　（二）人才质量与行业需求有差距 ………………………………… 150
二、技能人员存在的主要问题和原因分析 ………………………… 151

第六章　对策建议

一、去冗重组，增加高相关知识单元课程 ………………………… 154
二、固本培元，加强教材、师资、实训体系建设 ………………… 155
三、多方联动，建设跨学科继续教育培训体系 …………………… 157
四、多措并举，建立行业人才的良好生态 ………………………… 158
五、价值塑造，加强领军人才的早期特质培养 …………………… 158
六、优化环境，提高职业教育吸引力 ……………………………… 159

附录一　参与调研企业名录

附录二　参与调研院校名录

附录三　产业人才需求预测关键指标

附录四　院校相关学科（专业）人才培养方案优秀案例

附录五　紧缺人才需求目录（研发人员）

附录六　技能人员主要岗位目录及任职资格标准

附录七　紧缺人才需求目录（技能人员）

致谢

新能源汽车产业人才需求预测报告

核心观点

1. 营业收入现状和预测

2020年，全球新能源汽车营业收入8 168.3亿元，我国新能源汽车营业收入3 373.5亿元，占全球新能源汽车营业收入的41.3%；2021年，全球新能源汽车营业收入12 539.4亿元，我国新能源汽车营业收入7 423.3亿元，同比增长120.0%，占全球新能源汽车营业收入的59.2%。

2025年，预计全球新能源汽车营业收入31 739.1亿元，我国新能源汽车营业收入19 353.1亿元，占全球新能源汽车营业收入的61.0%。

2020—2025年，全球新能源汽车营业收入年复合增长率为31.2%，我国新能源汽车营业收入年复合增长率为41.8%。

2. 新能源汽车企业从业人员概况

（1）研发人员

从研发人员数量看，2020年我国汽车产业规模以上生产企业从业人员约550万人，新能源汽车产业从业人员96万人（与后市场销售、售后8.7万人合并计算为104.7万人）。汽车产业研发人员55万人，其中新能源汽车产业研发人员15.8万人，占汽车产业研发人员总数的28.7%，占新能源汽车产业从业人员的16.5%，高于汽车产业研发人员平均占比（10%），这说明目前新能源汽车产业处于快速成长期，需要更多的研发人员。

从研发人员技术领域和岗位族看，研发人员集中在动力电池、燃料电池、电驱动系统、使用/服务（车载电源）四大技术领域，涉及材料/工艺工程师、结构/硬件开发工程师、软件/算法开发工程师（性能开发工程师）、系统集成工程师、仿真和测试工程师、运维工程师（车端）六大岗位族。

从研发人员专业类或学科分布看：在从事新能源汽车产业研发的本科生专业类别中，机械类遥遥领先，占34.4%，其中机械设计制造及其自动化专业占16.9%，车辆工程专业占6.8%；除机械类外，电子信息类（10.3%）、电气类（7.4%）等相关专业占比也相对较高。在从事新能源研发的研究生学科类别中，机械工程占比最高，约为41.6%，其中车辆工程专业占21.2%；除机械工程学科外，电气工程（7.0%）、材料科学与工程（4.8%）等学科占比也较高。无论是本科生的专业类分布还是研究生的学科分布均说明新能源汽车产业存量的研发人员大部分来自传统汽车研发人员的转型，并且新能源汽车产业对跨专业类或学科研发人员的需求旺盛。

从人均劳动生产率看，2020年新能源汽车产业代表性乘用车整车企业年平均劳动生产率约为12.7台·人$^{-1}$·年$^{-1}$，较汽车产业乘用车整车企业平均劳动生产率（35.6台·人$^{-1}$·年$^{-1}$）有较大差距，这说明我国新能源汽车产业正处于快速成长期。部分新能源代表性乘用车整车企业2021年的劳动生产率较2020年提高约2倍，符合爆发式增长行业的非稳定状态特征，有待今后持续研究。

从研发人员保障能力看，研发人员最关注薪酬保障能力。新能源汽车产业的各级别研发工程师的平均月薪均高于传统整车和零部件产业的研发工程师。除软件工程外，其余专业从事新能源汽车研发工作的人员的平均月薪均高于本专业的平均月薪，说明新能源汽车产业研发人员更具薪酬优势。由于智能网联汽车产业更多与互联网行业进行人才争夺，因此需要用更高的薪酬吸引人才，导致车辆工程专业从事智能网联汽车研发的毕业生薪酬高于从事新能源汽车研发的毕业生薪酬。就新能源汽车产业而言，更多与电力、电工、材料、化工等行业争夺人才，这些行业都属于制造业，与这些行业相比，近年来爆发式增长的新能源汽车产业更具吸引力和薪酬优势。新能源汽车产业研发人员离职率接近20%，高于汽车产业平均离职率12%，新能源汽车产业研发人员流动更加活跃。从离职人员的专业背景分析，新能源和智能网联汽车产业均需要的IT背景（计算机类和电子信息类）人才跳槽最为频繁，体现了我国产业在向数字化转型的过程中，这类人才最缺乏。因此企业需对上述专业背景人才给予特别关注。为了吸引更多的跨专业类或学科毕业生进入新能源汽车产业，以及在行业内保持人才竞争优势，除薪酬外还需要建立全方位的保障体系，如较大的晋升空间、良好的团队氛围、弹性工作时间、良好的培训体系等。

（2）技能人员

从技能人员的数量及专业看：2020年新能源汽车产业技能人员59.4万人，其中生产制造人员50.7万人，后市场销售与售后人员8.7万人，主要分布在研发辅助①、生产制造、销售与售后服务四大领域，专业分布仍然以道路运输类（35.0%）、汽车制造类（27.0%）、自动化类（12.9%）、机械设计制造类（9.1%）四大类为主；同时企业对电子信息类、计算机

---

① 研发辅助人员由于很难与研发人员中的仿真和测试工程师拆分，因此统计在研发人员中。

类等专业的技能人员需求也在提高。

从技能人员保障能力看，新能源汽车产业技能人员薪酬比燃油汽车产业技能人员薪酬略高，但均低于就业城市平均水平。横向对比，新能源汽车产业技能人员薪酬低于异业竞争岗位的平均薪酬，薪酬缺乏竞争力。新能源汽车产业内部竞争激烈，高质量技能人员供给又存在较大缺口，企业间相互竞争引发人员流动加剧，从而导致新能源汽车产业技能人员稳定性不能达到企业期望值。

3. 院校人才供给预测

（1）高等院校人才供给数量

2021—2025年，普通高等院校本科毕业生2337.3万人，硕士毕业生378.5万人，其中本科毕业生流入新能源汽车产业的比例为0.264%，数量为6.2万人，硕士毕业生流入新能源汽车产业的比例为0.88%，数量为3.3万人，研发人员供给数量为9.5万人。

（2）职业院校人才供给数量

中职学校毕业生主要升学进入高职、专科学校汽车专业，而职业本科学校新能源汽车相关专业在校生规模小且尚无毕业生，不考虑其新能源汽车就业人数，仅考虑高职、专科毕业生流入情况。

高职、专科学校与新能源汽车相关的9个专业中，有8个专业与销售和售后相关，这8个专业2021—2025年累计毕业生人数为29.4万人，流入新能源汽车产业的比例为95%，流入27.9万人；1个专业与生产制造相关，2021—2025年累计毕业生人数为39.6万人，流入新能源汽车产业的比例为95%，流入37.6万人；其他专业2021—2025年毕业生人数为1874.9万人，流入新能源汽车产业的比例为0.11%，流入2.1万人。2021—2025年职业院校毕业生累计流入新能源汽车产业67.6万人。

（3）高等院校人才培养课程设置

从高校课程设置来看，本科阶段开设车辆工程专业的279所高校课程体系相对较为完备，没有明显的架构缺失问题，能够初步满足大部分新能源汽车相关企业对研发岗位的人才需求，但电气类、计算机类、电子信息类、控制类等"软科学"专业类课程的开课比例不足，尚不能适应汽车"新四化"的发展需求。同时，在专业类大背景下，车辆工程专业的实践类课程现状总体相对比较传统，机械设计、课程设计、金工实习依旧为主体；只有个别学校在专业类实践环节新增或替换了1~2门新的综合实践或创新实践课程，改革的力度相对理论课程改革还需加大步伐。

（4）职业院校人才培养课程设置

职业院校新能源汽车专业课程设置中主要包含7门核心课程：新能源动力电池及管理系统检修、新能源电机及控制系统检修、新能源汽车网络技术、新能源汽车电气技术、新能源汽车电工电子技术、新能源汽车综合故障诊断、新能源汽车技术概论。但企业问卷数据显示，职业院校在课程设置及教学方面与企业岗位需求差异较大，有较大提升空间。

4. 研发人员和技能人员需求和净缺口预测

（1）人才需求预测模型

课题组以动力电池、燃料电池、电驱动系统、使用/服务（车载电源）四大核心技术领域的发展水平来表征新能源汽车的发展水平，同时设定市场成熟度、技术驱动力、政策法规影响力为四大核心技术领域的主要影响因素，构建了三维立体的新能源汽车研发人员需求预测模型，通过预测不同技术领域在不同发展水平下对不同类型人才的需求数量，求和获得新能源汽车人才需求总量。用同样的方法，构建了三维立体的新能源汽车技能人员需求预测模型。

（2）研发人员需求和净缺口预测

2020年新能源汽车产业研发人员存量为15.8万人，2025年按照缓慢、稳步和快速发展三种情境，新能源汽车研发人员需求量分别为26.1万人、28.7万人和31.4万人，高校毕业生流入新能源汽车产业9.5万人，企业内部转岗0.5万人，因此，预测到2025年，在新能源汽车发展缓慢、稳步和快速三种情境下，人才净缺口分别为0.3万人、2.9万人和5.6万人。

（3）技能人员需求和净缺口预测

2020年新能源汽车销售与售后服务人员存量为8.7万人，2025年按照缓慢、稳步和快速发展三种情境，新能源汽车销售与售后服务人员需求量分别为49.3万人、58万人、68.2万人，职业院校毕业生流入新能源汽车产业销售与售后服务领域28.8万人，内部转岗理想人数为6.8万人。但由于汽车市场从2020年的2531万辆增长到2025年的3200万辆，由此而产生的新增人员需求，使传统车的销售与售后服务人员并不能实现内部转岗到新能源汽车，因此，预测到2025年，在新能源汽车发展缓慢、稳步和快速三种情境下，销售与售后服务人员净缺口分别为11.8万人、20.5万人、30.7万人。新能源汽车生产制造人员2020年存量为50.7万人，按照缓慢、稳步和快速发展三种情境，预测到2025年，新能源汽车生产制造人员需求量分别为97.7万人、122万人、136.8万人，职业院校毕业生流入新能源汽车产业生产制造领域38.8万人，内部转岗理想人数为22万人。同样的原因，传统汽车的生产制造人员内部转岗到新能源汽车无法实现，因此，预测到2025年，在新能源汽车发展缓慢、稳步和快速三种情境下，新能源汽车生产制造人员净缺口分别为8.2万人、32.5万人、47.3万人。2025年新能源汽车销售与售后和生产制造人员在缓慢、稳步和快速三种情境下，净缺口合计分别为20万人、53万人、78万人。

5. 主要问题

人才数量方面，2025年新能源汽车产业的研发人员和技能人员均存在较大缺口，按照稳步发展情境，研发人员净缺口为2.9万人，技能人员中销售与售后人员、生产制造人员净缺口分别为20.5万人、32.5万人。

人才质量方面，包括知识结构和人才素质两方面。由于知识结构变化，导致复合型人才供给不足，研发人员中特别缺乏系统集成工程师和软件/算法开发工程师（性能开发工程师）等复合型人才，技能人员中特别缺乏汽车装调、机电维修等复合型人才。高校课程设置不能完全满足产业需求变化，缺乏电化学、电磁学、高压电气、模拟电路、数字电路等知识单元；由于新能源汽车技术发展快，特别是在整车结构和控制逻辑方面，职业院校同样面临新知识和新技能的教学改革。在人才素质方面，无论是高等院校还是职业院校均存在毕业生工程实践能力不足的问题，急需更新知识体系，同时还需加强行业和企业培训。

6. 对策建议

（1）研发人员培养

国家层面：由组织部、人社部等主管部门和高校、企业、行业组织共同努力，在人才任用、激励、评价、举荐等各方面共同建设人才生态；加强科学家精神的宣传和倡导，引导人才不要追求短期利益，而是着眼于长足发展，潜心钻研，长期积累，解决行业"卡脖子"问题。

行业层面：建立系统性的紧缺人才岗位标准、培训和认证体系，协同建立人才生态，给研发人员提供充足的学术交流平台和托举环境。

企业层面：建立长期稳定的用人机制和人才梯队建设，避免人才恶性争夺；企业和大学通过共建实训中心、参与教材编写等方式进行合作，提高人才的工程实践能力。

高等院校层面：面向复合型人才培养，将车辆工程专业升级为一级交叉学科，在车辆工程专业本科阶段增加电化学、电磁学、高压电气、模拟电路、数字电路等知识单元；加强师资培训；由教育部、工信部和行业机构联合组织教材编写，理论与实践相结合；加大实训基地投入；建立有效机制拉动校企合作。

（2）技能人才培养

国家层面：完善职业教育第三方评价机制，强化需求方评价主体地位；完善企业参与职业教育激励机制，形成以政府投入为主的职业教育经费多元筹措机制；加快推进技能人才评价模式改革，畅通技能人才成长通道；营造社会有利氛围，提高技能人员职业荣誉感，激励技能人员稳定发展。

行业层面：推动建设高素质技能人才"岗课赛证"体系，打通新能源汽车产业技能人才"供""需"通道；实施"岗课赛证"四位一体融通培养，构建"产学研用"四位一体的人才培养体系。

企业层面：积极履行企业在人才培养中的主体责任，鼓励企业内部技能人员高质量转化。

职业院校层面：以区域新能源汽车产业发展需求为导向，优化新能源汽车专业布局与教学体系设置；加大新能源汽车相关专业人才培养规模，完善专业技能与职业素养"双线递进"的培养模式；做好学生的职业发展规划，提高学生在新能源汽车产业持续发展的稳定性；深化校企合作，提升技能人员的教育质量、工程实践能力。

第一章　新能源汽车产业发展现状和预测

一、发展新能源汽车的战略意义

汽车产业是推动新一轮科技革命和产业变革的重要力量，是建设制造强国的重要支撑，是国民经济的重要支柱。新能源汽车是全球汽车产业绿色发展、转型升级的主要方向，也是中国汽车产业高质量发展的战略选择。党中央、国务院高瞻远瞩、统揽全局，在全球范围内率先明确了发展新能源汽车的国家战略，抢抓了发展先机。在相关部门、地方政府、行业企业的共同努力下，中国新能源汽车产业发展取得了显著成效，突破了一批电池、电机、电控、专用平台等关键技术，产销量连续7年世界第一，成为引领全球汽车产业电动化转型的重要力量。

发展新能源汽车是我国从汽车大国迈向汽车强国的必由之路，是应对气候变化、推动绿色发展的战略举措。随着以互联网、大数据、云计算、人工智能、新能源、新材料等技术为代表的全球新一轮科技革命和产业变革的影响不断加深，"低碳化、信息化、智能化"也呈现出不断强化、融合叠期、相互赋能的新特征，其外延进一步拓展、内涵则更加丰富，不断向纵深发展。

近年来人们在这一战略性新兴产业发展上逐渐形成共识，"低碳化、信息化、智能化"的发展方向受到各国政府、产业界和科技界的高度关注。从国家战略来看，各个国家和地区都把新能源汽车放到核心战略发展地位，制定一系列的战略规划以及法律法规支持产业发展。从市场前景来看，节能汽车在相当长一段时间仍是市场主体。据中国汽车工程学会预测，到2035年新能源汽车将成为市场主流产品，市场渗透率将达到55.8%。从技术趋势来看，新能源汽车将成为新一轮科技革命和产业变革的标志性、引领性产品，是新一代信息技术、高端装备制造、新材料、新能源等战略性新兴产业的创新集成载体。

汽车低碳化多技术路线并行发展，电动化战略转型加速。中国、欧洲、美国、日本等汽车产业领先国家和地区的主要车企围绕未来汽车电动化达成高度共识，纷纷发布电动化战略目标，加快汽车电动化转型。燃料电池方面,在《中华人民共和国国民经济和社会发展第十四个五年规划和2035年远景目标纲要》中,氢能与储能被列为前瞻谋划的六大未来产业之一。氢能清洁低碳、安全高效,是全球能源技术革命的重要方向和各国未来能源战略的重要组成部分。燃料电池汽车是全球汽车动力转型升级的重要方向和构建低碳交通体系的重要组成部分,是氢能应用的关键领域。

二、新能源汽车产业基本概念和产业链结构

(一)新能源汽车产业内涵

新能源汽车是指采用新型动力系统,完全或主要依靠新型能源驱动的汽车,主要包括纯电动汽车、插电式混合动力(含增程式)汽车和燃料电池汽车。纯电动汽车是指以车载电源为动力,用电机驱动行驶的车辆,需要充电设备进行充电。插电式混合动力汽车是指将燃油动力系统和纯电动动力系统相结合的车辆。燃料电池汽车是指用车载燃料电池装置产生的电力作为动力的车辆。燃料电池是一种将存在于燃料与氧化剂中的化学能直接转化为电能的发电装置。燃料电池系统除了燃料电池电堆,还包括燃料供应子系统、氧化剂供应子系统、水热管理子系统及电管理与控制子系统等。

(二)新能源汽车产业链结构

新能源汽车全产业链(如图1.1所示):产业链上游主要涵盖核心零部件,包含动力电池、燃料电池、电驱动系统、插电式混合动力系统及其他零部件;产业链中游主要涵盖整车制造,包含纯电动汽车、插电式混合动力汽车、燃料电池汽车;产业链下游主要涵盖销售、售后服务。

| 上游 | 中游 | 下游 |

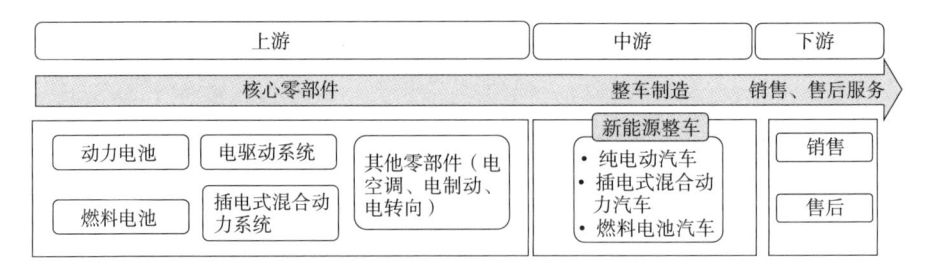

图 1.1　新能源汽车全产业链

动力电池产业链（如图 1.2 所示）：产业链上游主要涵盖原材料，包含镍钴锰原材料和锂原材料；产业链中游主要涵盖电池材料，包含正极材料、负极材料、电解液、铝塑膜、极耳、隔膜、PVDF 黏结剂、铜箔/铝箔、终止胶带、导电剂；产业链下游主要涵盖电芯单体及系统，包含电芯生产、系统集成、制造装备和性能检测。

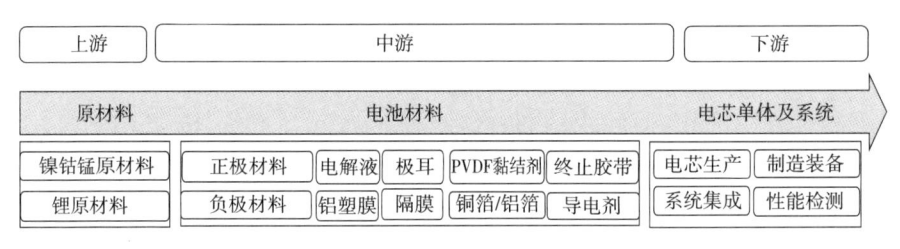

图 1.2　动力电池产业链

燃料电池汽车产业链（如图 1.3 所示）：产业链上游主要涵盖核心零部件及关键材料，包含燃料电池系统、燃料电池电堆、储氢系统、氢气循环系统、空气压缩机、膜电极、双极板等核心部件，以及质子交换膜、催化剂、扩散层等关键材料；产业链中游主要涵盖整车制造，包含燃料电池乘用车、燃料电池客车、燃料电池货车；产业链下游涵盖加氢站等基础设施。

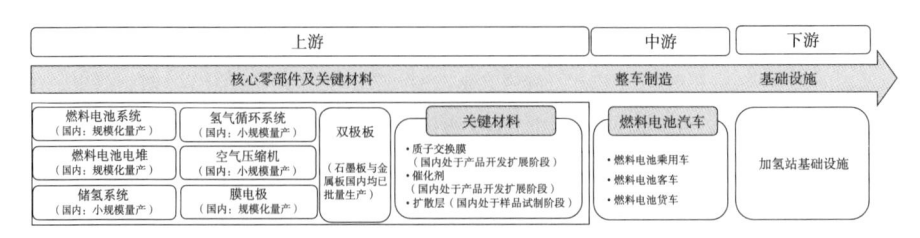

图 1.3　燃料电池汽车产业链

电驱动系统产业链（如图1.4所示）：电驱动系统主要分为驱动电机和电机控制器。驱动电机产业链上游关键原材料为稀土，中游核心零部件主要涵盖永磁体、硅钢片、轴与轴承、定子、转子；电机控制器产业链上游关键原材料为硅基，中游核心零部件主要涵盖功率半导体模块（IGBT）、PCB（含元器件）、控制器模块、薄膜电容。

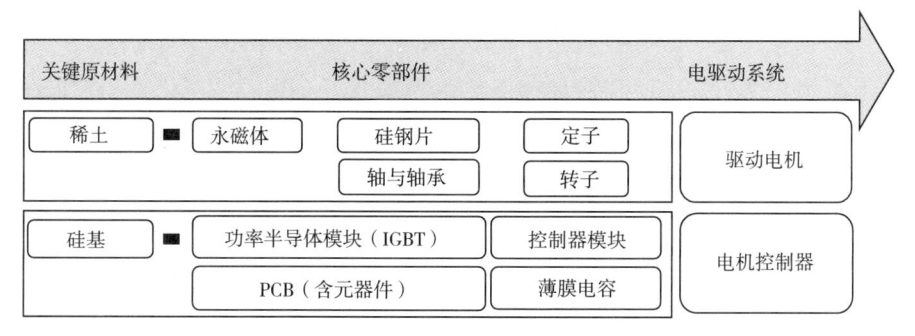

图1.4　电驱动系统产业链

（三）新能源汽车产业链代表性企业

其中产业链上游核心零部件动力电池代表性企业有宁德时代、比亚迪、合肥国轩高科、惠州亿纬、孚能科技、中创新航、蜂巢能源、卧龙电气等；燃料电池代表性企业有亿华通、博世、重塑、捷氢、治臻、氢晨、唐锋等；电驱动系统代表性企业有精进电动、上海电驱动、蔚然动力、博世、合肥巨一等。

产业链中游整车制造代表性企业有一汽集团、东风集团、上汽集团、广汽集团、长安汽车、吉利汽车集团、比亚迪、江淮汽车集团、东风汽车、北汽新能源、上汽通用五菱、长城汽车、特斯拉、奇瑞新能源、蔚来汽车、理想汽车、极氪汽车、小鹏汽车、合众汽车、北汽福田、重汽集团、陕汽集团、厦门金龙、上海捷能汽车等。

产业链下游销售与售后代表性企业有远通集团、远通汽贸、上海汽修、天津市津维瑞通汽车销售、北京环耀汽服、邢台嘉义汽服、武汉海恒广新汽车销售、江苏朗迪汽车销售、安徽宝田汽车销售、蓝马车业、广州信行新能源汽车销售等。

参与调研企业详见附录一。

三、国内外新能源汽车产业发展现状

汽车电动化已是大势所趋。2020年，欧盟、日本等国政府纷纷加速电动化转型。尽管2020年新冠疫情席卷世界，但全球电动汽车销量仍然加速增长，欧盟、中国成为增长引擎。据专门追踪全球电动汽车销售情况的研究机构EV Sales Blog统计，2020年全球新能源汽车销量达到331.1万台，其中电动汽车销量为312.5万台，同比增长41%，市场渗透率达到4%。2020年也是全球电动车销量首次突破300万台的一年。中国汽车工业协会数据显示，2021年，我国新能源汽车销量352.1万台，市场占有率提升至13.4%，彰显了我国新能源汽车市场从政策驱动向市场拉动转型。中国汽车工程学会预计，到2035年新能源汽车将成为市场主流产品，市场渗透率将达到55.8%。

（一）新能源汽车动力电池产业发展现状

1. 全球动力电池产业现状

在中、美、德、日和欧洲等主要国家和地区大力倡导发展新能源汽车的背景下，近年来全球锂离子动力电池市场保持高速增长的趋势。根据报告，2020年全球动力电池总出货量达到了213 GW·h，同比增长34%；其中新能源汽车领域的出货量为192.9 GW·h，占比达90.6%，同比增长30%，新能源汽车领域的配套量为137 GW·h。SNE Research预测，2025年全球动力电池在新能源汽车领域的配套量将达到1.16 TW·h以上，市场规模将超过1 000亿美元。

2. 中国动力电池产业现状

2012年6月，国务院印发了《节能与新能源汽车产业发展规划（2012—2020）》（以下简称《规划》）。2020年，动力电池产业基本达到《规划》设定的目标，动力电池及关键零部件技术整体上达到国际先进水平，生产装备、标准化和基础前沿技术研究等方面也取得了良好的进展。

随着我国新能源汽车市场规模的快速扩大，动力电池配套量逐年增长。2013—2020 年，我国新能源汽车产量增长了 7 494.4%，动力电池配套量增长了 7 300%，达到 63.64GW·h（如图 1.5 所示）。

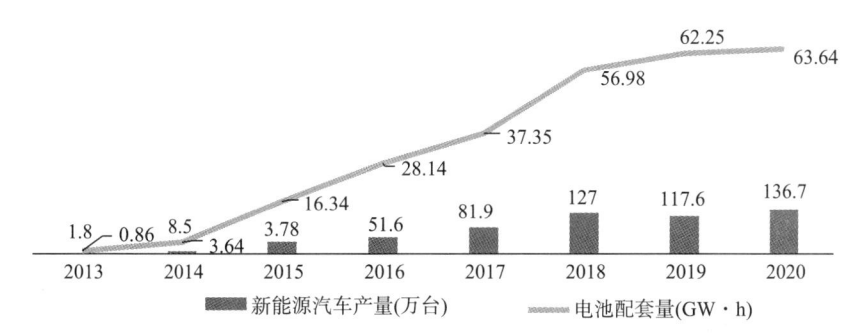

图 1.5　2013—2020 年中国新能源汽车产量及动力电池配套量
资料来源：新能源汽车产量来自中国汽车工业协会，电池配套量来自网络公开数据

（1）动力电池单体方面

2020 年磷酸铁锂动力电池单体能量密度达到 160～190 W·h·kg^{-1}，成本降低到 0.4 元·W^{-1}·h^{-1} 左右，循环寿命普遍达到 4 000 次左右；三元材料动力电池单体能量密度达到 240～290 W·h·kg^{-1}，成本降低到 0.5 元·W^{-1}·h^{-1} 左右，循环寿命普遍达到 2 000 次左右。目前开发的高比能软包三元材料电池单体能量密度达到了 304 W·h·kg^{-1}，并实现了小批量装车配套。2015—2020 年，我国磷酸铁锂动力电池单体能量密度提升了 35.7%，成本下降了 70.0%，循环寿命提高至 4 000 次左右；2015—2020 年，三元材料动力电池单体能量密度提升了 51.5%，成本下降了 53.3%，循环寿命从几百次提高至 2 000 次左右（如图 1.6 所示）。

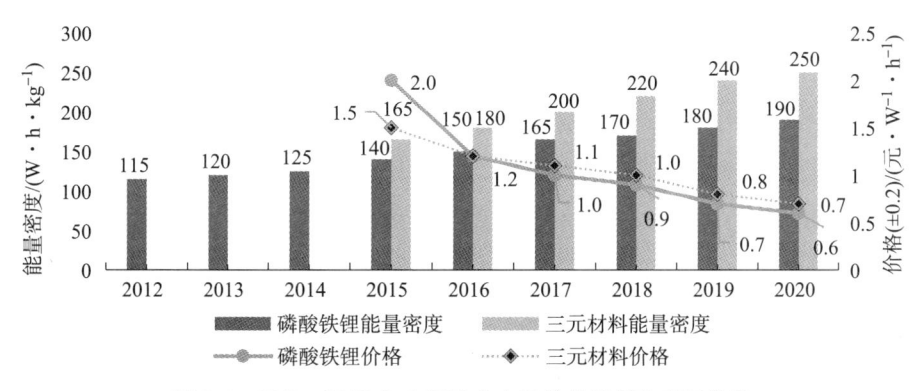

图 1.6　2012—2020 年中国动力电池单体能量密度及价格

(2)动力电池系统方面

2020年磷酸铁锂动力电池系统能量密度达到120~140 W·h·kg^{-1}，成本降低到0.6元·W^{-1}·h^{-1}左右，循环寿命在3 000次左右；三元材料动力电池系统能量密度达到140~180 W·h·kg^{-1}，成本降低到0.8元·W^{-1}·h^{-1}左右，循环寿命在1 200次左右。2020年，采用300 W·h·kg^{-1}软包三元材料开发的电池系统能量密度达到210 W·h·kg^{-1}，成本达到1.1元·W^{-1}·h^{-1}左右，循环寿命达到1 000次左右。2015—2020年，我国磷酸铁锂动力电池系统能量密度提升了67.1%，成本下降了64.0%，循环寿命提升至3 000次；2015—2020年，三元材料动力电池系统能量密度提升了45.5%，成本下降了63.0%，循环寿命从几百次提升至1 200次（如图1.7所示）。

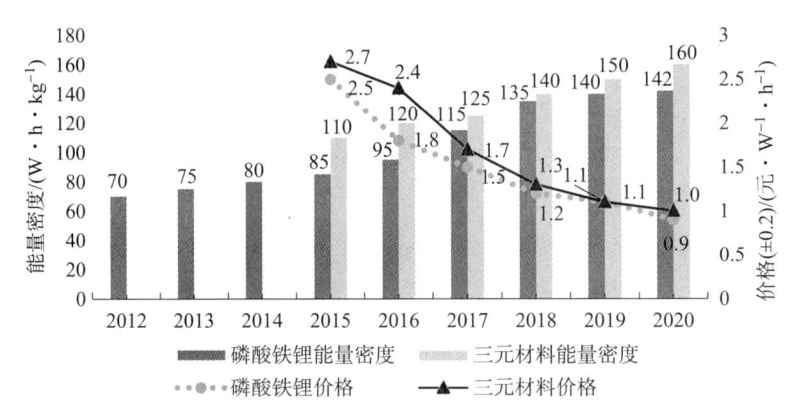

图1.7 2012—2020年中国动力电池系统能量密度及价格

(3)生产装备方面

动力电池单体及系统制造装备基本实现国产化，设备精度、可靠性、无人化、可视化、信息化等技术水平显著提高。负极材料制造设备国产化率达到80%以上，电解液制造设备国产化率达100%，但高端正极材料核心设备、隔膜生产设备、高精度的检测分析设备等仍依赖进口，国产设备仍存在精度低、稳定性不好、参数控制不够稳定，自动化及智能化程度低等问题。

(4)关键共性技术方面

动力电池系统热管理、安全性、可靠性和轻量化技术显著提升。热管理主要采用风冷、液冷、直冷和相变材料冷却等冷却方式，主流方案采用风冷与液冷技术，液冷系统温差能控制在3℃以内；热失控检测防护技术可实现在电池包外面看见明火之前5分钟发出热失控报警信号，为乘员提供必要的逃生时间。电池系统高成组率主要手段是采用新的轻量化壳体材料以及高集成度的电池系统结构一体化设计，典型技术方案包括CTP（Cell to Pack，电芯到系统）、大模组技术、"刀片电池"和JTM（Jelly Roll to Module，卷芯到模组）等技术，目前纯电动乘用车用动力电池系统成组率最高已提升至80%。电池管理系统控制算法等技术水平已接近国际先进水平，但硬件技术与国外仍有较大技术差距，尤其是核心芯片（如主控芯片、电压采集芯片等）和高端电子元器件（包括高精度电阻、电容等）依赖进口。

（5）标准化方面

动力电池及相关零配件、组合件的标准化和系列化取得了一定进展。动力电池企业在客车及专用车领域大力推进磷酸铁锂动力电池单体和箱体标准化，在乘用车领域大力推进电池单体和模组标准化。

（6）前沿技术研究方面

对固态电池、锂硫电池、锂空气电池、钠离子电池等新体系电池进行了持续研究，重点开展了正极载体、新型隔膜、新型功能电解液、金属锂负极保护、固体电解质材料及固固界面问题等关键技术的研究工作。

（二）燃料电池汽车产业发展现状

根据国际能源署先进燃料电池技术合作计划（IEA – AFC TCP）的调查报告《Deployment Status of Fuel Cells in Road Transport：2021 Update》中的统计数据，截至2020年，全世界共有34 804台燃料电池汽车（FCVs）投入使用，其中包括燃料电池乘用车、客车、轻型商用车、中型和重型卡车。其中，韩国以10 093台的保有量高居世界首位，其次是美国的9 252台、中国的8 443台、日本的4 200台（如图1.8所示）。在全世界范围内投入使用的34 804台燃料电池汽车中，乘用车数量高达25 932台，占比74.5%，主要为韩国现代NEXO和日本丰田Mirai乘用车。客车数量5 648台，占比16.2%，主要源于中国市场的推动；中型卡车数量3 161台，占比9.1%；轻型商用车数量仅有49台，占比0.14%。55%的燃料电池汽车分布在亚洲，36%在北美，9%在欧洲，在亚洲的所有燃料电池汽车中，中、日、韩三个国家占比高达100%，这主要源于中日韩三国对氢能与燃料电池产业的深度布局与大力支持，以期在全球碳中和的背景下抢占能源先机。

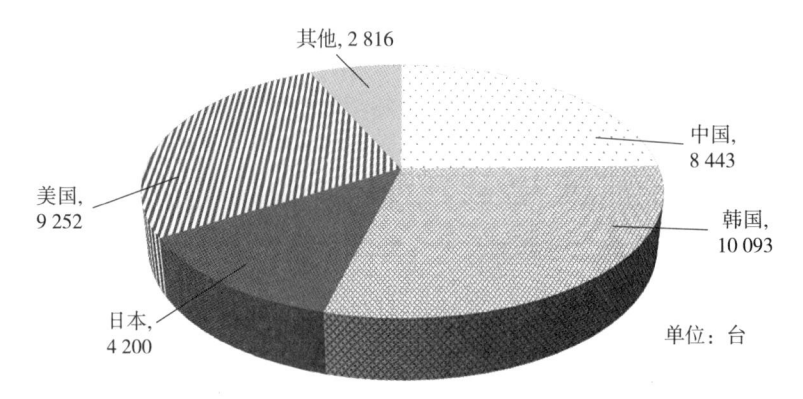

图1.8　全球燃料电池汽车数量分布（截至2020年12月）

数据来源：《Deployment Status of Fuel Cells in Road Transport：2021 Update》

2020年9月，财政部、工信部、科技部、发展改革委、国家能源局联合发布《关于开展燃料电池汽车示范应用的通知》，确定将燃料电池汽车的购置补贴政策调整为燃料电池汽车示范应用支持政策，对符合条件的城市群开展燃料电池汽车关键核心技术产业化攻关和示范应用给予奖励，形成布局合理、各有侧重、协同推进的燃料电池汽车发展新模式。2020年，全国有23家燃料电池整车企业实现产销，燃料电池汽车销售前十厂商依次为厦门金旅、佛山飞驰、云南五龙、中通客车、吉利商用车、北汽福田、成都客车、宇通客车、广日专用车及南京金龙。从总量上看，当前我国燃料电池汽车应用领域以客车和物流车等商用车为主，客车占比约60%，物流车占比约40%。燃料电池客车的主要生产企业有佛山飞驰、上汽大通、宇通客车及北汽福田，物流车的主要生产企业有中通客车、上海申龙、东风汽车及佛山飞驰。截至2020年年底，全国有17个省份开展示范运行燃料电池汽车，主要集中在京津冀、长三角和珠三角地区。其中，公交车示范城市集中在张家口、郑州、佛山和云浮市，物流车集中在上海市、山东省和佛山市。

据中国汽车工业协会统计，截至2021年10月，我国燃料电池汽车市场累计产量8 291台，销量为8 222台。从应用场景来看，我国燃料电池汽车销量中，全部为商用车，车型分布不均匀。与海外专注于乘用车的量产不同，我国将研发和推广重点放在商用车上，尤其是中远途、中重型商用车领域的产业化应用。从产销量来看，2020 年受疫情影响，燃料电池汽车产销有所下降，产量为 1 199 台，销量为 1 177 台，产销同比分别下降 57.5% 和 56.8%。2021 年 1—10 月，燃料电池汽车产销分别完成 940 台和 953 台，同比分别增长 45.3% 和 44.8%。总体来看，当前我国燃料电池行业已进入市场、技术、资源卡位的发展蓄能关键期，燃料电池系统集成商正积极协作上下游企业，扩大应用渗透和加速新技术引入，同时产业链上下游企业通过联盟等方式挑战系统集成商地位，竞争格局纷繁多变。

2020 年，车用燃料电池电堆单堆功率覆盖范围为 38~90 kW，平均功率为 48 kW，比 2015 年的 35 kW 提高了 37.1%；石墨双极板电堆功率密度从 1.5 kW·kg^{-1} 增加到 2.2 kW·kg^{-1}，提高了 46.7%；金属双极板电堆功率密度从 2.0 kW·L^{-1} 上升到 3.0 kW·L^{-1}，提高了 50%。电堆最低冷启动温度从 2015 年的 -20℃ 进一步探底到 -30℃；电堆寿命从 2015 年的 3 000 h 延长到 5 000 h（金属双极板型）和 12 000 h（石墨双极板型）；燃料电池电堆最高效率从 2015 年 55%，提高到 60%。

我国加氢站单体加注能力和规模不断提升，日供氢 1 000 kg 以上规模的加氢站数量达到 23 座，占比达 27%。加氢基础设施的相关国家标准正在建立。目前我国加氢基础设施标准主要包括加氢站的设计规范、技术规范、安全规范、安全运营管理规程等；而加氢站涉及的设备标准包括加氢枪、储氢装备安全技术要求等已完成标准化建设工作，现也已经开展加氢通信相关标准研究工作。2020 年 6 月，住建部办公厅发布关于国家标准《加氢站技术规范（局部修订条文征求意见稿)》公开征求意见，进一步加强液氢、合建站、加氢机技术、氢管道及附件技术等的技术与管理要求，我国加氢基础设施标准正在逐步完善。

（三）新能源汽车电驱动技术产业发展现状

2020 年我国新能源汽车电驱动技术持续保持进步，在高集成度三合一/多合一电驱动总成、电驱动系统 NVH 性能提升、高效高速驱动电机技术及核心零部件、高效高密度电机控制器技术、高速减速器、轮毂电机等方面取得了技术进步。

驱动电机、功率电子单元和减速器集成的电驱动一体化驱动总成是乘用车领域发展的主要方向。现阶段的总成主要形态体现为驱动电机+电机控制器+减速器的三合一，在三合一基础上将电机控制器（MCU）、电压变换器（DC/DC）和车载充电机（OBC）等功率电子集成的多合一方案也是重要的发展方向之一。三合一产品以博世、大陆、麦格纳、博格华纳、吉凯恩、采埃孚和日本电产等为代表，国内以精进电动、上海电驱动、巨一自动化、汇川技术、比亚迪、中车浩夫尔等为代表。大众 iD4 后驱总成、一汽 E-HS9 EDS 总成实现量产，精进电动 200 kW 三合一电驱动总成获得了北美客户批量订单。在多合一总成方面，国外如宝马 i3 采用驱动电机+电机控制器+电压变换器+车载充电机+减速器的五合一集成，国内如北汽新能源、长安新能源、华为技术等均提出了采用多合一总成系统。华为技术在发布多合一电驱动系统集成了电池管理系统主控单元（BCU）、电源分配单元（PDU）、电压变换器、电机控制器、车载充电机、电机和减速器七大部件，实现机械和功率部件的深度融合以及云端协同与控制的集成。

在驱动电机本体技术方面，具有更高槽满率和更高刚度的发卡式绕组/扁导线绕组电机逐步成为新能源汽车应用需求，多种线型（U型、I-pin型）、不同绕线形式（叠绕组、波绕组）的扁导线电机制造工艺与制造能力不断提升，多家企业建立了扁导线定子专用生产线，多个扁导线电机产品实现量产应用。因油冷的热传递路径短和冷却油绝缘，因此油冷电机成为提升电机热管理效率的途径之一，喷油冷却、转子甩油冷却、定子密闭循环油冷却等多种方式在不同机电耦合总成上获得应用。

在驱动电机关键材料与关键零部件方面，为了应对稀土材料价格的持续波动，多个企业投入资金，加快实施晶粒边界扩散工艺（GBDP），大幅降低钕铁硼（NdFeB）磁体中的镝（Dy）含量；同时研发用镧（La）、铈（Ce）等代替 Dy 的无 Dy 磁材和贫重稀土钐钴（SmCo）、定向共晶铋/锰铋（Bi/MnBi）磁性材料等。在耐高温绝缘材料方面，适用于扁导线制造和油冷的耐电晕漆包线、微纳米粒子改性的绝缘浸渍树脂、耐油性耐电晕柔软复合材料、高导热灌封树脂等均取得了一定的研发进展。在高导磁低损耗材料方面，国内外多个企业研发的低铁损、高磁感、高屈服强度的 0.20～0.35 mm 规格无取向硅钢片成为应用主流。磁性编码器、电涡流传感器、旋变位置传感器多种规格的位置传感器获得应用，其中磁阻式旋变位置传感器因其鲁棒性强成为主流。

在电机控制器方面,碳化硅(SiC)器件具有高温、高效、高频的优势,可降低电机控制器损耗,提高集成度与功率密度。国外特斯拉、保时捷率先量产应用基于碳化硅器件的电机控制器,国内比亚迪汽车推出的"汉"电动汽车后驱系统已量产应用碳化硅电机驱动系统。德尔福、电装、特斯达等推出了应用芯片正面金属化焊接技术、模块双面银浆烧结技术的双面冷却碳化硅模块,芯片热阻与模块寿命大幅度提升。精进电动、上海电驱动等在新能源汽车上加速开展碳化硅控制器的研发和应用,推出了功率密度达到 $30\sim40\ kW\cdot L^{-1}$ 的多种封装碳化硅电机控制器,由于碳化硅器件的高压优势,被认为是更加适合于 800 V 直流电压平台的电驱动系统。

在电驱动系统 NVH 性能提升技术方面,电驱动系统的 NVH 设计技术从单工况点电磁力和结构模态设计仿真分析,发展到包含正向开发目标设定与正向设计仿真分析的全面正向 NVH 设计,在低噪声制造工艺、台架与整车测试、声品质测试评价标准等方面均取得了进展。永磁同步电机系统由齿槽、反电动势非正弦、相电流畸变以及铁芯磁饱和等是引起转矩脉动的主要因素,除了采用电机本体低噪声技术,还采用注入谐波电流,抑制电机 6 次转矩脉动。另外运用随机脉冲宽度调制(RPWM)技术,可以分散开关频率整数倍谐波能量,有效抑制开关频率噪声。

高速减速器是乘用车电驱动总成高速化的核心零部件,国外博格华纳、吉凯恩、麦格纳等开发出了 $14\ k\sim18\ kr\cdot m^{-1}$ 高速减速器;我国上汽变速器、重庆青山、比亚迪等自主减速器产品级最高转速在 $12\ k\sim14\ kr\cdot m^{-1}$,正在开发 $16\ kr\cdot m^{-1}$ 减速器产品,在高输入转速和大速比的小型化高速减速器、两挡/多挡高速减速器和减速器本体 NVH 性能方面取得进步。

在轮毂电机方面,径向磁通轮毂电机仍然是研究热点,国内主要企业如上海电驱动,推出了 $640\ N\cdot m$、功率密度达到 $2.2\ kW\cdot kg^{-1}$ 的高性能直驱轮毂电机,样机应用于东风汽车和北汽新能源样车。轴向磁通轮毂电机逐渐在轮毂电机场景下展开应用,MAGNAX、YASA、SAIETTA、清华大学苏州研究院等研发了轴向磁通轮毂直驱或集成减速器样机。在关键零部件方面,舍弗勒、浙江万安等研发了轮毂电机动密封结构,丰田和浙江亚太等提出了轮毂电动轮转向装置与转向拉杆结构等,进一步加快了轮毂电机工程化。

高速、高效、高密度、低振动噪声、高性价比是新能源汽车驱动电机的重点发展方向。面向新能源汽车的更大规模应用,我国一方面需要持续提升驱动电机设计和制造水平，另一方面需要继续加大对高性能硅钢材料、低重稀土永磁材料、耐电晕耐高温绝缘材料、直接油冷电机材料、高速轴承、位置传感器等基础核心零部件的研发投入。

在电机控制器方面，技术方向瞄准更高功率密度和更高效率。对第三代宽禁带半导体器件基础材料与设计、功率模块高效冷却与封装、无源器件技术、相关传感、控制和通信用集成电路等技术、工艺等加大投入。

在高速减速器方面，加快自主高速减速器/变速器及其轴承、齿轮等配套关键零部件开发，并强化电机和减速器/变速器的深度集成。

面向分布式驱动电动汽车应用的轮毂电动轮总成开发，在集成、防护、安全与成本控制等方面持续增加投入。

同时，我国适用于电驱动系统开发的专用设计与仿真工具软件、自主电机控制软件架构（如类汽车开放系统架构）及其开发工具的研发缓慢或缺失，网络安全设计开发与测试软件及诊断工具缺失，需要持续关注和增加研发投入。

四、2020 年新能源汽车营业收入测算

（一）全球新能源汽车营业收入测算

《中国新能源汽车行业发展白皮书（2021 年）》数据显示：2020 年，全球新能源汽车销量达到 331.1 万台，同比增长 49.8%；我国新能源汽车销量占全球新能源汽车销量的 41.3%，且各级别车型售价相对平均。根据我国新能源汽车销量占比推算，2020 年全球新能源汽车制造业营业收入为 8 168.3 亿元。Marklines 数据显示：2021 年全球新能源汽车销量 595 万台，同比增长 99%；我国新能源汽车销量占全球新能源汽车销量的 59.2%。根据我国新能源汽车销量占比推算，2021 年全球新能源汽车制造业营业收入为 12 539.4 亿元。

2020 年全球新能源汽车制造业营业收入 = 我国新能源汽车制造业营业

收入/41.3%≈8 168.3（亿元）

2021年全球新能源汽车制造业营业收入＝我国新能源汽车制造业营业收入/59.2%≈12 539.4（亿元）

（二）我国新能源汽车营业收入测算

2020年，我国汽车销量达2 531.1万台，其中新能源汽车销量为136.7万台，占汽车总销量的5.4%。2020年新能源乘用车销量124.6万台，商用车销量12.1万台。据国家统计局数据，2020年我国汽车制造业营业收入为8.16万亿元，同比增长3.4%，在41个工业大类行业位居第二，持续拉动我国工业整体发展水平。中国汽车工程学会模型数据显示：①新能源乘用车中，A00级车平均售价4.1万元/台，A0级车平均售价6.2万元/台，A级车平均售价16.2万元/台，B级车平均售价24.3万元/台，C级及以上车平均售价65.2万元/台；在2020年新能源乘用车销量中，A00级车占26.1%，A0级车占8.6%，A级车占26.2%，B级车占28.8%，C级及以上车占10.3%。②商用车中，纯电动及插电式重型车平均售价78.5万元/台，中型车25.0万元/台，轻微型车15.5万元/台，客车100.6万元/台；在2020年新能源商用车销量中，纯电动及插电式重型车占3.1%，中型车占1.8%，轻微型车占34.1%，客车占59.2%。③燃料电池中型车平均售价61.3万元/台，客车279.9万元/台；在2020年新能源汽车商用车销量中，中型车占0.2%，客车占1.6%。根据新能源汽车售价及销量占比推算，2020年我国新能源汽车制造业营业收入为3 373.5亿元。

2020年我国新能源汽车制造业营业收入＝各级别/车型车平均售价×各级别/车型车销量≈3 373.5（亿元）

2021年我国新能源汽车销量352.1万台，其中，乘用车333.4万台，商用车18.6万台。中国汽车工程学会模型数据显示：①在2021年我国新能源乘用车销量中，A00级车占30.1%，A0级车占5.6%，A级车占33.2%，B级车占21.9%，C级及以上车占9.2%。②商用车中，纯电动及插电式重型车平均售价28.6万/台，中型车19.6万/台，轻微型车14.5万/台，客车96.7万/台；在2021年我国新能源商用车销量中，纯电动及插电式重型车占0.8%，中型车占1.9%，轻微型车占38.2%，客车占57.4%；③燃料电池重型车平均售价141.5万元/台，中型车57.8万元/台，客车 262.4 万元/台；在 2021 年我国新能源商用车销量中，重型车占 0.2%，中型车占 0.1%，客车占 1.4%。2021 年我国新能源汽车制造业营业收入为 7 423.3 亿元。

2021 年我国新能源汽车制造业营业收入 = 各级别/车型车平均售价 × 各级别/车型车销量 ≈ 7 423.3（亿元）

五、2025 年新能源汽车营业收入预测

（一）全球新能源汽车营业收入预测

2021 年，随着全球多个国家"碳达峰""碳中和"目标的提出，市场对新能源汽车的需求不断扩大，全球新能源汽车产业将持续发展。在政策和市场双重驱动下，全球部分代表性车企也纷纷明确电动化战略时间线，加速企业电动化转型（如表 1.1 所示）。

表 1.1 全球部分代表性车企电动化战略

车企	战略名称	销量目标	新能源车型规划
大众	E‑Mobility 战略	1. 2025 年 300 万辆 EV，渗透率 20%~25% 2. 2030 年电动车累计销售 2 600 万辆，其中 PHEV/HEV 销量接近 600 万辆，EV 销量增长占欧洲新车队 60%、中国新车队 40% 3. 2040 年新能源车销量占公司总销量的 100%，最迟 2050 年实现碳中和	1. 2022 年推出 27 款 MEB 车型，首批 PPE 车型 2. 2030 推出 70 款 EV、60 款 PHEV/HEV
戴姆勒	2025 计划"瞰思未来"战略	1. 2025 年新能源车销量占公司总销量的 50% 2. 2030 年新能源车销量占公司总销量的 100%	1. 2025 年推出 10 款 EV、25 款 PHEV 2. 2030 年推出 20 款 EV、25 款 PHEV

续表

车企	战略名称	销量目标	新能源车型规划
宝马	新"第一战略"	1. 2021年EV和PHEV销量翻倍 2. 到2025年纯电车型的交付量平均每年增长50%以上，向全球客户交付约200万辆纯电动车 3. 2030年纯电车型至少占全球交付量的50%，MINI将在21世纪30年代初成为纯电动品牌	1. 2021年推出纯电车型i4、iNext 2. 2023年布局25款电动车型，其中13款纯电车型 3. 2025年推出最后一款Mini燃油车型 4. 2030年实现全系电动化
沃尔沃	Omtanke 2025战略	1. 2025年新能源车的全球销量达到100万辆，纯电车型销量占品牌销量的50%，其余为混动车型 2. 2030年实现品牌全面纯电化	1. 2019—2021年推出5款纯电车型 2. 2022年纯电车型C40Recharge在中国上市
雷诺-日产	2022联盟雷诺"驾驭未来"战略	1. 2025年纯电车型销量占比达30%，电气化车型达35%以上 2. 2030年纯电车型销量达90%	2025年推出10款全新纯电车型，含7款雷诺品牌电动车
丰田	—	到2030年实现旗下所有车型提供纯电动版，在中国、北美、欧洲实现100%纯电车型销售，2035年在全球实现100%纯电车型的销售	在2030年前，在全球范围内推出30款新能源汽车

《中国新能源汽车行业发展白皮书（2021年）》预测，2025年全球新能源汽车销量将达1 640万辆，整体渗透率将超过20%；中国与世界其他市场各级新能源车价格趋近。据预测，2025年全球新能源汽车制造业营业收入约为31 739.1亿元。

2025年全球新能源汽车制造业营业收入预测＝我国新能源汽车制造业营业收入预测×1.64≈31 739.1（亿元）。

（二）我国新能源汽车营业收入预测

摩根大通预测，至2025年，我国新能源车年销量将超过1 000万辆，市场渗透率超过30%，新能源车累计销量超过3 700万辆。据中国汽车工程学会模型预测，2025年我国汽车总销量3 200万辆，新能源车渗透率将超过30%。中国汽车工程学会模型预测：①在2025年我国新能源乘用车销量中，A00级车占1.4%，A0级车占8%，A级车占60.9%，B级车占22.5%，C级及以上车占7.2%；A00级车平均售价4.3万/台，A0级车平均售价11.0万/台，A级车平均售价14.7万元/台，B级车平均售价26.8万元/台，C级及以上车平均售价63.3万元/台。②在2025年我国新能源商用车销量中，纯电动及插电式重型车占1.54%，中型车占2.18%，轻微型车占67.71%，客车占26.58%；纯电动及插电式重型车平均售价27万元/台，中型车16.8万元/台，轻微型车11.9万元/台，客车81万元/台。③在2025年我国新能源商用车销量中，重型车占0.71%，中型车占0.51%，客车占0.77%；重型车65.7万元/台，中型车43.3万元/台，客车197.4万元/台。据推算，2025年我国新能源汽车制造业营业收入为19 353.1亿元。

2025年我国新能源汽车制造业营业收入预测 = 各级别/车型车平均售价预测 × 各级别/车型车销量预测 ≈ 19 353.1（亿元）。

2021年新能源汽车进入市场化爆发式增长的新阶段。销量和市场渗透率的快速提升标志着汽车产业市场化突破平台期开启快速增长模式。随着技术的不断突破，产品的差异化更新，在政策的引导及驱动下，新能源汽车将进一步占领未来市场。据预计，2030年新能源汽车规模将达到1 700万至1 900万辆。随着市场结构的更新升级、燃料电池技术的发展突破等因素，预计2030年营业收入将超过38 000亿元。

六、我国新能源汽车中长期发展趋势

面向未来，零排放、零事故、零拥堵的新能源汽车将更好满足人民美好生活需要，提升社会运行效率。发展新能源汽车是我国建设汽车强国的必由之路，是应对气候变化，实现"碳中和""碳达峰"目标，推动汽车产业绿色发展的战略举措。当前新能源汽车产业快速融合发展，以"低碳化、信息化、智能化"为标志的新一轮技术及产业革命影响着整个汽车产业及人们的交通出行方式。

（一）绿色低碳

习近平总书记在第七十五届联合国大会上提出，中国将提高国家自主贡献力度，采取更加有力的政策和措施，二氧化碳排放力争于 2030 年前达到峰值，努力争取 2060 年前实现碳中和。2020 年 11 月 2 日，国务院正式发布了《新能源汽车产业发展规划（2021—2035 年)》，该规划是中国汽车产业未来 15 年的行动纲领。该规划提出了 2025 年新能源汽车新车销售量达到汽车新车销售总量 20% 的目标，并部署了提高技术创新能力、构建新型产业生态、推动产业融合发展、完善基础设施体系、深化开放合作等五大战略任务。汽车产业与制造、交通、能源、材料、化工等诸多行业相互关联、相互支撑，构成了紧密且完整的"碳链条"。汽车产业在实现产品制造、使用与回收利用再制造低碳化发展的同时，也将带动材料、化工等多个相关行业的产业链低碳化，与智慧能源融合加速能源系统碳中和，推动交通出行的智能共享转型。

汽车是交通领域节能减排的重要力量。据生态环境部等单位联合发布的《数字出行助力碳中和》报告，2020 年全国汽车使用阶段碳排放总量约为 7.6 亿吨，占交通领域总量的 83%，约占全国碳排放总量的 7.3%。以当前全国平均电力来源构成计算，纯电动乘用车与相应级别汽油车相比，其全生命周期温室气体排放平均减少 25% 以上。

随着科技的不断进步，真正零排放的汽车将让人类环境变得更美好，为构建人与自然生命共同体做出新的更大贡献。同时，未来的绿色智能汽车不仅是出行工具，也是储能单元和信息终端。数亿台汽车将形成吞吐容量高达数百亿千瓦时的"分布式绿电调节水库"，从而大幅度提升全社会绿电消费比例。汽车将从能源消耗者和排放者变成绿色能源高效利用的载体和美好环境的建设者。

（二）未来出行

未来具有智能化特征的新能源汽车将逐步成为市场主力。新能源汽车与能源、交通、信息通信全面深度融合，促进能源消费结构优化、交通体系和城市智能化水平提升，构建产业协同发展新格局。基于车联万物、车路协同的车联网和智能交通系统将实现道路资源、车辆资源和运输需求之间的无缝链接，极大提升物流运输和城市运转效率，减少拥堵和交通安全事故，促进智慧城市和社会和谐发展。

2019年，中国交通事故发生数量24.8万起，直接财产损失13.46亿元，交通事故死亡人数6.27万人，受伤人数25.61万人。驾驶者人为失误占事故总数的比例约90%。交通出行方面，智能网联汽车能够有效改善安全出行问题，能够明显降低因驾驶不当引发的交通事故，提升汽车和道路交通运行质量和通勤效率。新能源汽车的普及推广，高度自动驾驶汽车实现规模化应用，将有效地促进节能减排水平的提升及社会运行效率的全面提高。

第二章 我国新能源汽车产业人才现状及需求分析

一、人才基础信息分析

(一) 人才概况和劳动生产率

1. 从业人员状况

2020年,汽车产业规模以上生产企业从业人员约550万人[①],汽车产业研发人员55万人,汽车产业研发人员占比为10%。经测算,新能源汽车产业从业人员96万人,其中研发人员15.8万人,占从业人员的16.5%,占汽车产业研发人员的28.7%。2020年,新能源汽车产业研发人员占比高于汽车产业研发人员占比,表明新能源汽车产业研发人员更为聚集,体现了成长期产业的特征。新能源汽车后市场销售和售后人员8.7万人,生产制造人员50.7万人。

据《中国汽车工业年鉴(2021版)》的统计数据,2020年全国汽车销量2 531.1万台,其中新能源汽车销量136.7万台,占比5.4%。《新能源汽车产业发展规划(2021—2035年)》提出2025年新能源汽车新车销售量达到汽车新车销售总量的20%。随着新能源汽车的销量占比不断提升,未来相当长的一段时间内,新能源汽车产业的从业人员与研发人员的需求数量仍将呈现出爆发式增长的态势。调研显示,普通高等院校和职业院校的新能源汽车人才对产业的人才供给严重不足,远不能满足新能源汽车产业高速发展的需求,存在巨大的缺口,这将是我国在新能源汽车产业蓬勃发展中亟待解决的一个问题。

2. 劳动生产率现状

整车企业劳动生产率受生产工艺、自动化率、工作负荷(加班时长)等复杂因素影响,很难量化分析。此次研究为呈现新能源汽车产业与汽车产业整体生产效能的对比,在预设以上因素保持不变的情况下,尝试进行

---

① 数据来源:《中国汽车工业年鉴(2021版)》。

第二章 我国新能源汽车产业人才现状及需求分析

劳动生产率的对比分析研究。

通过企业调查问卷数据计算，新能源汽车产业代表性乘用车整车企业平均劳动生产率[①]为12.7台·人$^{-1}$·年$^{-1}$，较汽车产业乘用车整车企业平均劳动生产率（35.6台·人$^{-1}$·年$^{-1}$）仍有差距。理论上讲，从零部件数量和总装线所用时长分析，新能源汽车较燃油车劳动生产率应更高，但现状是新能源汽车产业劳动生产率远远低于汽车产业平均劳动生产率，说明我国新能源汽车产业正处于快速成长期，仍有很大提升空间。需要说明的是，此次研究开展时间为2021年下半年至2022年年初，由于2021年数据还未生成，研究使用的是2020年数据；在研究收尾阶段，研究团队发现部分2021年数据已生成的企业2021年的劳动生产率较2020年有高达约2倍的大幅提高，符合爆发式增长产业的非稳定状态特征，有待今后的持续研究。

根据企业问卷调查数据，在新能源汽车产业代表性乘用车整车企业提供的2020年数据中，劳动生产率的75分位数、50分位数及25分位数分别为17.3台·人$^{-1}$·年$^{-1}$、14.3台·人$^{-1}$·年$^{-1}$、9.4台·人$^{-1}$·年$^{-1}$，即有25%的企业劳动生产率超过17.3台·人$^{-1}$·年$^{-1}$，50%的企业劳动生产率超过14.3台·人$^{-1}$·年$^{-1}$，75%的企业劳动生产率超过9.4台·人$^{-1}$·年$^{-1}$（如图2.1所示）。

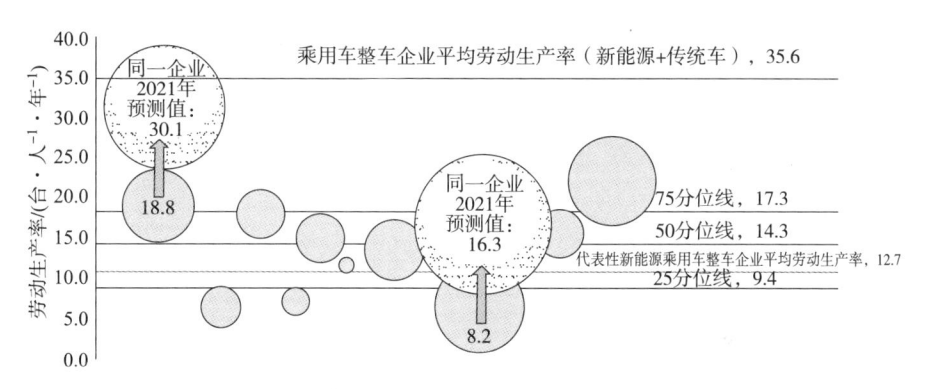

图2.1 2020年代表性新能源乘用车整车企业劳动生产率分位图

数据来源：中国汽车工程学会企业问卷调查数据

---

① 新能源代表性乘用车整车企业平均劳动生产率 = 新能源代表性整车企业新能源汽车生产总台数/新能源代表性整车企业新能源从业人员总数

（二）人才画像

1. 研发人才画像

（1）研发人员范围确定

在新能源汽车产业的从业人员中，研发人员的知识结构变化最大，需要补充新增知识板块，这是本次研究的重点。

如图 2.2 所示，新能源汽车产业的主要参与方可分为两大类：一是传统整车及零部件企业；二是能源公司，电池、电机公司等。两类企业共同打造新能源汽车并形成了业务交叉，其所需能力主要包括以下三个部分，分别对应不同的人才需求。

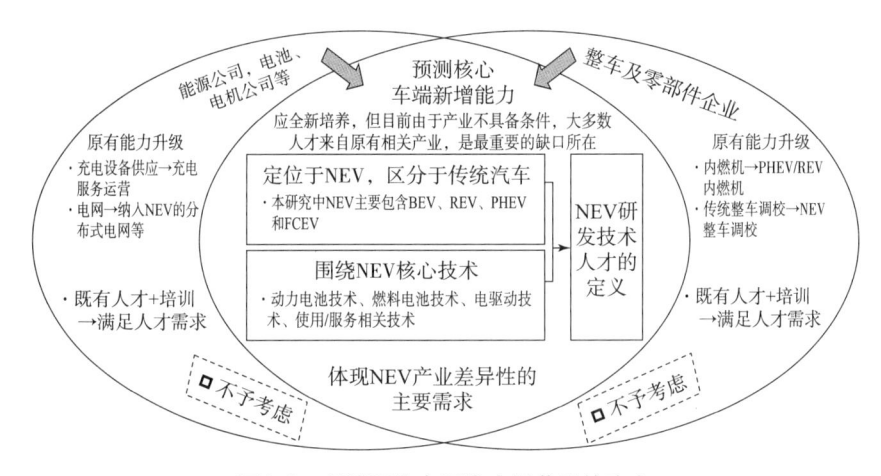

图 2.2　新能源汽车研发人员范围的确定

一是整车及零部件企业原有能力升级，例如，从开发燃油汽车的内燃机到开发插电式混合动力汽车（含增程式）中的内燃机，从传统整车的调校到新能源汽车调校等。对于这部分工作，燃油汽车原有开发人员在经过相应培训，实现自身能力提升后即可胜任。所以，这部分人员不列入本研究范畴。

二是能源公司和电池、电机公司原有能力升级。例如，从充电设备供应到充电服务运营，从电网到纳入新能源汽车的分布式电网等本就不属于本次研究对象，这部分产业和人员均不列入本研究范畴。

三是两类企业形成交集的车端新增能力。对此有两条界定原则：第一条是定位于新能源汽车，区分于燃油汽车。本研究中的新能源汽车包括纯电动汽车、插电式混合动力（含增程式）汽车、燃料电池汽车。第二条是围绕新能源汽车的核心技术，如动力电池技术、燃料电池技术、电驱动技术、使用/服务技术（车载电源）等。这些新增内容所需的人员都应经过全新培养而成。而由于产业尚不具备条件，目前这部分人员有部分直接来自原有相关产业，不得不勉为其难地开展工作，这也是新能源汽车产业最重要的人才缺口所在。从这个意义上讲，课题组将预测范围聚焦于新能源汽车核心技术是合理的。

综上所述，整车及零部件企业和能源公司以及电池、电机公司各自的原有能力升级部分，对应的人才属于既有人才的存量"更新"，不属于本研究预测的范畴；而两类企业形成交集的车端新增能力部分，对应的人才属于未来需要的人才增量，是本研究预测的核心。

（2）学历分布

猎聘大数据显示，新能源汽车产业研发人员中，本科及以上学历占85.1%，本科学历人数占比最高，为58.6%，其次为硕士（如图2.3所示）。

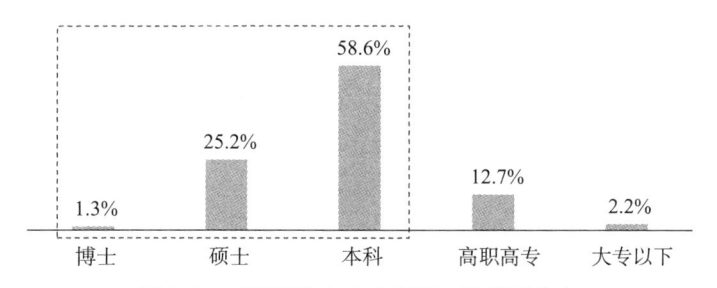

图 2.3 新能源汽车产业研发人员学历分布

数据来源：同道猎聘集团

（3）年龄和性别结构

新能源汽车产业作为众多新技术融合的新兴产业，对于年轻人才有巨大的吸引力。猎聘大数据显示，新能源汽车产业研发人员中，35岁以下人员占比最高，达到58.8%，年龄小于45岁人员占比接近95%（如图2.4所示），研发人员呈现年轻化趋势。

猎聘大数据显示，新能源汽车产业研发人员中男性居多，占研发人员总数的80.7%（如图2.5所示）。

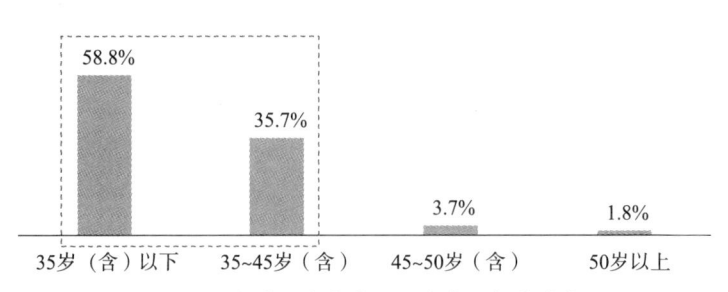

图 2.4　新能源汽车产业研发人员年龄分布

数据来源：同道猎聘集团

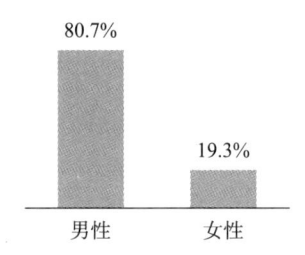

图 2.5　新能源汽车产业研发人员性别分布

数据来源：同道猎聘集团

（4）工作年限分布

猎聘大数据显示，新能源汽车产业研发人员工作年限分布较均衡。其中工作年限 5~10 年的人员占比最高，为 31.3%，工作年限在 5~15 年的研发人员占比超过 60%（如图 2.6 所示）。

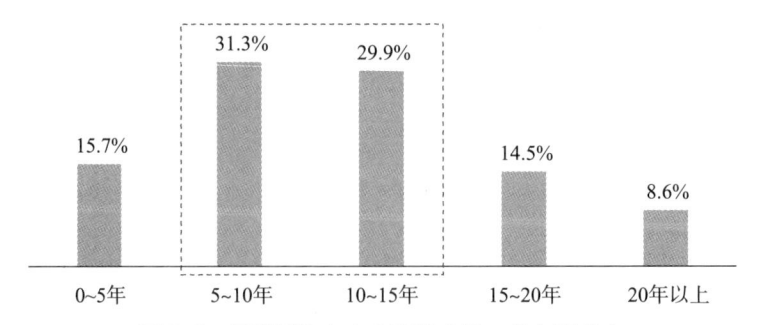

图 2.6　新能源汽车产业研发人员工作年限分布

数据来源：同道猎聘集团

（5）区域分布

猎聘大数据显示，新能源汽车产业研发人员和岗位分布集中度高，华东地区拥揽半数人才（如图2.7所示）。

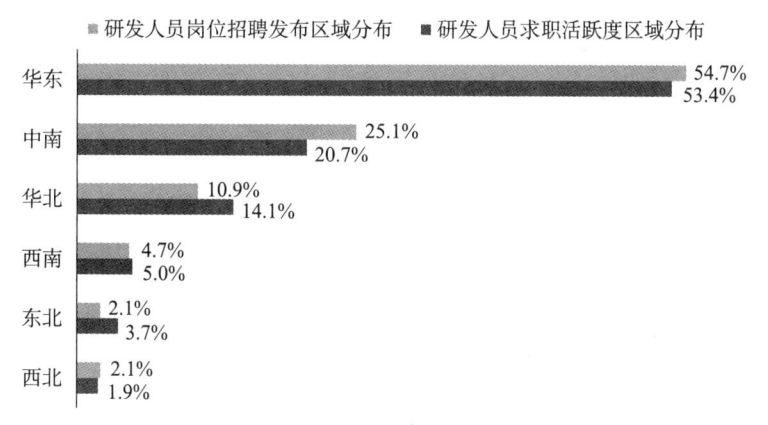

■ 研发人员岗位招聘发布区域分布　■ 研发人员求职活跃度区域分布

华东 54.7% / 53.4%
中南 25.1% / 20.7%
华北 10.9% / 14.1%
西南 4.7% / 5.0%
东北 2.1% / 3.7%
西北 2.1% / 1.9%

图2.7　新能源汽车产业研发人员招聘与求职活跃度区域分布

数据来源：同道猎聘集团

2. 技能人才画像

（1）学历分布

企业调查数据显示，新能源汽车产业技能人员高职高专及以上学历占比33.0%，本科学历占比10.0%。企业深访表明，随着新势力造车企业涌入新能源汽车产业，对技能人员学历要求越来越高，部分岗位如研发辅助、销售类等岗位需要普通本科学历（如图2.8所示）。

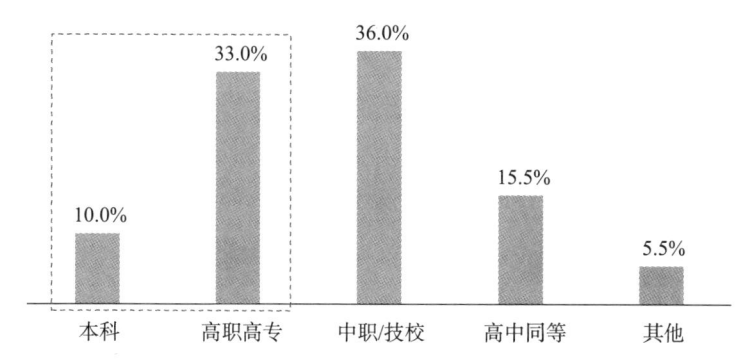

本科 10.0%　高职高专 33.0%　中职/技校 36.0%　高中同等 15.5%　其他 5.5%

图2.8　新能源汽车产业技能人员学历分布

数据来源：中国汽车工程学会企业问卷调查数据

（2）年龄和性别结构

企业调查数据显示，新能源汽车产业技能人员以30岁及以下人员为主，占比66.0%（如图2.9所示）。

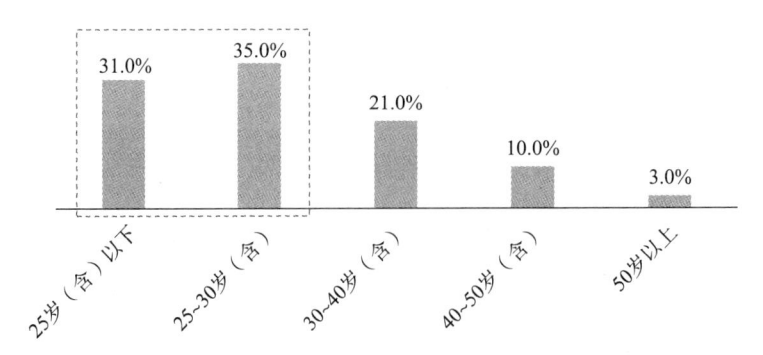

[图表：新能源汽车产业技能人员年龄分布，25岁（含）以下31.0%，25~30岁（含）35.0%，30~40岁（含）21.0%，40~50岁（含）10.0%，50岁以上3.0%]

图 2.9　新能源汽车产业技能人员年龄分布

数据来源：中国汽车工程学会企业问卷调查数据

企业调查数据显示，新能源汽车产业技能人员中男性居多，占技能人员总数的78.0%（如图2.10所示）。

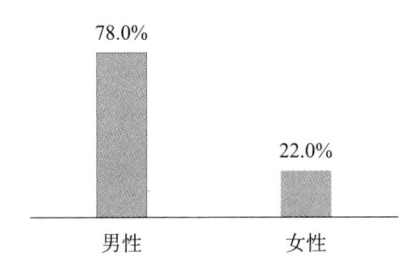

[图表：男性78.0%，女性22.0%]

图 2.10　新能源汽车产业技能人员性别分布

数据来源：中国汽车工程学会企业问卷调查数据

（3）工作年限分布

企业调查数据显示，新能源汽车产业技能人员工作年限1~5年的人员占比最高，为31.0%，工作年限10年以下的技能人员占比74.0%（如图2.11所示）。

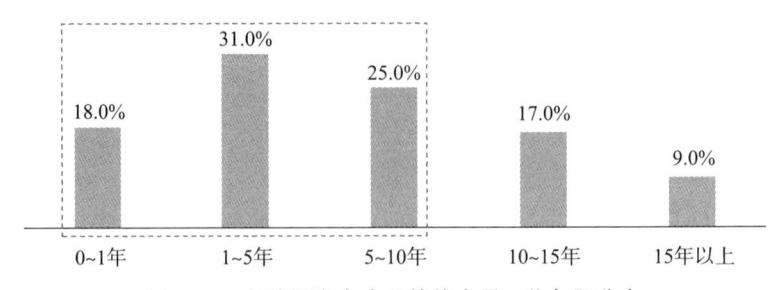

[图表：0~1年18.0%，1~5年31.0%，5~10年25.0%，10~15年17.0%，15年以上9.0%]

图 2.11　新能源汽车产业技能人员工作年限分布

数据来源：中国汽车工程学会企业问卷调查数据

（4）区域分布

技能人员的区域分布特点与我国新能源汽车产销基地布局强相关。根据企业调查数据分析，中南地区技能人员占比最高，为25.0%，其次是华东地区，占比24.0%，华北、西南地区占比均为17.0%（如图2.12所示）。

区域	占比
中南	25.0%
华东	24.0%
华北	17.0%
西南	17.0%
东北	9.0%
西北	8.0%

图 2.12 新能源汽车产业技能人员区域分布

数据来源：中国汽车工程学会企业问卷调查数据

二、人才质的需求

（一）研发人员特征分析

1. 研发人员技术领域和岗位族分类

课题组基于前述新能源汽车产业新增技术领域和技术，确定其研发人员的结构。新能源汽车产业新增技术领域包括动力电池技术、燃料电池技术、电驱动技术、使用/服务技术（车载电源）等。猎聘大数据显示，燃料电池技术领域、动力电池技术领域、电驱动技术领域的研发人员比为1∶1.4∶5.2，使用/服务技术领域（车载电源）由于各企业岗位名称设置等问题未能统计。

其中，动力电池技术领域的新增技术为关键材料技术、关键零部件技术、系统集成技术和测试评价技术等；燃料电池技术领域的新增技术为关键材料技术、关键零部件技术、系统集成技术、车载储氢技术、测试评价技术等；电驱动技术领域的新增技术包括驱动电机及机电耦合技术、电控器开发及控制软件技术、测试评价技术等；使用/服务技术领域（车载电源）涉及纯电动汽车（BEV）、增程式电动汽车（REV）、插电式混合动力汽车（PHEV）、燃料电池汽车（FCEV）等各种新能源汽车，包括车辆运行安全、电池回收与利用、车载制氢、能源管理与存储等领域，新增技术为新能源汽车安全技术、充换电技术、回收与利用技术、氢燃料车载制取技术、BEV 的 V2G 技术（车端）以及 FCEV 的 V2G 技术（车端）等。

基于上述新能源汽车新增技术领域和具体技术分析，课题组将新能源汽车产业研发人员分为六大岗位族，分别为材料/工艺工程师、结构/硬件开发工程师、软件/算法开发工程师（性能开发工程师）、系统集成工程师、仿真和测试工程师、运维工程师（车端）（如图 2.13 所示）。

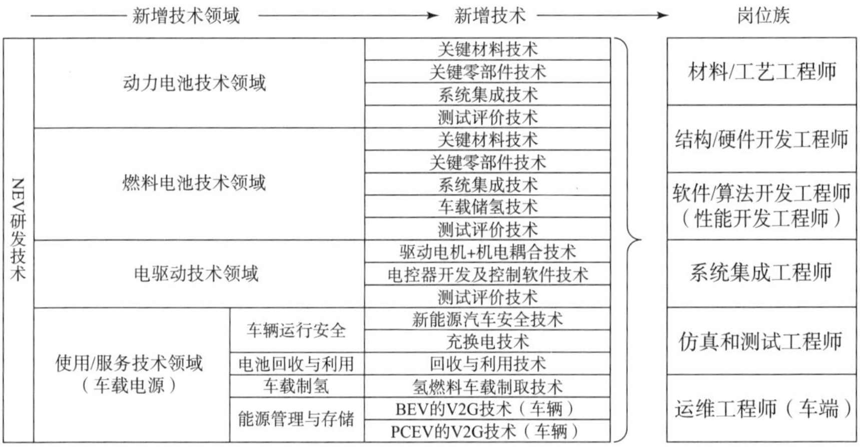

新增技术领域		新增技术	岗位族
NEV研发技术	动力电池技术领域	关键材料技术 关键零部件技术 系统集成技术 测试评价技术	材料/工艺工程师
	燃料电池技术领域	关键材料技术 关键零部件技术 系统集成技术 车载储氢技术 测试评价技术	结构/硬件开发工程师 软件/算法开发工程师 （性能开发工程师）
	电驱动技术领域	驱动电机+机电耦合技术 电控器开发及控制软件技术 测试评价技术	系统集成工程师
	使用/服务技术领域 （车载电源）	车辆运行安全 — 新能源汽车安全技术 充换电技术 电池回收与利用 — 回收与利用技术 车载制氢 — 氢燃料车载制取技术 能源管理与存储 — BEV的V2G技术（车辆） PCEV的V2G技术（车辆）	仿真和测试工程师 运维工程师（车端）

图 2.13 新能源汽车产业研发人员分类

2. 研发人员类型的定义及胜任需求

明确新能源汽车研发人员类型的定义是进一步分析不同类型人才特征的基础。课题组从工作职责、岗位/内涵变化以及胜任能力需求三个维度，对新能源汽车产业的六大岗位族研发人员进行了定义和诠释（如表 2.1 所示）。

表 2.1 新能源汽车产业不同类型研发人员定义及胜任能力需求

研发人员	工作职责	新岗位/新内涵	胜任能力需求	
材料/工艺工程师	动力电池关键材料及工艺研发；燃料电池关键材料及工艺研发；电驱动先进材料及工艺研发	新岗位：围绕新能源汽车核心技术所需关键材料及工艺开展研发	需要掌握相关材料的性质与工艺的流程	考虑新能源汽车的产品需求，同时保障安全地实现功能、性能以及有效地控制成本
结构/硬件开发工程师	动力电池关键零部件开发；燃料电池及燃料存储关键零部件研发；电驱动系统关键零部件研发	新岗位+新内涵：燃料电池研发、动力电池研发；传统动力系统硬件→电驱动系统硬件	需要掌握相关零部件的设计方法	
软件/算法开发工程师（性能开发工程师）	动力电池和燃料电池寿命、安全性、可靠性、能量管理等性能开发；新能源汽车整车动力、各项性能以及相应软件算法开发	新岗位+新内涵：动力电池、燃料电池性能开发；结合新能源汽车的新特点对整车动力、各项性能以及相应的软件算法进行开发	需要同时掌握电池、电驱相关的软硬件知识、性能需求和控制逻辑；了解新能源整车及各零部件工作原理	
系统集成工程师	整车集成；动力电池集成；燃料电池系统集成；电驱动系统集成	新岗位（模块系统）+新内涵（整车系统）：满足新能源汽车需求的动力电池、燃料电池集成开发	需要同时掌握电池、电驱动相关的软硬件知识；需要了解汽车的模块和架构，以便使集成产品更好地满足车端需求	
仿真和测试工程师	动力电池、燃料电池、电驱动的测试、标定、优化	新岗位：围绕新能源汽车核心技术开展测试、标定与优化工作	需要探索并掌握电池、电驱及相关技术标定匹配和测试验证的标准及流程；对相关软硬件的原理有充分了解	

续表

研发人员	工作职责	新岗位/新内涵	胜任能力需求
运维工程师（车端）	安全技术研发；充换电技术研发；动力电池回收与利用技术研发；车载制氢技术研发；能源管理及存储技术研发	新岗位：充电、换电、电池回收与利用、能源管理及存储等技术与新能源汽车需求相结合	需要掌握快充桩、换电、储能、电池回收与梯次利用等相关知识，了解车端电池储能、供能以及V2G互动需求

例如，材料/工艺工程师的工作职责是动力电池关键材料及工艺研发、燃料电池关键材料及工艺研发、电驱动先进材料及工艺研发。相应地，从事此类工作的人才围绕新能源汽车核心技术所需关键材料及工艺开展研发。因此，需要掌握相关材料的性质与工艺的流程，在考虑新能源汽车产品需求的同时，还要保障功能、性能的实现以及成本控制，其胜任的难度和要求远超从前。又如运维工程师（车端）的工作职责是安全技术研发、充换电技术研发、动力电池回收与利用技术研发、车载制氢技术研发、能源管理及存储技术研发，这属于充电、换电、电池回收与利用、能源管理及存储等技术与新能源汽车需求相结合的新岗位，需要相关人才掌握快充桩、换电、储能、电池回收与梯次利用等相关知识，了解车端电池储能、供能以及V2G互动需求。

3. 研发人员特征分析

课题组综合运用文献调研、专家研讨等方法，参考大量相关纲领性政策文件、法规标准及产业研究报告，结合业内专家观点，构建了"思维方式—知识结构—开发工具"三个维度的新能源汽车研发人员需求分析框架，并按此对相应各类人才的特征进行了全面评价。

（1）人才思维方式分析

思维方式主要体现人才的"新能力"。课题组利用频次分析法，结合学术文献、研究报告及专家观点，提炼多种相关思维方式；再根据新能源汽车产业特点，结合专家意见，从中确定了最具表征性的四种思维方式，即创新思维、跨界思维、统筹思维和系统思维。采取三星级模式评价不同类型研发人员对不同思维方式的需求度，其中，星级越高代表需求度越高，无星级则代表对相应的思维方式基本无需求（如表2.2所示）。

表 2.2 新能源汽车产业研发人员的思维方式评价

研发人员	创新思维	跨界思维	统筹思维	系统思维
材料/工艺工程师	★★★	—	—	★
结构/硬件工程师	★★★	★	★	★★
软件/算法开发工程师（性能开发工程师）	★★★	★★	★★	★★
系统集成工程师	★★★	★★★	★★★	★★★
仿真和测试工程师	★	★★	★★	★★★
运维工程师（车端）	★★★	★★	★	★

可以看到，在本研究的定义下，系统集成工程师由于需要同时满足新能源汽车动力电池或燃料电池的集成开发，因此对四类思维方式都有较高要求，尤其是统筹思维和系统思维；而材料/工艺工程师主要负责围绕新能源汽车核心技术涉及的关键材料及工艺开展研发工作，所以并不需要具备跨界思维和统筹思维，仅需具备一定程度的系统思维，而应具备高水平的创新思维。

（2）人才知识结构分析

一是通用知识结构分析（专业类或学科角度）。

新能源汽车研发人员的专业类或学科构成本身反映了其知识结构（如表2.3和表2.4所示）。纳入大数据显示，新能源汽车研发人员中本科生的专业类分布前十位中，机械类遥遥领先，约占34.4%，其中机械设计制造及自动化专业占16.9%，车辆工程专业占6.8%。除机械类外，电子信息类（10.3%）、电气类（7.4%）、自动化类（5.6%）、计算机类（4.9%）、仪器类（2.0%）、能源动力类（1.6%）、化工与制药类（0.8%）、材料类（0.6%）、化学类（0.5%）等专业的人员占比也相对较高（如图2.14所示）。研发人员中研究生的学科分布中机械工程占比最高，约为41.6%，其中车辆工程专业占21.2%，除机械工程学科外，电气工程（7.0%）、材料科学与工程（4.8%）、化学工程与技术（2.6%）、动力工程及工程热物理（2.2%）、软件工程（2.0%）、电子科学与技术（1.3%）、化学（1.2%）、控制科学与工程（1.2%）、计算机科学与技术（1.1%）、仪器科学与技术（1.0%）等学科的人员占比也较高（如图2.15所示）。无论是本科生的专业类分布还是研究生的学科分布均说明存量的新能源汽车研发人员大部分来自传统汽车研发人员的转型，同时，新能源汽车产业对跨专业类或学科的研发人员需求旺盛。

表 2.3 新能源汽车研发人员中本科生的专业类和专业分布

专业类	专业（按专业占比排序）
机械类	机械设计制造及其自动化
	车辆工程
	材料成型及控制工程
	机械电子工程
	机械工程
	工业设计
	过程装备与控制工程
电子信息类	电子信息工程
	电子信息科学与技术
	电子科学与技术
	通信工程
电气类	电气工程及其自动化
自动化类	自动化
计算机类	计算机科学与技术
	软件工程
仪器类	测控技术与仪器
能源动力类	能源与动力工程
化工与制药类	化学工程与工艺
材料类	材料科学与工程
化学类	应用化学

表 2.4 新能源汽车研发人员中研究生的学科和专业分布

学科	专业（按专业占比排序）
机械工程	车辆工程
	机械制造及其自动化
	机械工程
	机械电子工程

续表

学科	专业（按专业占比排序）
电气工程	电气工程
	电力电子与电力传动
材料科学与工程	材料科学与工程
	材料加工工程
	材料物理与化学
化学工程与技术	化学工艺
	应用化学
动力工程及工程热物理	热能工程
软件工程	软件工程
电子科学与技术	电子科学与技术
化学	高分子化学与物理
控制科学与工程	控制理论与控制工程
计算机科学与技术	计算机科学与技术
仪器科学与技术	仪器科学与技术

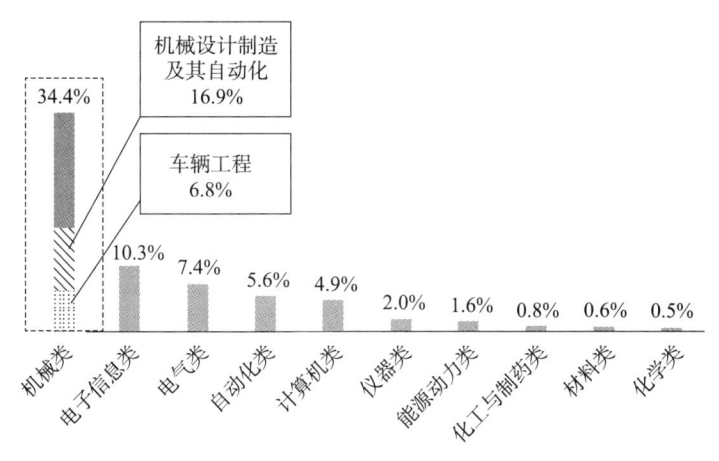

图 2.14 新能源汽车产业研发人员中本科生的专业类分布

数据来源：北京纳人网络科技有限公司

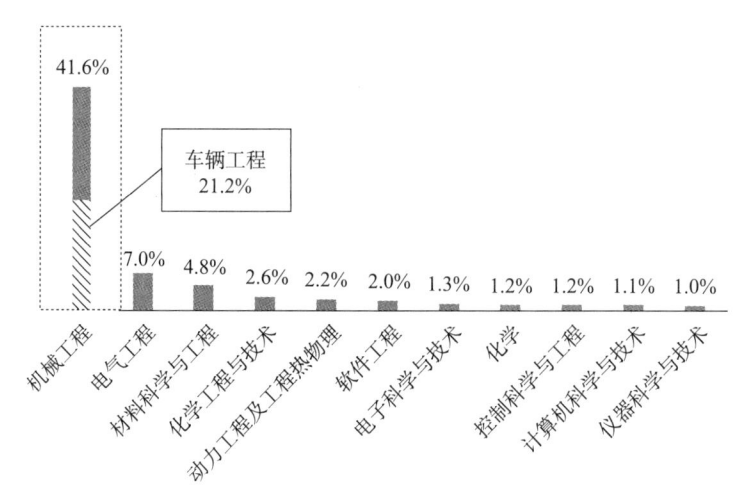

图 2.15　新能源汽车产业研发人员中研究生的学科分布

数据来源：北京纳人网络科技有限公司

通过对新能源汽车相关企业访谈，课题组整理出新能源汽车产业人才典型知识结构。新能源汽车产业研发人员的知识结构分为通用知识和专业方向知识。通用知识指的是从事新能源汽车研发所必须具备的相关知识，包括自然科学和通识教育、工程基础、工程实践和汽车专业知识等；专业方向知识指的是从事不同专业方向的岗位所需具备的相关知识，分为计算机类、材料类、化工类、电子信息类、控制类、电气类（如图 2.16 所示）。

同时，不同技术领域研发人员也来自不同的专业类或学科。

动力电池领域研发人员中本科生主要来自机械类、电子信息类、电气类等专业类；研究生主要来自机械工程、材料科学与工程、化学工程与技术等学科（如表 2.5 和表 2.6 所示）。

图 2.16 新能源汽车产业研发人员典型知识结构

表 2.5 动力电池领域研发人员中本科生的专业类和专业分布

专业类	专业（按专业占比排序）
机械类	机械设计制造及其自动化
	车辆工程
	材料成型及控制工程
	机械电子工程
	机械工程
	工业设计
	过程装备与控制工程

续表

专业类	专业（按专业占比排序）
电子信息类	电子信息工程
	电子信息科学与技术
	通信工程
	电子科学与技术
电气类	电气工程及其自动化
自动化类	自动化
计算机类	计算机科学与技术
材料类	材料科学与工程
	高分子材料与工程
	材料化学
仪器类	测控技术与仪器
化学类	应用化学
	化学
能源动力类	能源与动力工程
化工与制药类	化学工程与工艺

表 2.6　动力电池领域研发人员中研究生的学科和专业分布

学科	专业（按专业占比排序）
机械工程	车辆工程
	机械制造及其自动化
	机械工程
	机械电子工程
材料科学与工程	材料科学与工程
	材料物理与化学
	材料加工工程
	材料学
化学工程与技术	应用化学
	化学工艺
	化学工程

续表

学科	专业（按专业占比排序）
电气工程	电气工程
化学	高分子化学与物理
	化学
动力工程及工程热物理	热能工程
电子科学与技术	电子科学与技术
软件工程	软件工程
控制科学与工程	控制理论与控制工程
计算机科学与技术	计算机科学与技术

燃料电池领域研发人员中本科生主要来自机械类、电子信息类、电气类等专业类；研究生主要来自机械工程、材料科学与工程、化学工程与技术等学科（如表2.7和表2.8所示）。

表2.7　燃料电池领域研发人员中本科生的专业类和专业分布

专业类	专业（按专业占比排序）
机械类	机械设计制造及其自动化
	车辆工程
	材料成型及控制工程
	机械电子工程
	机械工程
	工业设计
	过程装备与控制工程
	机械工艺技术
电子信息类	电子信息工程
	电子信息科学与技术
	通信工程
	电子科学与技术
电气类	电气工程及其自动化
自动化类	自动化
计算机类	计算机科学与技术

续表

专业类	专业（按专业占比排序）
能源动力类	能源与动力工程
仪器类	测控技术与仪器
化工与制药类	化学工程与工艺
材料类	高分子材料与工程
	材料科学与工程
化学类	应用化学

表 2.8 燃料电池领域研发人员中研究生的学科和专业分布

学科	专业（按专业占比排序）
机械工程	机械电子工程
	机械制造及其自动化
	车辆工程
	机械工程
	机械设计及理论
材料科学与工程	材料科学与工程
	材料加工工程
	材料物理与化学
	材料学
化学工程与技术	化学工艺
	化学工程
	应用化学
化学	高分子化学与物理
	化学
电气工程	电气工程
动力工程及工程热物理	热能工程
电子科学与技术	电子科学与技术
计算机科学与技术	计算机科学与技术

电驱动领域研发人员中本科生主要来自机械类、电子信息类、电气类等专业类；研究生主要来自机械工程、电气工程、控制科学与工程等学科

(如表2.9和表2.10所示)。

表2.9 电驱动领域研发人员中本科生的专业类和专业分布

专业类	专业（按专业占比排序）
机械类	机械设计制造及其自动化
	车辆工程
	机械电子工程
	材料成型及控制工程
	机械工程
	过程装备与控制工程
电子信息类	电子信息工程
	电子信息科学与技术
	通信工程
	电子科学与技术
电气类	电气工程及其自动化
自动化类	自动化
计算机类	计算机科学与技术
	软件工程
仪器类	测控技术与仪器
能源动力类	能源与动力工程
材料类	材料科学与工程
	高分子材料与工程
化工与制药类	化学工程与工艺

表2.10 电驱动领域研发人员中研究生的学科和专业分布

学科	专业（按专业占比排序）
机械工程	车辆工程
	机械制造及其自动化
	机械工程
	机械电子工程
	机械设计及理论

续表

学科	专业（按专业占比排序）
电气工程	电气工程
	电力电子与电力传动
	电机与电器
控制科学与工程	控制理论与控制工程
	控制工程
仪器科学与技术	仪器仪表工程
	仪器科学与技术
动力工程及工程热物理	热能工程
材料科学与工程	材料加工工程
	材料科学与工程
软件工程	软件工程
电子科学与技术	电子科学与技术
计算机科学与技术	计算机科学与技术
	计算机应用技术

二是知识结构分析（技术领域角度）。

从新能源汽车发展所需的主要技术领域，梳理新能源汽车产业研发人员所需各技术领域的知识体系架构，仍采用三星级模式（如表 2.11 所示）。

表 2.11 新能源汽车产业研发人员知识结构评价（技术领域角度）

技术领域 研发人员	动力电池系统	燃料电池系统	内燃机	汽车电机控制	汽车电子与控制	汽车底盘	车身设计	新材料	新工艺	电化学	清洁能源	信息科学
材料/工艺工程师	★★★	★★★	—	—	★	—	—	★★★	★★★	★★★	★★★	—
结构/硬件工程师	★★★	★★★	★★★	★★★	★★★	★	—	★	★★	★	★★

续表

技术领域 研发人员	动力电池系统	燃料电池系统	内燃机	汽车电机控制	汽车电子与控制	汽车底盘	车身设计	新材料	新工艺	电化学	清洁能源	信息科学
软件/算法开发工程师（性能开发工程师）	★★★	★★★	★★★	★★★	★★★	★★★	★	★	—	★★	★	★★★
系统集成工程师	★★★	★★★	★★★	★★	★★★	★★★	★★	★★	★	★★	★★★
仿真和测试工程师	★★	★★	★★	★★	★★	★★	★★	★		★	★
运维工程师（车端）	★	★	★	★	★	★	★	★★★	★★★	★★★	★★★	★★★

可以看到，系统集成工程师由于负责动力电池、燃料电池、电驱动系统及整车的集成工作，需要对电池、内燃机、电机控制、新材料、新工艺、清洁能源等知识都有所涉猎，尤其需要重点掌握汽车底盘、车身设计、信息科学等；而材料/工艺工程师主要完成相关核心零部件的材料和工艺研发工作，主要需牢固掌握新材料、新工艺等知识。

（3）人才开发工具分析

开发工具用于评价人才所需的工具及其使用技能。课题组参考相关文献、研究报告，结合业内专家观点，综合考虑新能源汽车技术开发所需使用的各类软硬件工具，共提炼选取了三项最具表征性的开发工具作为评价指标，即新仿真/开发软件工具、新试验测试平台、新能源专属平台开发方法。在此基础上，采用三星级模式，评价研发人员对不同开发工具的需求度（如表2.12所示）。

表2.12 新能源汽车产业研发人员对不同开发工具的需求度评价

研发人员	新仿真/开发软件工具	新试验测试平台	新能源汽车专属平台开发方法
材料/工艺工程师	★	★★★	—
结构/硬件开发工程师	★★	★★★	★★★

续表

研发人员	新仿真/开发软件工具	新试验测试平台	新能源汽车专属平台开发方法
软件/算法开发工程师（性能开发工程师）	★★★	★★★	★★
系统集成工程师	★★	★★★	★★★
仿真和测试工程师	★★	★★★	★★★
运维工程师（车端）	★★	★★★	—

可以看到，结构/硬件开发工程师、软件/算法开发工程师（性能开发工程师）、系统集成工程师、仿真和测试工程师对三类工具的需求都较高；相比之下，材料/工艺工程师由于主要负责材料的开发，因此对新仿真/开发软件工具的需求较低，同时也无须掌握新能源汽车专属平台的开发方法。需要特别指出的是，新仿真/开发软件工具主要包括与动力电池、燃料电池、电驱动系统的硬件、系统集成以及内部作用机理等相关的仿真和开发软件。新试验测试平台主要用于动力电池、燃料电池、驱动电机的可靠性、耐久性、安全性等性能测试工作。

4. 复合型人才现状和需求

新能源汽车产业研发岗位大多数呈现知识复合型特征，都需要具有跨专业类或学科的知识、能力和视野。比如，燃料电池系统工程师（含集成、架构、设计等）既需要懂得机械类相关知识，又要了解化工类（电化学）相关知识；BMS软件工程师既需要懂得计算机类相关知识，又需要了解机械类、自动化类、电气类等相关知识（如表2.13所示）。

表2.13　新能源汽车产业复合型人才岗位知识单元需求示例

复合型人才岗位	知识单元1	知识单元2	知识单元3	知识单元4
燃料电池系统工程师（含集成、架构、设计等）	机械类（车辆相关知识）	电气类	自动化类	化工类（电化学相关知识）
燃料电池电堆仿真/测试工程师	机械类（车辆相关知识）	自动化类	化工类（电化学相关知识）	材料类

续表

复合型人才岗位	知识单元1	知识单元2	知识单元3	知识单元4
BMS软件工程师	计算机类	机械类（车辆相关知识）	自动化类	电气类
电池系统集成工程师	化工类（电化学相关知识）	自动化类	机械类（车辆相关知识）	能源动力类

个人问卷调查数据分析显示，目前新能源汽车产业只有13.8%的研发人员具有跨专业类或学科的背景，这类人才也是目前新能源汽车产业最紧缺的复合型人才（如图2.17所示）。

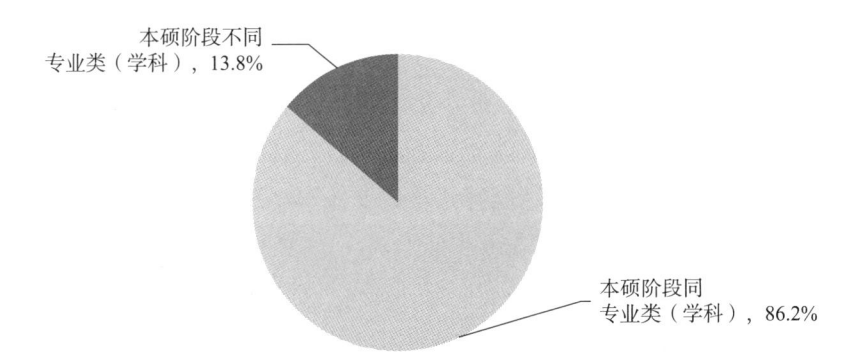

图2.17 新能源汽车产业研发人员本硕阶段专业类（学科）分析

数据来源：中国汽车工程学会个人问卷调查数据

5. 领军人才现状和需求

领军人才的重要性和稀缺性应特别加以关注。人才成长规律（如图2.18所示）是：经过5~10年基础人才阶段，一般从事某一领域研发，知识向专业纵深发展，也就是"T"字形人才竖的部分；之后5~10年是核心人才阶段，担任项目管理或某一总成开发的总工等职务，知识领域横向拓展，同时学习成本、开发周期、人员等研发要素的把控，形成"T"字形横的部分；之后是5~10年顶级人才阶段，成为某一总成总工或整体架构师；最后极少部分可以成为领军人才。

领军人才的成长内因：在早期人格塑造和职场中形成创新、跨界、统筹、系统思维等思维特性，具有追求卓越、创新思维、持续学习、国际视野、宏大格局、身心健康、超常勤奋等特质。领军人才的成长外因：企业根据其不同发展阶段进行合理又适度具有挑战性的岗位设置和职责赋予、

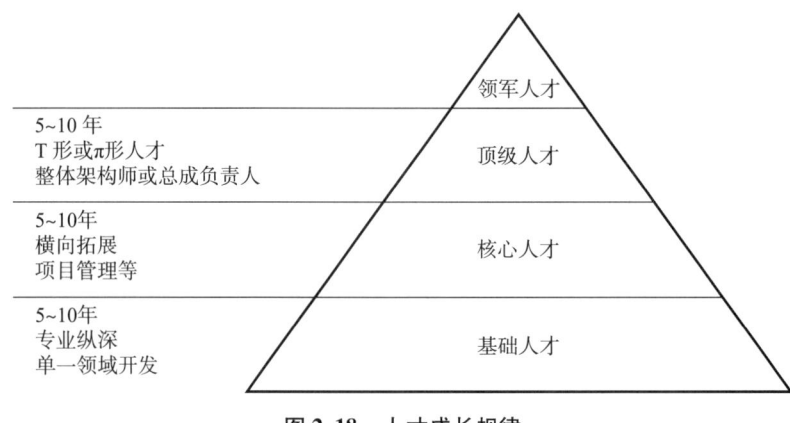

图 2.18 人才成长规律

数据来源：中国汽车工程学会企业问卷调查数据

团队支持、薪酬激励；同时行业赋予国内外学术交流平台、工程师水平评价、优秀人才举荐激励等最优人才生态。只有在这些因素共同作用下最终才可能诞生领军人才。目前新能源汽车产业领军型人才非常短缺，尤其缺乏系统集成工程师和软件/算法开发工程师（性能开发工程师）等知识复合型人才。

（二）技能人员特征分析

1. 技能人员范围确定

本研究中，新能源汽车产业技能人员包括以下四类。

研发辅助人员：指新能源整车和关键零部件企业的研发辅助人员。

生产制造人员：指新能源整车和关键零部件企业的生产制造人员。

销售服务人员：指在一线从事新能源汽车销售及相关服务的人员，包括经销商销售服务人员（含二级网点、不含平行进口车）和直营模式的销售服务人员。

售后服务人员：指在一线从事新能源汽车售后维修、保养、美容等相关服务的人员，包括一类、二类、三类维修企业，直营模式的售后服务人员，不包括独立的金融、保险、租赁和充换电服务企业人员。

技能人员产业边界：本研究中，整车和关键零部件企业仅限规模以上企业；经销商含一级经销商、二级经销商，但不含平行进口经销商；售后服务企业含一类、二类、三类维修企业，不含独立的金融、保险、租赁和充换电服务企业。

2. 技能人员结构分析

衡量技能人员水平的通用指标为技能等级。企业问卷调查数据分析显示，当前我国新能源汽车产业技能人员中通过职业技能等级评定的人员占比为74.0%。其中，高技能人员（高级技工、技师、高级技师）占技能人员总数的34.0%（如图2.19所示）。我国新能源汽车产业技能人员结构呈现正三角形状，结构较为合理。

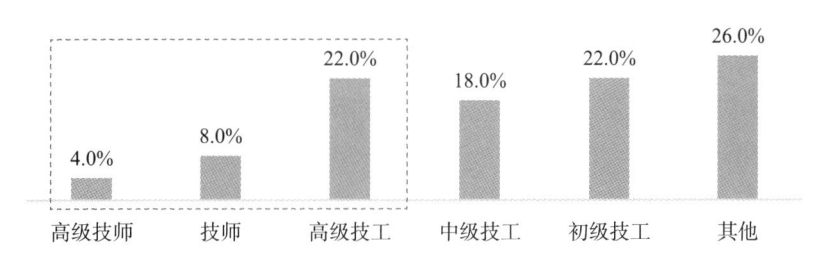

图2.19　新能源汽车产业技能人员职业技能等级分布

数据来源：中国汽车工程学会企业问卷调查数据

3. 技能人员新增技能分析

相比燃油汽车，新能源汽车对技能人员的新增技能要求主要体现在对汽车电池、电机、电控的"三大电"系统和电动空调、电动转向、电动刹车的"三小电"系统的处理能力，对新能源汽车高压电系统进行安全规范操作的能力，智能化、网联化带来的网络维护、大数据处理以及智能化设备工具的使用和维护保养能力等方面。上述技能需求依具体岗位不同，需要技能人员掌握相应技能的程度和范围也不相同。

（1）研发辅助类岗位技能人员新增技能分析

新能源汽车产业的研发辅助类岗位主要是样车的试制和试验岗，典型工作任务是完成样车的试制、试验，收集和反馈试制和试验数据信息。

新能源汽车产业的研发辅助类技能人员与燃油汽车相比，需要掌握的知识和技能发生了明显变化。需要技能人员掌握新能源汽车电池、电机、电控等基础知识，新能源汽车整车构造和基本原理，以及车用高压电安全防护知识等，具备新能源汽车电路图、电气图识读应用能力，车身电气系统、动力电池系统性能测试技能以及新能源汽车常用工量具使用技能等（如表2.14所示）。同时，需具备国家高压电工特种作业操作证。

表 2.14　新能源汽车产业研发辅助类技能人员新增技能需求

主要岗位	主要新增知识	主要新增技能
样车试制、试验	新能源汽车整车构造和基本原理； 车用高压电安全防护知识； 新能源汽车电池、电机、电控等基础知识； 充电系统、加氢系统等基础知识； 智能网联应用基础知识； 计算机编程基础知识	新能源汽车电路图、电气图识读应用能力； 新能源汽车高压电安全防护技能； 新能源汽车驱动电机及控制系统、车身电气系统、动力电池系统性能测试技能； 智能网联车辆仿真与道路测试技能； 加氢、储氢设备操控管理技能； 充（换）电设备操控管理技能； 新能源汽车常用工量具使用技能

（2）生产制造类岗位技能人员新增技能分析

新能源汽车产业生产制造类技能岗位主要包括整车及零部件装配、调试、测试、标定、质检、返修以及生产工艺管理、生产现场管理、充换电设备装调、充换电设备质检、运维等岗位。

新能源汽车产业生产制造类技能人员的技能需求相比燃油汽车，发生了显著变化，主要体现在对以电为基础的整车总成及关键零部件的系统分析处理能力、高压电安全防护技能、智能化生产设备操控技能以及数字化处理技能等（如表 2.15 所示）。普遍需要从业技能人员具备国家高压电工特种作业操作证。

表 2.15　新能源汽车产业生产制造类技能人员新增技能需求

主要岗位	主要新增知识	主要新增技能
装配、调试、测试、标定、质检、返修、生产工艺管理、生产现场管理、充换电设备装调、充换电设备质检、运维	新能源汽车整车构造和基本原理； 车用高压电安全防护知识； 电工电子基础知识； 新能源汽车电池、电机、电控基础知识； 新能源汽车电气系统基础知识； 新能源汽车常用材料基础知识； 新能源汽车充电系统及充电设施设备基础知识； 新能源汽车检测与诊断设备基本工作原理、流程及检测标准；	新能源汽车电路图、电气图识读能力； 新能源汽车高压电安全防护技能； 新能源汽车电路检测和诊断技能； 新能源汽车驱动电机及控制系统、车身电气系统拆装、检测、诊断技能； 动力电池系统和充电系统拆装、检测、诊断、更换技能； 智能辅助系统功能检测及诊断技能； 智能车载网络装调技能； 电动汽车 CAN 总线检测技能；

续表

主要岗位	主要新增知识	主要新增技能
	PLC 编程基础知识； 信息技术基础知识； 新能源汽车生产管理知识等	PLC 编程技能； 智能化生产设备操作、调试和维护技能； 充电设备装配、调试、质检、运维技能； 新能源汽车常用设备、工量具规范操作和维护技能等

（3）销售类岗位技能人员新增技能分析

新能源汽车产业销售类技能岗位主要包括市场分析、营销策划、新车体验师、销售顾问、网销专员、销售技术支持等。

新能源汽车产业销售与燃油汽车销售相比，对技能人员也增加了技能要求。一是与燃油汽车单一的经销商销售模式相比，新能源汽车销售采取了多种销售模式，产生了新的技能岗位，也增加了新的技能需求。新能源造车新势力的直营模式，将汽车销售地点从传统的4S店转移到了商场、购物中心等客流量较大的繁华地段，设置产品展厅或体验中心，引导消费者进行体验和购买，相应地也增加了新车体验师等新的岗位，产生新的技能需求。二是相比燃油汽车，新能源汽车与智能网联的深度融合，使得大多数销售行为的完成都需要匹配定制化的车载智能网络调试服务，对售前技术支持和销售员本身都提出了更高的技术能力要求（如表2.16所示）。

表2.16 新能源汽车产业销售服务类技能人员新增技能需求

主要岗位	主要新增知识	主要新增技能
营销策划、新车体验师、网销专员、展厅销售、销售技术支持、交付专员	新能源汽车基础知识； 智能网联汽车基础知识； 汽车电子电路基础知识； 车用高压电安全防护基础知识； 动力电池系统、充电系统基础知识； 新能源汽车常用材料基础知识； IT 和网络维护基础知识； 新媒体应用相关知识	新能源汽车结构特性讲解技能； 高水平的试乘试驾技能； 车载智能网络调试维护技能； 智能软件应用与更新技能； 动力电池余能检测技能； 大数据搜集、处理、分析技能

同样，销售类岗位中的部分技能人员也需具备国家高压电工特种作业

操作证。

(4) 售后类岗位技能人员新增技能分析

无论是传统的经销商售后服务模式还是当下兴起的直营服务模式，新能源汽车售后类技能岗位主要包括售后服务接待、机电维修、钣喷维修、诊断检测、维修质量管理、车辆美容装潢、配件管理等岗位。

售后类岗位要求技能人员除具备燃油汽车售后服务通用的技能以外，还需满足新能源汽车的特定技能要求。新能源汽车更聚焦发展智能网联和自动驾驶技术，企业普遍对售后技能人员的网络应用、网络维护、软件应用、大数据分析、远程诊断等方面提出新的技能要求（如表 2.17 所示）。

表 2.17　新能源汽车产业售后服务类技能人员新增技能需求

主要岗位	主要新增知识	主要新增技能
售后服务接待、机电维修、钣喷维修、维修质量管理、车辆美容装潢	新能源汽车整车构造和基本原理；车用高压电安全操作和防护知识；新能源汽车动力电池系统、电机及控制系统、电气系统以及智能辅助系统基础知识；新能源汽车充电系统基础知识；高压组件基础知识；新能源汽车电源分配基础知识；智能网联汽车结构和工作原理；车载网络基础知识；信息技术基础知识	车用高压电安全检查与防护技能；新能源汽车电路查看和维修技能；新能源汽车电机及控制系统、车身电气系统、动力电池系统、底盘系统及智能辅助系统拆装、检测与维修技能；高压组件检测和拆装技能；新能源汽车电源及充电系统检修技能；车用高压电系统上电、断电、验电技能；新能源汽车线束拆装、清理、检查技能；车载智能网络运行维护技能；智能系统检测、调试与软件更新技能；新能源汽车常用工量具和设备规范操作技能；查询规范性引用文件能力
配件管理	新能源汽车及零配件基础知识；动力电池基础知识	动力电池检测与评估技能；软件应用能力

同时，相比传统的经销商售后服务模式，直营模式下的售后服务对技能人员的知识、技能都提出了更高水平要求。企业普遍认为新能源汽车售后服务过程中的客户反馈是新能源汽车产品改进方向的重要指引。

总之，我国新能源汽车产业的快速发展带来对技能人员知识体系和技能体系的更新迭代的要求。职业院校作为我国产业技能人员培养的主要源头，其相关专业的课程体系设置与新能源汽车产业发展需求存在差距，需以新能源汽车产业发展为依据，优化新能源汽车专业布局与教学体系设置，将新技术、新技能要求及时纳入专业课程。

除此以外，新一代技能人员的职业素养与企业期待存在较大差距，在加强技能人员知识、技能培养的同时，还需重视技能人员的职业素养培养。

4. 技能人员专业分析

企业问卷调查数据分析显示，目前我国新能源汽车产业技能人员主要专业类分布如图2.20所示。

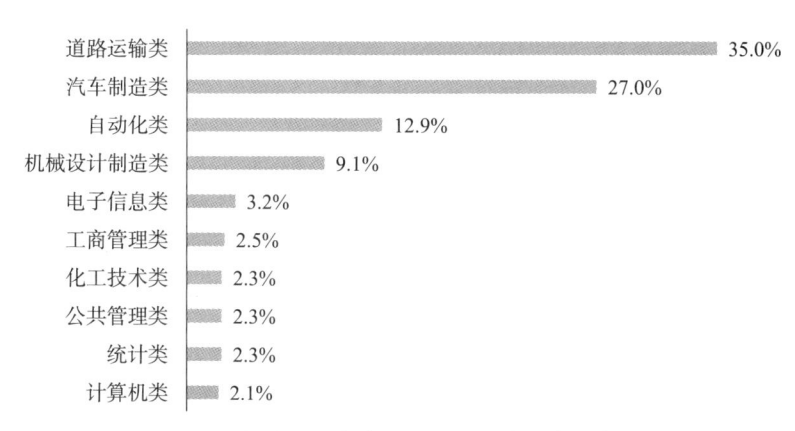

专业类	占比
道路运输类	35.0%
汽车制造类	27.0%
自动化类	12.9%
机械设计制造类	9.1%
电子信息类	3.2%
工商管理类	2.5%
化工技术类	2.3%
公共管理类	2.3%
统计类	2.3%
计算机类	2.1%

图2.20 新能源汽车产业技能人员主要专业类分布

数据来源：中国汽车工程学会企业问卷调查数据

从图2.20可以看出，新能源汽车产业技能人员专业类以道路运输类、汽车制造类、自动化类和机械设计制造类四大专业类为主。根据企业调研反馈，现阶段新能源汽车产业相关专业背景的技能人员在快速提升，但与企业需求仍存在较大差距。另外，随着汽车电动化、智能化、网联化、共享化发展以及智能生产线的推广应用，企业对技能人员在电子电路、计算机、IT、网络、数据处理等方面的知识与技能需求越来越高，对电子信息类、计算机类专业的技能人员需求也在提高。

三、人才保障能力分析

（一）企业人才来源分析

1. 研发人员来源分析

企业调研结果显示，新能源汽车产业研发人员来自校园招聘、社会招聘、内部转岗和海外引进。新能源汽车零部件企业的社会招聘占比最高，为 57.3%，新能源汽车整车企业的校园招聘占 56.7%（如图 2.21 所示），这说明整车企业较零部件企业更重视人才梯度培养，而零部件企业出于招来即用的需求，人员大多来自社会招聘。整车企业中不同类型企业人才招聘政策又有不同，兼营新能源的传统车企以校园招聘为主，重视中长期人才培养；造车新势力多采用高薪招聘、即招即用的短平快人才政策。

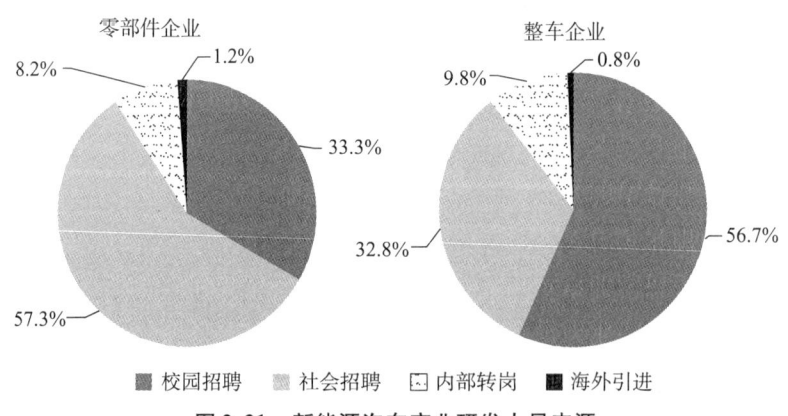

图 2.21　新能源汽车产业研发人员来源

数据来源：中国汽车工程学会企业问卷调查数据

对个人问卷调查数据分析发现，通过社会招聘加入新能源汽车产业研发队伍的研发人员来源占比中，燃油汽车企业研发人员向新能源汽车企业流动占比最高，为 46.8%，表明传统汽车企业内部人才转化比例较高；新能源企业之间人才流动占比约为 32.6%，呈现了企业间对新能源人才的争夺战较为激烈；从互联网软件行业向新能源汽车产业流动的研发人员占比为4.7%，表明软件算法人才是新能源汽车产业研发人员的重要组成部分；其他行业（如电机、化工、机械等）向新能源汽车产业流动的研发人员占比为15.9%（如图2.22所示）。

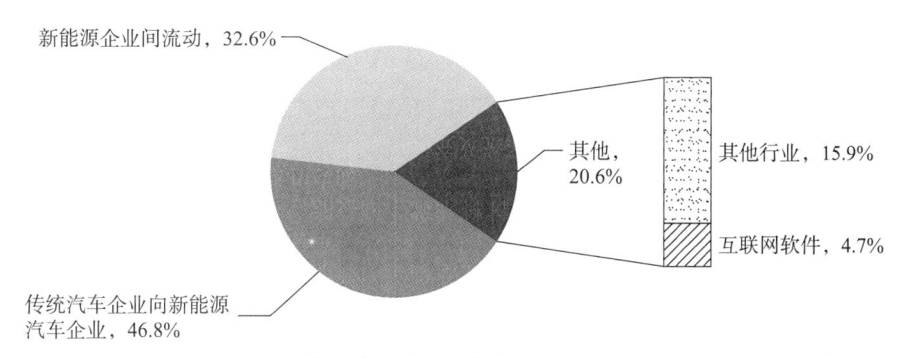

图2.22 社会招聘新能源汽车产业研发人员来源结构

数据来源：中国汽车工程学会个人问卷调查数据

2. 技能人员来源分析

企业调研数据分析显示，新能源汽车产业技能人员来自校园招聘的比例为45.0%，来自社会招聘的比例为44.0%，校园招聘的比例略高于社会招聘的比例（如图2.23所示）。

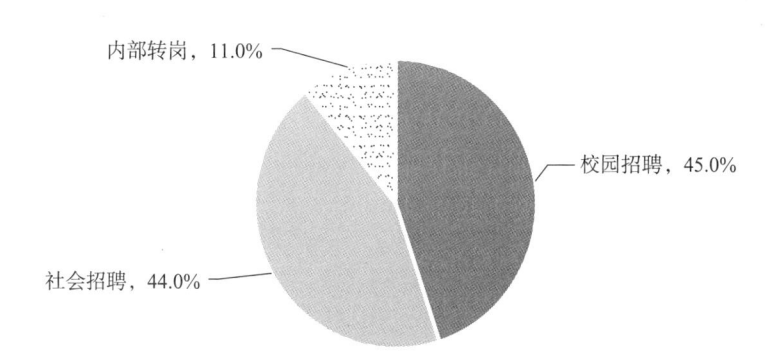

图2.23 新能源汽车产业技能人员来源结构

数据来源：中国汽车工程学会企业问卷调查数据

从满足企业用人需求来看，校园招聘相对社会招聘具有以下优点。

一是职业院校对口专业学生掌握了更系统全面的新能源汽车专业基础知识，更易于在实际业务中理解学习，快速适应岗位需求。

二是许多企业与国内汽车专业有优势的学校合作开展"产教融合"，

进行定向培养，匹配企业需求更精准。

三是应届毕业生基数大，企业可批量培养、输入，提高人才输入效率。

四是企业普遍认为应届毕业生可塑性好，具有培养潜力和更高的稳定性。

当然，校园招聘方式也存在一些不足，比如人才普遍实践能力薄弱、培养周期长、培养成本高等，这些都需要在职业院校新能源汽车相关专业的人才培养方案中进行改进。

相比之下，新能源汽车企业通过社会招聘方式引进的技能人员，往往招聘难度大、效率低、投入成本高且人才稳定性低，但是，社会招聘的技能人员岗位适应性强。

传统整车企业或燃油汽车服务企业内部转岗的技能人员占比11.0%。这部分技能人员在具备燃油汽车知识和业务技能的基础上，经过企业内部培训和自我学习，逐步完成了向新能源汽车产业技能人员的转换。

（二）薪酬及离职原因分析

1. 研发人员薪酬及离职原因分析

（1）薪酬分析

猎聘大数据显示，研发人员年薪在15万~25万元的占比最多，为31.4%，接近1/3；年薪在25万元以下的占比为72.0%（如图2.24所示），这与年龄和工作年限偏低呈正相关。

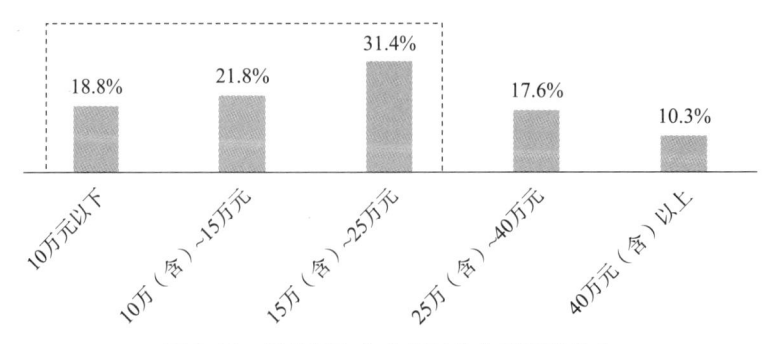

图 2.24 新能源汽车产业研发人员薪酬分布

数据来源：同道猎聘集团

中智咨询 2021 年汽车行业薪酬统计显示，新能源汽车企业各级别研发人员的薪酬均高于传统整车企业和汽车零部件企业研发人员的，资深级别研发人员的薪酬比传统整车企业的高出 18.0%（如图 2.25 所示）。

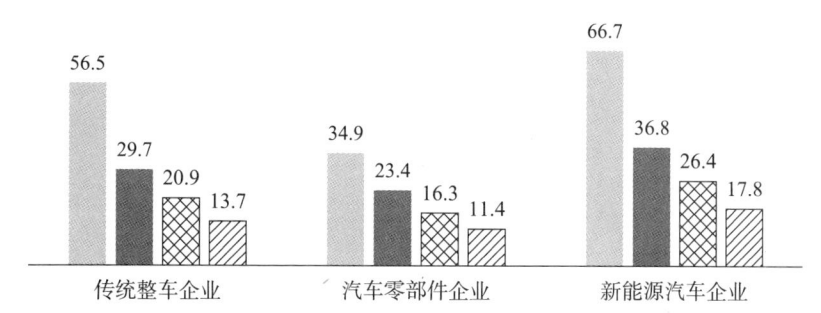

图 2.25　不同类型企业中各级别研发人员薪酬对比（单位：万元）

数据来源：中智咨询《2021 年汽车行业人力资本趋势与薪酬数据分享》

课题组选取高相关专业类或学科中的计算机科学与技术、电子信息工程、自动化、电气工程及其自动化、车辆工程、化学工程与工艺等 6 个本科代表性专业，计算机科学与技术、软件工程、车辆工程、电气工程、材料科学与工程、应用化学等 6 个硕士代表性学科进行薪酬对比分析（如图 2.26 和图 2.27 所示）。

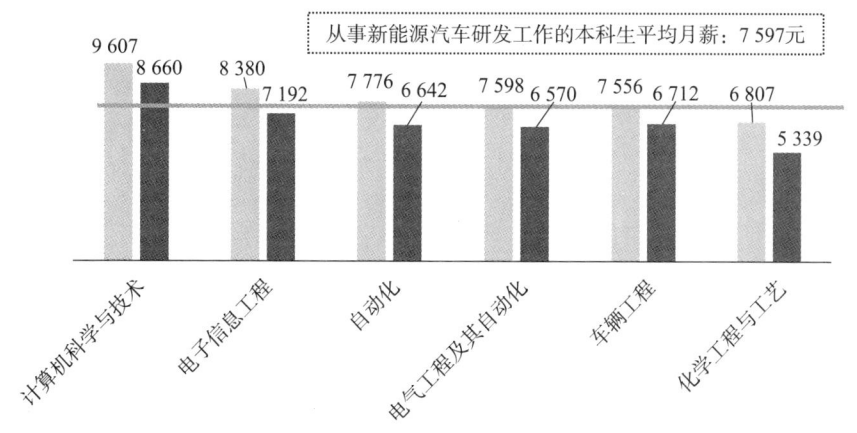

图 2.26　本科毕业生毕业三年平均月薪对比（单位：元）

数据来源：北京纳人网络科技有限公司

从事新能源汽车研发工作的研究生毕业生平均月薪：10 889元

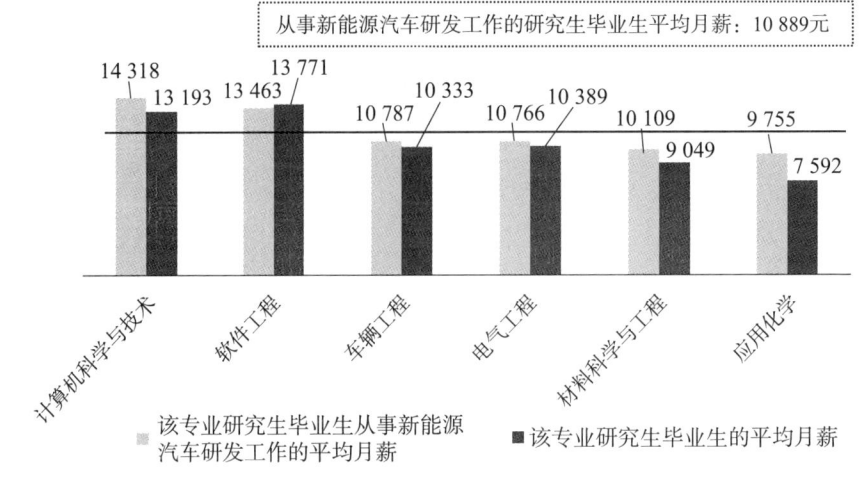

图2.27 研究生毕业生毕业三年平均月薪对比（单位：元）

数据来源：北京纳人网络科技有限公司

a. 毕业三年后，从事新能源汽车研发工作的本科生平均月薪为7 597元，从事新能源汽车研发工作的研究生平均月薪为10 889元。计算机科学与技术专业、电子信息工程专业、自动化专业的本科生，从事新能源汽车研发工作的平均月薪高于从事新能源汽车研发工作本科生的平均月薪；计算机科学与技术专业和软件工程专业的研究生，从事新能源汽车研发工作的平均月薪高于从事新能源汽车研发工作的研究生平均月薪。

b. 毕业三年后，除软件工程外，其余专业毕业生从事新能源汽车研发工作的平均月薪均高于本专业毕业生的平均月薪，这说明新能源汽车领域研发人员更具薪酬优势。

c. 毕业三年后，应用化学专业的研究生，从事新能源汽车研发工作的平均月薪与本专业研究生的平均月薪相比，增幅最高，达到28.5%；化学工程与工艺专业的本科生，从事新能源汽车研发工作的平均月薪与本专业本科生的平均月薪相比，增幅也达到27.5%。化学类专业薪酬对比分析显示，新能源汽车对化学类专业毕业生具有很大的薪酬吸引力。

课题组将车辆工程专业毕业生毕业三年从事新能源汽车研发工作的平均月薪和2020年《智能网联汽车产业人才需求预测报告》中从事智能网联汽车研发的毕业生的平均月薪进行了对比，发现从事智能网联汽车研发工作的毕业生的平均月薪高于从事新能源汽车研发的毕业生的平均月薪，原因在于智能网联汽车更多与互联网造车企业进行人才争夺战。根据国家统计局数据，信息传输、计算机服务和软件业人员的年平均薪酬在城镇单位就业人员年平均薪酬的各行业分布中最高，是制造业的2.1倍，因此智能网联工程师需要用更高的薪酬吸引人才。就新能源汽车产业而言，更多与电力、电工、材料、化工等行业争夺人才，这些行业都属于制造业，与这些行业相比，近年来爆发式增长的新能源汽车产业更具吸引力和薪酬优势（如图2.28和图2.29所示）。

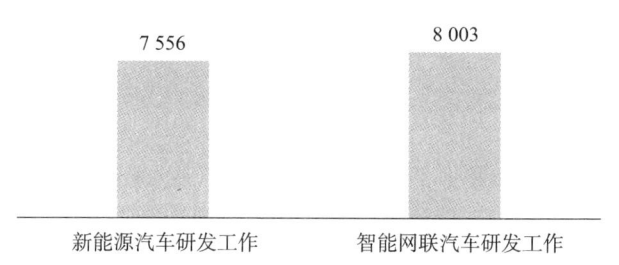

图2.28　车辆工程专业毕业生毕业三年从事新能源汽车研发工作的平均月薪与从事智能网联汽车研发工作的平均月薪对比（单位：元）

数据来源：北京纳人网络科技有限公司

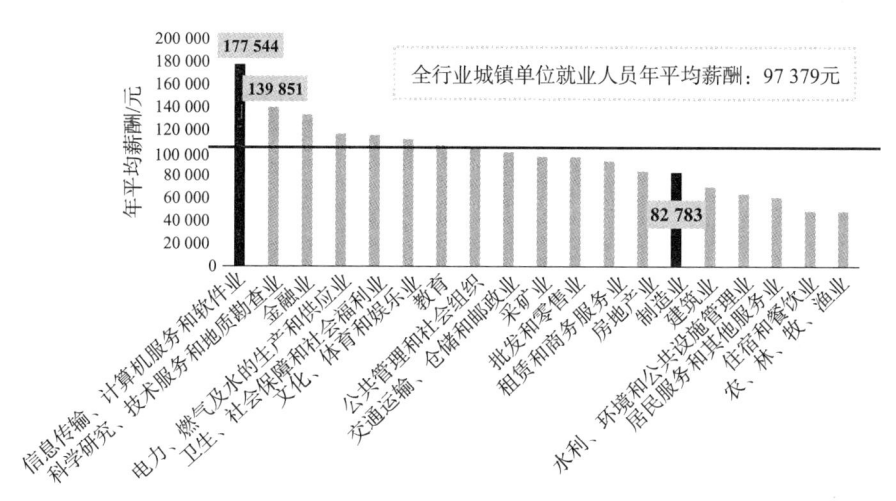

图2.29　2020年按行业分城镇单位就业人员年平均薪酬

数据来源：国家统计局

（2）工作满意度和关注要素分析

课题组对工作满意度也进行了对比分析，发现无论是本科生还是研究生，从事新能源汽车研发工作的毕业生的工作满意度均高于本专业平均水平（如图 2.30 和图 2.31 所示）。

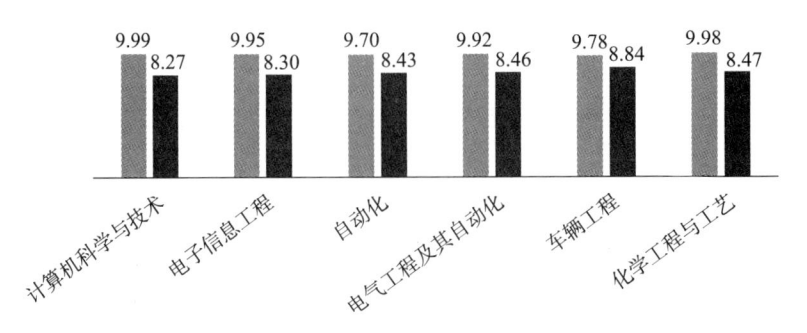

```
计算机科学与技术  9.99  8.27
电子信息工程      9.95  8.30
自动化            9.70  8.43
电气工程及其自动化 9.92  8.46
车辆工程          9.78  8.84
化学工程与工艺    9.98  8.47
```

■从事新能源汽车研发工作的满意度　■专业平均满意度

注：10 为满意度最高值

图 2.30　本科毕业生从事新能源汽车研发工作的工作满意度和本专业从业人员的工作满意度对比（初次工作）

数据来源：北京纳人网络科技有限公司

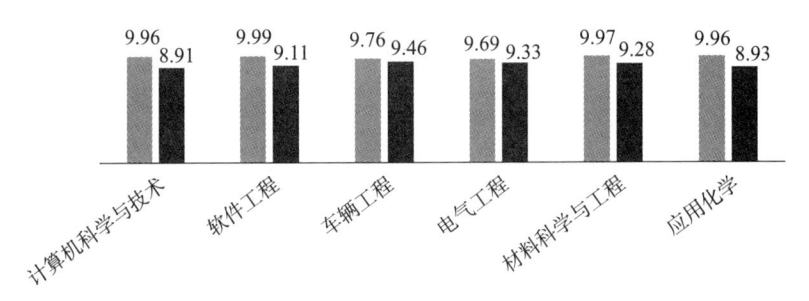

```
计算机科学与技术  9.96  8.91
软件工程          9.99  9.11
车辆工程          9.76  9.46
电气工程          9.69  9.33
材料科学与工程    9.97  9.28
应用化学          9.96  8.93
```

■从事新能源汽车研发工作的满意度　■专业平均满意度

注：10 为满意度最高值

图 2.31　研究生毕业生从事新能源汽车研发工作的工作满意度和本专业从业人员的工作满意度对比（初次工作）

数据来源：北京纳人网络科技有限公司

在分析完薪酬和工作满意度后，再分析新能源汽车产业研发人员最关注的工作要素排名。个人问卷调研数据显示，研发人员最关注的工作要素分布中，薪酬福利位于第一位，岗位设置、晋升空间和团队氛围也占比较高（如图 2.32 所示）。

（3）离职原因和专业分析

企业调研显示，新能源汽车产业研发人员离职率接近 20%，高于汽车产业平均离职率（12%），说明新能源汽车产业研发人员流动更加活跃。

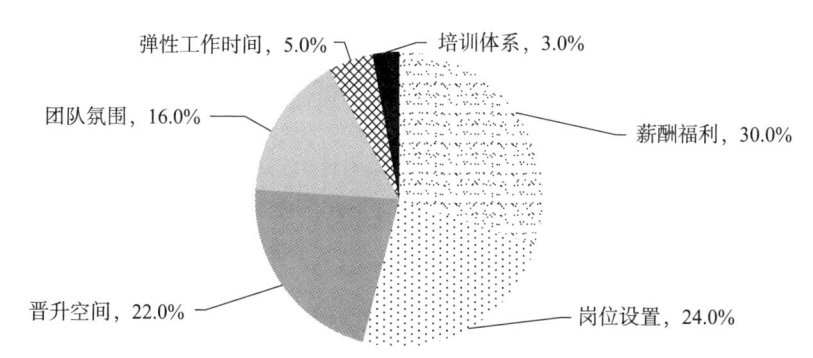

图 2.32 新能源汽车产业研发人员最关注的工作要素分布

数据来源：中国汽车工程学会个人问卷调查数据

个人问卷调查显示的研发人员离职原因分布中，薪酬原因占比最高，个人家庭和生活、缺乏学习机会也占比较高，说明企业不仅仅要考虑薪酬的因素，还需要形成全方位的人才保障体系（如图 2.33 所示）。

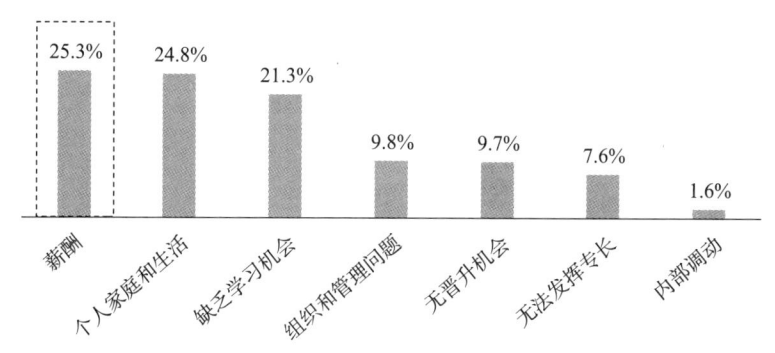

图 2.33 新能源汽车产业研发人员离职原因分布

数据来源：中国汽车工程学会个人问卷调查数据

进一步对各主要专业类的离职率进行分析，发现离职率较高的专业类主要是计算机类（离职率 52.9%）、电子信息类（离职率 51.4%）、电气类（离职率 43.1%）、能源动力类（离职率 32.4%）、机械类（离职率 29.5%）、材料类（离职率 26.0%）、自动化类（离职率 25.5%）、化工类（离职率 23.1%）（如图 2.34 所示）。排在前两位的计算机类和电子信息类专业均具有 IT 背景知识，说明新能源汽车研发和智能网联汽车研发均需要的 IT 背景人才跳槽最为频繁，也体现了我国产业在向数字化转型的过程中，这类人才是最缺乏的。企业如果要留住人才，需要对上述专业背景人才给予特别关注。

计算机类 52.9% 电子信息类 51.4% 电气类 43.1% 能源动力类 32.4% 机械类 29.5% 材料类 26.0% 自动化类 25.5% 化工类 23.1%

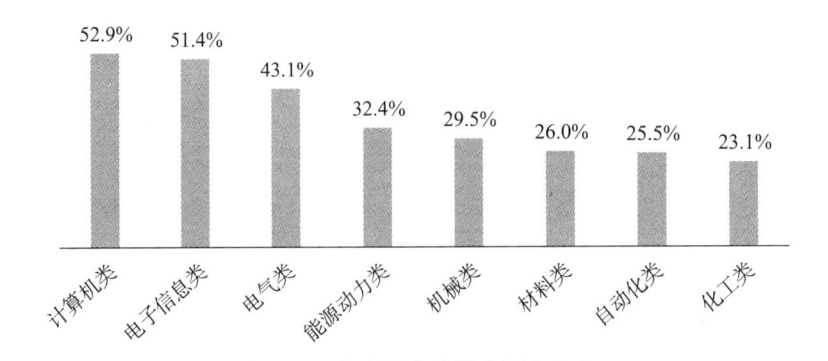

图 2.34 各主要专业的离职率分布

数据来源：中国汽车工程学会个人问卷调查数据

从以上数据可以看出，薪酬仍是新能源汽车产业人才争夺战中的最重要因素。但由于企业成本控制等原因，用薪酬吸引人才空间有限，为了吸引更多的跨专业类或学科毕业生进入新能源汽车产业，以及在行业内保持人才竞争优势，需要建立全方位的保障条件，如较大的晋升空间、良好的团队氛围、弹性工作时间、良好的培训体系等。

2. 技能人员薪酬及离职原因分析

企业调研问卷分析显示，新能源汽车产业技能人员的平均月薪为 6 750 元，燃油汽车产业技能人员的平均月薪为 6 500 元，新能源汽车产业技能人员的平均月薪略高于燃油汽车产业技能人员的平均月薪。

58 同城招聘研究院发布的就业大数据显示，就业城市平均月薪为 7 596 元，快递员平均月薪为 9 852 元，送餐员平均月薪为 10 216 元，销售代表平均月薪为 8 562 元，横向对比发现，新能源汽车产业技能人员的平均月薪要低于异业竞争岗位的平均月薪。

从以上数据可以看出，新能源汽车产业技能人员的平均月薪虽然比燃油汽车产业技能人员的平均月薪略高，但本质上没什么区别，均低于就业城市平均水平。同时，受房地产销售、房地产中介、外卖、快递等异业竞争岗位的影响，新能源汽车产业的技能岗位在薪酬上缺乏吸引力（如图 2.35 所示）。

课题组针对新能源汽车产业技能人员和燃油汽车产业技能人员的稳定性，划分了 60 分以下、60~70 分、70~80 分、80~90 分、90 分以上 5 个分值区间，并对分值区间进行预设（如表 2.18 所示）。

就业城市平均月薪：7 596 元

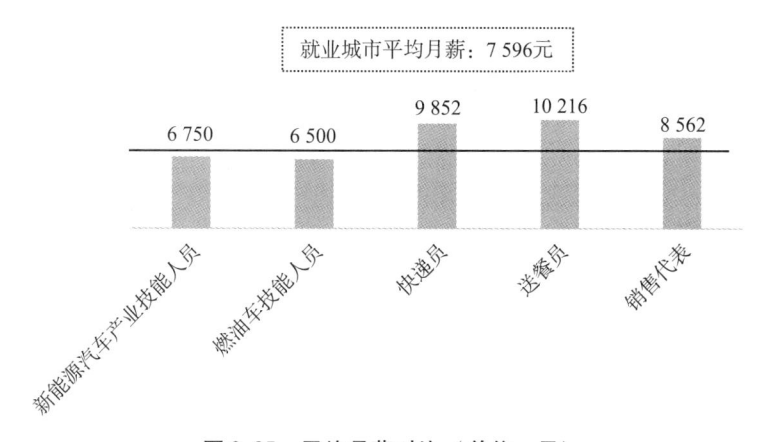

图 2.35　平均月薪对比（单位：元）

数据来源：新能源汽车产业技能人员、燃油汽车产业技能人员的平均月薪来源于中国汽车工程学会企业问卷调查数据；快递员、送餐员、销售代表、就业城市的平均月薪来源于 58 同城招聘研究院

表 2.18　技能人员稳定性划分

分值区间	90 分以上	80~90 分	70~80 分	60~70 分	60 分以下
稳定性	稳定	比较稳定	基本稳定	不稳定	极不稳定

个人问卷调查数据分析显示，新能源汽车产业和燃油汽车产业的技能人员稳定性得分分别为 75 分和 74 分（如图 2.36 所示），稳定状况属于"基本稳定"区间，离企业期待仍有一定差距。究其原因，新能源汽车产业内部竞争激烈，高质量技能人员供给又存在较大缺口，企业间相互竞争导致人员流动加剧。

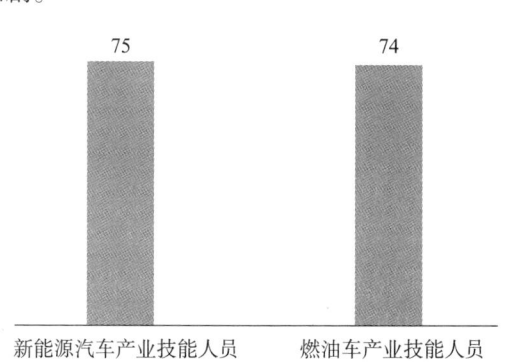

图 2.36　新能源汽车和燃油汽车产业的技能人员稳定性对比（单位：分）

数据来源：中国汽车工程学会个人问卷调查数据

（三）人才保障途径

目前新能源汽车产业发展需求和人才供应不均衡的情况，是行业的快速发展未能与相关教育体系形成联动效应的结果。高等教育和职业教育未能随着汽车行业的技术、技能需求设置对应的教学内容，在教育层面形成了复合知识技能需求的空缺。

针对此种情况，国家、行业、企业、高校等各个层面通过多种方式为新能源汽车产业培养人才，并逐渐形成上下联动局面。

在国家层面，以科技部为例，围绕能源动力、电驱系统、智能驾驶、车网融合、支撑技术、整车平台6个技术方向，按照基础前沿技术、共性关键技术、示范应用，启动18个项目，安排国家拨款8.6亿元。其中，围绕全固态金属锂电池技术方向，部署不超过3个青年科学家项目，安排国家拨款不超过1 500万元，每个项目500万元。这些项目的实施为新能源汽车领军人才的培养提供了有力的支撑。

在行业层面，2010年在科技部支持下，由中国汽车工程学会牵头，联合行业产学研力量发起成立了电动汽车产业技术创新战略联盟，现有成员已达到48家。联盟整合行业产学研优势资源，组织承担了1项国家"863"项目、1项国家科技支撑项目、1项国家重点研发计划子课题和1项产业公关项目。同时，联盟以国家项目为牵引，围绕电动化平台、动力系统、低能耗、整车集成和测试、无线充电、电池安全、高电压平台、高性能动力电池、集中式电驱动、热泵空调、制动回收系统、轮毂电机等行业热点问题及关键技术，组织开展了44项共性技术课题研究，并通过组织成果分享、学术研讨、技术展览、走进企业等交流活动，将研究成果在联盟单位范围内进行了充分共享。在此过程中培养了大量的复合型研发人员，成长起一批领军人才。

在企业层面，结合企业深访结果，为了解决目前复合型人才缺少的情况，企业优先选择社会招聘，用更高的薪资来吸引复合型人才。其次是培训，培训是提高工程师技术素养最直接有效的方法。企业结合不同的岗位，开设对应的课程，采取企业内部+外部机构培训的方式，建立企业内部的培训及评价体系，为工程师提供自我提升或择岗的机会，并在培训合格后给予与岗位级别对应的薪资，或允许工程师转到公司需求岗位以填补空缺。另外，企业也有意识地建立紧缺岗位的人才梯队，从高校入手，选择与岗位需求接近的专业，为在校学生提供实习机会。一方面吸引学生进入企业了解企业情况，从而吸引其就业；另一方面也可以在实习过程中筛选适合的人选，同时有针对性地开展岗位技能培养，缩短其入职以后的适应期。

在高校层面，不论是综合性大学、地方应用型院校、职业院校还是行业特色学院，均在积极探索有效的新能源汽车人才培养改革方案。综合性大学倾向于对课程体系进行梳理，通过增加系列新能源选修课程或者在原有车辆工程专业下设新能源汽车方向，给学生补充新能源汽车领域相关知识，更加注重学生终身学习能力的培养。地方应用型高校更多以新设"新能源汽车"专业作为改革方向，新设专业根据产业需求设置课程，人才培养更具针对性，更好地服务于企业需求，改革的力度更大。职业院校注重技能人员的培养，通过教材改革、实习实训方面的调整满足企业对技能人员的需求。还有一些高校、职业院校为提升对接，建立产业学院与企业协同进行人才培养。

此外，在社会层面，中国汽车工程学会搭建的培训平台也是一种很好的尝试，它针对拟转岗研发人员，根据企业需求，开发了一系列新能源汽车课程，有效地补充跨学科（专业）的知识，帮助研发人员更好地过渡到新的研发岗位。

四、人才职业岗位序列

（一）职业岗位序列

与燃油汽车相同，课题组按照技术研究、产品开发、生产制造、销售、售后服务、回收利用的汽车全生命周期，将新能源汽车产业从业者划分为领军人才、研发人员、生产制造人员、销售与售后服务人员及各类管理人员（包括但不限于经营、行政、人力资源、质量、采购、物流、财务等）等，各类人员特征如表 2.19 所示。

表 2.19 不同类别新能源汽车产业人才的特征分析

人才类别	主要特征
领军人才	➢ 思维更加开放、创新、系统 ➢ 对汽车、能源等产业的发展方向、技术进展、商业模式等的理解和把握能力要求更高 ➢ 领军人才重要度最高，但数量少，对人才数量预测结果影响小
研发人员	➢ 总体能力需求有显著提高，知识构成有较大扩展，超出燃油汽车产业 ➢ 从事不同工作内容的工程师有不同的需求 ➢ 研发人员的变化最大，需补充新增知识结构的人员数量
生产制造人员	➢ 需要对新能源汽车产品和技术有系统性认识，掌握新能源汽车生产需要的专项技能 ➢ 需重点掌握先进制造装备应用技能
销售与售后服务人员	➢ 需要对新能源汽车产品和技术有全面了解，面向新能源汽车需求进行销售服务匹配优化 ➢ 需重点掌握新能源汽车功能、性能及使用中的延展能力 ➢ 需要对新能源汽车产品和技术有系统性认识，掌握新能源汽车故障诊断、维修、检测、充电设备运维、电池诊断等专项技能
各类管理人员	➢ 应针对新能源汽车产业和产品特点进行相应的匹配提升，但总体工作内容与燃油汽车产业类似 ➢ 经营、行政、人力资源、质量、采购/物流、财务等各类管理人员主要由现有人员担任

另外，通过对样本企业的人力资源部门和业务部门负责人进行深访和问卷调研，课题组参考国家职业分类标准与规范，对新能源汽车产业技能人员中的研发辅助人员、生产制造人员、销售与售后服务人员进行了梳理，涉及新能源汽车整车和关键零部件的研发辅助、生产制造、销售与售

后服务四大主要板块，具体包括制造端的样品试制、试验、产品工艺、产品装配、调试、测试、标定、质检、返修、充（换）电设施设备装调、质检与运维等岗位，以及服务端的销售顾问、售后服务接待、维修、维修质检、车辆美容装潢等岗位。

（二）职业岗位任职资格标准

课题组通过企业问卷数据分析、企业深访及专家访谈，对研发人员的全部岗位（含紧缺度）从岗位职责、岗位任职资格标准和主要专业来源等三个方面进行梳理，得到研发人员全部岗位（含紧缺度）任职资格目录，即紧缺人才需求目录（详见附录五）；对技能人员从知识、技能、经验三个方面进行梳理，得到技能人员主要岗位任职资格标准（详见附录六）。

（三）岗位矩阵及紧缺度和紧缺人才需求目录

当前新能源汽车产业进入了蓬勃发展期，企业对人才的竞争也进入了白热化的程度。大数据分析和企业深访结果显示，部分岗位招聘难度大，市场人才供给不能满足当前企业发展的需要。课题组通过企业调研数据和大数据分析，对岗位出现频次加权计算，得到了64个研发岗位（如表2.20所示）和11个技能人员紧缺岗位（如表2.21所示）。在紧缺度方面采用五星级模式评价，星级越高代表紧缺度越高，在此基础上形成了当前紧缺人才需求目录（详见附录五、附录七），可供行业参考。

表 2.20 新能源汽车产业岗位矩阵及紧缺度（研发人员）

岗位族 / 技术领域	材料/工艺工程师	结构/硬件开发工程师	软件/算法开发工程师（性能开发工程师）	系统集成工程师	仿真和测试工程师	运维工程师（车端）
动力电池	1. 电芯材料工程师★★★ 2. 电芯工艺工程师★★★ 3. 电池/PACK工艺工程师★★★ 4. 电池材料工程师★★ 5. 电化学工程师★★★	13. 电池结构工程师★★ 14. BMS硬件工程师★★★ 15. 电池电气工程师（含配电）★★★ 16. BMS电气工程师★★★	27. BMS策略工程师★★★ 28. BMS算法工程师★★★★ 29. BMS软件工程师★★★	38. 电池系集成工程师★★★ 39. 电池性能开发工程师（含热管理、EMC、高压安全、功能安全）★★★★	46. 材料仿真、测试工程师（选型、配比）★★ 47. 电芯仿真、测试工程师（含寿命、电化学、电流密度）★★ 48. PACK仿真、测试工程师（含寿命、热管理、结构）★★★	57. 电池大数据工程师★★★ 58. 电池回收利用工程师★★ 59. 换电开发工程师★★ 60. 换电电气工程师★★
燃料电池	6. 燃料电池电堆工艺工程师★★ 7. 燃料电池系统工艺工程师★★ 8. 燃料电池工艺工程师★★	17. 燃料电池电堆结构工程师★★ 18. 燃料电池系统结构工程师★★ 19. 燃料电池电气工程师★★ 20. 燃料电池部件工程师（含水泵、空压机、氢气循环泵等）★★	30. 燃料电池控制策略工程师（含控制算法）★★ 31. 燃料电池软件工程师★★	40. 燃料电池系统工程师（含集成、架构、设计等）★★ 41. 燃料电池系统性能工程师（含水热管理、EMC、功能安全）★★	49. 燃料电池电堆仿真、测试工程师★★ 50. 燃料电池系统仿真、测试工程师★★ 51. 车载氢系统仿真、测试工程师★★	

续表

岗位族 技术领域	材料/工艺工程师	结构/硬件开发工程师	软件/算法开发工程师（性能开发工程师）	系统集成工程师	仿真和测试工程师	运维工程师（车端）
电驱动系统	9. 电机控制器材料/工艺工程师★★★ 10. 电机材料/工艺工程师★★★	21. 电机控制器结构/硬件工程师★★★ 22. 电机结构/硬件工程师★★ 23. 功率器件工程师（含芯片、模块）★★★ 24. 减速器结构工程师★	32. 电机控制器策略工程师★★ 33. 电机控制器算法工程师★★ 34. 电机控制器软件工程师★★	42. 电驱动系统集成工程师（结构）★ 43. 电驱动性能开发工程师（含热管理、EMC、NVH、高压安全、功能安全）★★★★	52. 电驱动系统仿真、测试工程师★★★ 53. 电机仿真、测试工程师★ 54. 电控仿真、测试工程师★ 55. 减速器仿真、测试工程师★	
使用/服务（车载电源）	11. DC-DC转换器材料/工艺工程师★★★ 12. OBC车载充电器材料/工艺工程师★★★	25. DC-DC转换器结构/硬件工程师★★★ 26. OBC车载充电器结构/硬件工程师★★★	35. OBC车载充电器策略工程师★ 36. OBC车载充电器算法工程师★★ 37. OBC车载充电器软件工程师★★★	44. 车载电源系统集成工程师★★ 45. 车载电源性能开发工程师（含热管理、EMC、高压安全、功能安全）★★★★	56. 车载电源仿真、测试工程师★★	61. 充电开发工程师★★★ 62. 充电电气工程师★★ 63. 充电匹配工程师★★ 64. V2G工程师★★

表 2.21 新能源汽车产业紧缺岗位（技能人员）

技术领域	紧缺岗位				
研发辅助	1. 试制、试验 ★				
整车制造	2. 汽车装调 ★★★★★	3. 质检 ★★★★★	4. 下线返修 ★★★	5. 工艺管理 ★★★	6. 生产线操作 ★
修理与维护	7. 机电维修 ★★★★★	8. 售后服务接待 ★★★★★	9. 钣金维修 ★★★★★	10. 喷涂维修 ★★	
销售与服务	11. 销售 ★★★★★				

第三章　院校人才供给分析

一、普通高等院校人才供给分析

（一）普通高等院校相关学科（专业）建设情况

1. 普通高等院校相关学科（专业）设置情况

根据猎聘和纳人提供的专业分布大数据结果，课题组提炼出与新能源汽车产业相关的本科、硕士研究生专业共30个。其中，本科专业20个，分属于10个专业类，硕士研究生专业18个，分属于11个学科，具体学科（专业）如表3.1和表3.2所示。新能源汽车产业特有的强相关专业中有化学工程与工艺，这与现阶段新能源汽车关键技术主要集中在电池研发方面有关。

表3.1 与新能源汽车产业相关的本科专业

专业类	专业	专业布点数/所
机械类	机械设计制造及其自动化	539
	车辆工程	279
	材料成型及控制工程	275
	机械电子工程	337
	机械工程	138
	工业设计	292
	过程装备与控制工程	125
电子信息类	电子信息工程	679
	电子信息科学与技术	268
	电子科学与技术	200
	通信工程	561
化学类	应用化学	446
电气类	电气工程及其自动化	591

续表

专业类	专业	专业布点数/所
自动化类	自动化	493
仪器类	测控技术与仪器	280
计算机类	计算机科学与技术	953
	软件工程	616
化工与制药类	化学工程与工艺	361
能源动力类	能源与动力工程	211
材料类	材料科学与工程	235

注：深灰色为强相关专业，其他为中相关专业。

表 3.2 与新能源汽车产业相关硕士专业

学科	专业
机械工程	车辆工程
	机械制造及其自动化
	机械工程
	机械电子工程
电子科学与技术	电子科学与技术
计算机科学与技术	计算机科学与技术
软件工程	软件工程
化学工程与技术	化学工艺
	应用化学
化学	高分子化学与物理
动力工程及工程热物理	热能工程
电气工程	电气工程
	电力电子与电力传动
材料科学与工程	材料科学与工程
	材料加工工程
	材料物理与化学
仪器科学与技术	仪器科学与技术
控制科学与工程	控制理论与控制工程

注：深灰色为强相关专业，其他为中相关专业。

2. 普通高等院校车辆工程专业课程设置与企业需求匹配情况

通过第二章人才现状的分析可知,车辆工程专业毕业生依然是新能源汽车人才的主要来源之一。随着新能源汽车技术的日益更新,企业对车辆工程专业毕业生的要求也在改变。目前设置车辆工程专业的高校已经认识到在新能源汽车人才培养方面存在的不足,并在积极谋求和做出改变。

先从供给端现状分析,课题组基于高等教育质量监测国家数据平台的数据,对279所高校本科阶段开设车辆工程专业的课程设置进行统计分析(如表3.3所示)。一方面,按照教育部工程教育专业认证标准体系,对课程进行分类;另一方面,从企业需要的知识角度,对课程进行分类。由此获得的供给端课程体系设置的特点分析结果如下。

表3.3 开设车辆工程专业高校的课程设置分析

序号	课程类别	课程名称	开课高校/所	开课高校占比/%	企业需求角度
1	数学与自然科学课程	高等数学/数学分析/微积分/微分方程	162	58.1	共性基础[1]
2	数学与自然科学课程	线性代数	152	54.5	共性基础
3	数学与自然科学课程	大学物理/波动和光学	149	53.4	共性—智能网联为主[2]
4	数学与自然科学课程	概率论与数理统计	118	42.3	共性基础
5	数学与自然科学课程	化学（大学化学/工程化学/普通化学）	70	25.1	共性—新能源为主[3]
6	数学与自然科学课程	计算方法	57	20.4	共性基础
7	数学与自然科学课程	大学英语	38	13.6	共性基础
8	数学与自然科学课程	复变函数	22	7.9	共性—智能网联为主
9	数学与自然科学课程	化学实验	7	2.5	共性—新能源为主
10	数学与自然科学课程	力学	6	2.2	共性基础

续表

序号	课程类别	课程名称	开课高校/所	开课高校占比/%	企业需求角度
11	数学与自然科学课程	电化学	3	1.1	新能源[4]
12	数学与自然科学课程	离散数学	2	0.7	共性—智能网联为主
13	工程基础课程	电工电子/电路分析	231	82.8	共性基础
14	工程基础课程	材料力学/理论力学/工程力学	210	75.3	共性基础
15	工程基础课程	工程材料技术/材料成型技术/材料科学基础/金属材料/金属工艺学	185	66.3	共性基础
16	工程基础课程	工程制图/机械制图	146	52.3	共性基础
17	工程基础课程	程序设计（C/C++/vb/java/Python）	113	40.5	共性基础
18	工程基础课程	计算机基础/绘图	89	31.9	共性基础
19	工程基础课程	流体力学	81	29.0	共性基础
20	工程基础课程	微机原理	29	10.4	两领域共性[5]
21	工程基础课程	数字电路	7	2.5	新能源
22	工程基础课程	模拟电路	6	2.2	新能源
23	工程基础课程	人工智能	5	1.8	智能网联[6]
24	工程基础课程	数据结构	4	1.4	智能网联
25	工程基础课程	电磁学	3	1.1	新能源
26	工程基础课程	大数据技术	3	1.1	两领域共性
27	工程基础课程	信号与系统	2	0.7	智能网联
28	专业基础课程	机械设计/机械制造/机械工程	210	75.3	共性基础
29	专业基础课程	互换性与测量技术/机械精度设计/公差与测量技术	151	54.1	共性基础

续表

序号	课程类别	课程名称	开课高校/所	开课高校占比/%	企业需求角度
30	专业基础课程	机械原理	148	53.0	共性基础
31	专业基础课程	工程热力学/热工学	110	39.4	共性基础
32	专业基础课程	控制工程/自动控制理论	108	38.7	共性基础
33	专业基础课程	车辆工程专业导论	41	14.7	共性基础
34	专业基础课程	机械振动	14	5.0	共性基础
35	专业基础课程	电力电子（高压电气）	5	1.8	新能源
36	专业课程	汽车构造	195	69.9	共性基础
37	专业课程	汽车理论	193	69.2	共性基础
38	专业课程	汽车设计	183	65.6	共性基础
39	专业课程	发动机原理/构造/内燃机原理	178	63.8	共性—新能源为主
40	专业课程	液压与气压	137	49.1	共性—新能源为主
41	专业课程	汽车制造技术/工艺学	125	44.8	共性基础
42	专业课程	汽车电器	114	40.9	共性基础
43	专业课程	汽车试验学/汽车试验技术/汽车性能试验	105	37.6	共性基础
44	专业课程	单片机原理/应用/技术	91	32.6	两领域共性
45	专业课程	汽车电子	88	31.5	共性基础
46	专业课程	专业英语	82	29.4	共性基础
47	专业课程	CAD	79	28.3	共性基础
48	专业课程	车辆检测技术	69	24.7	共性基础
49	专业课程	新能源汽车理论	58	20.8	新能源
50	专业课程	新能源汽车技术	50	17.9	新能源
51	专业课程	车身设计	48	17.2	共性基础
52	专业课程	有限元分析	42	15.1	共性基础

续表

序号	课程类别	课程名称	开课高校/所	开课高校占比/%	企业需求角度
53	专业课程	汽车振动与噪声	36	12.9	共性基础
54	专业课程	汽车底盘技术	35	12.5	共性基础
55	专业课程	毕业设计	35	12.5	共性基础
56	专业课程	汽车测试技术	34	12.2	共性基础
57	专业课程	汽车动力学	30	10.8	共性基础
58	专业课程	传热学	27	9.7	共性基础
59	专业课程	汽车电控技术	26	9.3	共性基础
60	专业课程	人机工程学	24	8.6	智能网联
61	专业课程	传感器与检测技术	24	8.6	两领域共性
62	专业课程	创新创业	24	8.6	共性基础
63	专业课程	汽车营销	23	8.2	共性基础
64	专业课程	汽车安全技术	21	7.5	共性基础
65	专业课程	汽车新技术	20	7.2	共性基础
66	专业课程	电机与拖动/汽车电机	19	6.8	新能源
67	专业课程	汽车仿真	19	6.8	共性基础
68	专业课程	汽车CAE	19	6.8	共性基础
69	专业课程	汽车电气	18	6.5	共性基础
70	专业课程	机电一体化/控制	15	5.4	两领域共性
71	专业课程	汽车造型	15	5.4	共性基础
72	专业课程	信号分析与处理	13	4.7	两领域共性
73	专业课程	嵌入式系统	13	4.7	两领域共性
74	专业课程	汽车工程材料	13	4.7	共性—新能源为主
75	专业课程	汽车文化	12	4.3	共性基础
76	专业课程	新能源汽车结构	11	3.9	新能源

续表

序号	课程类别	课程名称	开课高校/所	开课高校占比/%	企业需求角度
77	专业课程	汽车可靠性	10	3.6	共性基础
78	专业课程	PLC	9	3.2	两领域共性
79	专业课程	汽车总线技术	9	3.2	共性—智能网联为主
80	专业课程	MATLAB	9	3.2	共性基础
81	专业课程	智能汽车技术	9	3.2	共性—智能网联为主
82	专业课程	汽车节能技术	8	2.9	共性基础
83	专业课程	电池技术	5	1.8	新能源
84	专业课程	自动变速器构造与原理	5	1.8	共性基础
85	专业课程	CATIA应用	5	1.8	共性基础
86	专业课程	车联网导论	4	1.4	共性—智能网联为主
87	专业课程	车用能源	3	1.1	新能源
88	专业课程	汽车轻量化	3	1.1	共性基础
89	专业课程	无人驾驶	3	1.1	共性—智能网联为主
90	专业课程	汽车法规	3	1.1	共性基础
91	专业课程	智能汽车构造	1	0.4	共性—智能网联为主
92	专业基础类实践课程	机械设计创新实践/机械设计课程设计	57	20.4	共性基础
93	专业基础类实践课程	金工实习	29	10.4	共性基础
94	工程基础类实践课程	工程训练	24	8.6	共性基础
95	工程基础类实践课程	生产实习	20	7.2	共性基础

续表

序号	课程类别	课程名称	开课高校/所	开课高校占比/%	企业需求角度
96	工程基础类实践课程	项目管理	14	5.0	共性基础
97	专业基础类实践课程	电工电子实习	7	2.5	共性基础
98	专业类实践课程	汽车设计课程设计/专业综合课程设计	48	17.2	共性基础
99	专业类实践课程	汽车构造认识实习/汽车专业认知实习/汽车结构拆装实习	38	13.6	共性基础
100	专业类实践课程	毕业设计（论文）	24	8.6	共性基础
101	专业类实践课程	智能汽车综合实践/智能电动模型车创新实践/汽车创新综合实践	14	5.0	共性基础
102	专业类实践课程	驾驶实习/汽车操控特性综合实习	12	4.3	共性基础
103	专业类实践课程	汽车电子技术综合实践/汽车控制系统仿真实践	2	0.7	共性基础

注：1. 共性基础指燃油汽车、新能源汽车、智能网联汽车共性基础课；
2. 共性—智能网联为主指的是虽然是共性课程，但对智能网联汽车更重要；
3. 共性—新能源为主指的是虽然是共性课程，但对新能源汽车更重要；
4. 新能源指的是专门为新能源汽车开设的课程；
5. 两领域共性指新能源汽车、智能网联汽车共性课程；
6. 智能网联指的是专门为智能网联汽车开设的课程；
7. 浅灰色为开设多年的新能源、智能网联汽车相关的共性基础课程；
8. 深灰色为近期新增新能源汽车知识课程。

①由于车辆工程隶属于机械工程专业类的属性，开课率较高（超过50%）的课程普遍来自专业类的八大核心知识体系，这八大核心知识体系目前也均为新能源汽车和智能网联汽车产业所需的工程基础类知识体系，且与课题组调研的国际机械工程学科QS排名前50高校要求的知识体系相吻合。

具体如：数学（高等数学、线性代数、概率论与数理统计，平均开课高校144所、开课率51.6%）、力学（材料力学/理论力学/工程力学，平均开课高校 210 所、开课率 75.3%）、材料学（工程材料技术/材料成型技术/材料科学基础/金属材料/金属工艺学，平均开课高校 185 所、开课率 66.3%）、机械学（机械设计、机械精度设计、机械原理、工程制图等，平均开课高校 164 所、开课率 58.7%）、电工电子学（开课高校 231 所、开课率 82.8%）、热工学（热力学、传热学，平均开课高校 110 所、开课率 39.4%）、控制工程（平均开课高校 108 所、开课率 38.7%）、计算机学（程序设计、计算机基础，平均开课高校 101 所，开课率 36.2%）等专业类基础关键课程群课程。

②车辆工程专业开设的专业课程相对传统，开课率普遍超过 30%，其中传统四门课程（汽车构造、汽车设计、汽车理论、汽车试验学）均超过 60%；另外，能有效支撑新能源汽车相关人才培养的汽车电子/汽车电器课程也作为车辆工程专业的专业课程被普遍列入专业核心课程，总计开课率高达 72.4%。

具体如：汽车构造（开课高校 195 所、开课率 69.9%）、汽车理论（开课高校 193 所、开课率 69.2%）、汽车设计（开课高校 183 所、开课率 65.6%）、汽车试验学/车辆检测技术（开课高校 174 所、开课率 62.4%）、汽车制造技术（开课高校 125 所、开课率 44.8%）、汽车电器（开课高校 114 所、开课率 40.9%）、汽车电子（开课高校 88 所、开课率 31.5%）等本专业共性基础课程。

③针对新能源汽车和智能网联汽车产业需要的知识体系，部分高校也针对性地开设了共性基础课程，如能够显著强化新能源汽车和智能网联汽车所需的电子电控知识能力培养的嵌入式系统（开课高校 13 所，占比 4.7%）和汽车仿真分析（开课高校 19 所，占比 6.8%）课程。改革有一定成效但辐射面还有较大增长空间。

具体如：微机原理/单片机原理/嵌入式系统/PLC（开课高校 142 所，占比 50.9%）、传感器与检测技术/机电一体化/信号分析与处理（开课高校 52 所，占比 18.6%）等专业课程。有些高校还试点开设工程基础课程"大数据技术"来支撑新能源汽车和智能网联汽车两方向人才培养（占比 1.1%）。

④针对新能源汽车方向，部分高校开设了偏新能源方向的共性基础课和新能源特有的专业课，除了强相关的化学以及数字电路、模拟电路、电力电子（高压电气）、电磁学等工程基础课程，大部分改革停留在专业课

程领域,且多为选修课程,改革的幅度略显保守。且大部分高校将电化学、数字电路、模拟电路、电力电子(高压电气)、电磁学等知识单元含在其他课程中整体讲授,这将导致专业知识讲授不够深入,无法满足新能源汽车产业对知识理解深度的要求,改革仍有较大提升空间。

具体如:数学自然科学课程,如化学/化学实验/电化学(开课高校80所,占比28.7%),其中个别高校已经开设专门的"电化学"课程(开课高校3所,占比1.1%);工程基础课程和专业基础课程偏重强化新能源要求的强电和弱电知识,如数字电路/模拟电路(开课高校13所,占比4.7%)、电磁学(开课高校3所,占比1.1%;53.4的高校将电磁学知识含在大学物理课程中,6.8%的高校将电磁学知识含在电机与拖动课程中)、电力电子/高压电气(开课高校5所,占比1.8%)。新能源强相关专业课程的改革幅度相对较大,紧密相关课程达到9门,其中开课率超过20%的课程如新能源汽车技术/结构(开课高校61所,占比21.8%)、新能源汽车理论(开课高校58所,占比20.8%),由此可见上述新能源汽车相关理论和技术得到了高校的普遍认同。其他代表性的课程偏重节能与新能源汽车总成及零部件技术,如电机与拖动(开课高校19所,占比6.8%)、汽车工程材料(开课高校13所,占比4.7%)、电池技术(开课高校5所,占比1.8%)、车用能源(开课高校3所,占比1.1%)。

⑤针对智能网联汽车方向,部分高校开设了偏智能网联的共性基础课和智能网联特有的专业课,相比新能源汽车方向,改革的课程辐射面相对较大,涉及数学、跨计算机和电子信息专业的基础课程,但整体改革力度都不大(占比均未超过10%),有很大提升空间。

具体如:数学类课程,如复变函数(开课高校22所,占比7.9%)、离散数学(开课高校2所,占比0.7%);跨专业工程基础类课程,如数据结构(开课高校4所,占比1.4%)、信号与系统(开课高校2所,占比0.7%);与智能网联汽车紧密相关的专业课程涉及6门,分别是人机工程学(开课高校24所,8.6%)、智能汽车技术(开课高校9所,占比3.2%)、汽车总线技术(开课高校9所,占比3.2%)、车联网导论(开课高校4所,占比1.4%)、无人驾驶(开课高校3所,占比1.1%)、智能汽车构造(开课高校1所,占比0.4%)。

⑥尽管一些高校开设了工程基础类、专业基础类以及专业类实践类课程,但是在专业类大背景下,车辆工程专业的实践类课程现状总体相对比

较传统，机械设计、课程设计、金工实习依旧为主体；只有个别学校在专业类实践课程环节新增或替换了1~2门新的综合实践或创新实践课程，譬如智能电动模型车创新实践、汽车电子技术综合实践等，改革的力度相对理论课程改革还需加大。

反观企业需求端，通过企业调研、专家访谈和企业研发岗位个人的问卷反馈分析，得到需求端的一些典型特征，具体如下。

①新能源汽车"三电"总成设计研发岗位的工程师，由于多从事与机械工程专业类不直接相关的电池系统、电驱动系统研发和测试工作，对专业类基础课程以及跨专业类课程知识要求高，如电化学、电磁学、高分子材料、传热学等课程。

②新能源汽车整车总体性能研发岗位的工程师，由于多从事与新能源汽车整车技术相关的控制器开发、仿真和测试工作，对支撑技术开发工作的计算机类、电工电子信息类、工程基础类以及车辆工程专业课程知识要求高，如电子电路、电子控制、嵌入式系统、工程制图、有限元分析、自动驾驶、编程语言、汽车理论、汽车标准法规等课程。

上述两项典型特征归纳如图3.1所示。

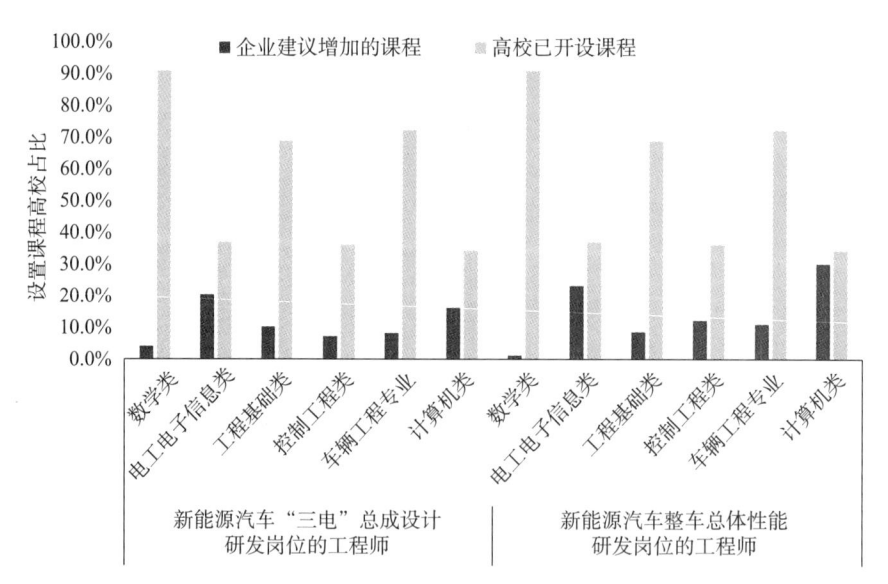

图3.1 教育部279所高校车辆工程专业课程设置比例与企业评价对照

此外，从图3.1中也可以看出，对于"三电"总成设计研发岗位的工程师，企业建议增加电工电子信息类课程占比相对较高，但是该类课程高校开设比例较低，仅为 36.9%；对于整车总体性能研发岗位的工程师，企业建议增加计算机类课程占比最高，但是高校开课比例却是最低的，为 34.2%。这体现出当前企业对课程的需求与高校课程设置方面存在显著的不匹配。

③企业深访调研和专家访谈也发现，建议高校针对新能源汽车和智能网联新车"新四化"发展方向变化，要从过去强调"硬件为主"转变为"软硬兼备"，"硬的学足、软的学够"，针对新能源汽车人才培养，多增加电化学、电磁学、高压电气、模拟电路、数字电路、嵌入式系统、车用软件开发等方面的课程或知识单元。

综上，对比高校车辆工程专业开设课程现状情况和企业调研反馈情况，可以总结归纳如下初步结论（如图 3.2 所示）。

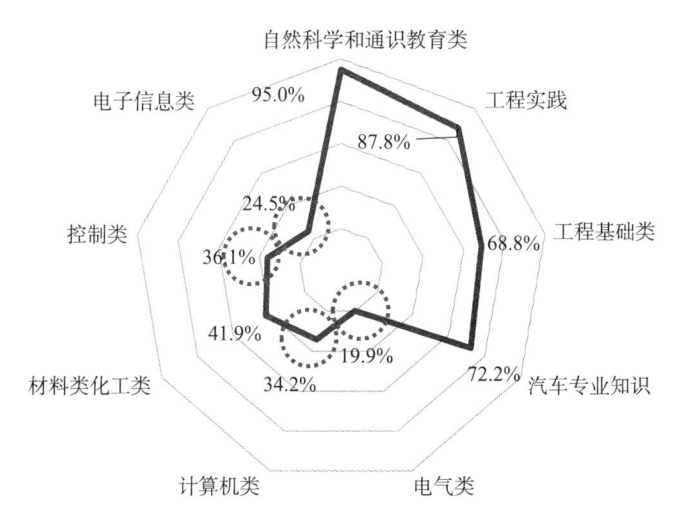

图 3.2　各高校车辆工程专业知识结构雷达图

①就车辆工程专业总体知识结构框架而言，开设车辆工程专业的 279 所高校课程体系相对较为完备，没有明显的架构缺失问题，能够初步满足大部分新能源汽车相关企业对研发岗位人才需求。

②尽管整体上当前各大高校的课程体系架构基本覆盖新能源汽车企业对从业人员岗位知识结构需求，但是从覆盖度相对值分析可见如下特点。

a. 一是开设包括控制工程、嵌入式系统、电机控制、控制器开发技术等课程在内的控制工程类课程，以及包括编程/算法/自动驾驶等课程在内的计算机类课程的高校仅有 35% 左右，而企业在这两个方向都有较为强烈的人才质量需求，明显供需不对称。

b. 二是开设包括模拟电路与数字电路、微机原理与接口技术、电力拖动、电机与控制、CAD 等课程在内的电子信息类、电气类课程的高校均在25%以下，这在当下"新四化"的发展需求下人才供给质量突显窘迫。

为此，课题组在国家专业类教学质量国家标准框架和工程教育改革要求基础上，面向新能源汽车人才需求，提出高等教育车辆工程专业人才培养课程体系改革途径：可以在满足"数学与自然科学类（学分占比15%）、人文社会科学类（学分占比15%）、工程实践与毕业设计或论文类（学分占比20%）三类课程学分总占比50%"工程教育认证标准的前提下，适度做出尝试性改革。

①针对当下新能源汽车和智能网联汽车产业快速发展对人才质量的迫切变革需求，对于综合性研究型大学，建议可以尝试按照车辆工程一级学科（专业类）重塑车辆工程人才培养体系，针对上述人才质量供需矛盾对专业人才知识体系重新梳理，对课程体系从通识教育、学科教育和专业教育课程做出系统性改革。

②对于不具备车辆工程一级学科（专业类）试点的高校，可以在机械工程一级学科（专业类）下，一改以往针对新的汽车形态，仅对专业课程，尤其是专业选修课程修修补补的改革疗法，重点对专业教育课程和工程基础课程进行重塑，甚至是对部分数学与自然科学课程进行改革，在维持结构性学科知识框架不变的同时，向"软科学"相对倾斜。

具体建议如：a. 在数学与自然科学类课程中增加电化学、工程数学、电磁学等针对性课程。b. 对工程基础课程进行重塑改造，维持结构性学科知识框架（七大类课程）不变的同时，向"软科学"相对倾斜，有效落实"软硬兼备"发展改革建议。譬如丰富电工电子课程知识内容，加大电工电子学知识，尤其是高压电力电子、单片机与芯片、嵌入式系统等知识；丰富计算机程序设计知识内容，增加 C++、Python 等面向对象的程序设计课程选项；另外适度引入电子信息和计算机学科交叉课程，譬如信号与系统、数据结构、人工智能和大数据等课程。c. 为了确保总学分要求，可以适度降低现有对机械工程专业基础课程的"硬知识"要求，尤其是涉及机械零部件设计制造相关的机械制图、机械精度、机械制造、金属工艺学课程的学时学分。d. 对于专业必修课程，更需要针对"新四化"发展变化，补充新能源汽车和智能网联汽车构造类知识；丰富包括轮胎力学、空气动力学在内的汽车动力学理论知识；由传统的以面向汽车总成和零部件的机械性能设计和试验评价为核心，转向以新能源汽车和智能网联汽车整车总体和系统综合性能开发为核心的新的汽车设计和汽车试验学专业知识。
e. 对于专业选修课程，可以根据各高校学科发展的优势与特色，以面向技术开发的复杂工程问题培养为目的进行补充与完善，体现各高校专业建设特色和办学方向。

③各高校也可以依据自身专业建设历史、学校办学定位和对未来产业变化的自主判断，在维持车辆工程专业办学基础上设置不同专业方向形式，或者直接成立新能源汽车工程新工科专业来另辟蹊径，进行人才培养的尝试性改革（具体详见本章"普通高等院校相关专业人才培养方案典型案例"）。

④确有改革条件不充分的高校，可以在原有办学条件和专业建设基础上，专门修订车辆工程专业培养方案，在课程体系上，尤其是对专业基础课程、专业课程和专业实践课程做适度调整，以更好地弥补面对新型产业方向人才质量培养和职业胜任力方面的知识和能力缺失。

譬如，在学时学分不明显增加的前提下，切实补充包括微机原理、单片机原理、嵌入式系统等知识在内的电子控制类专业基础类课程知识，以及传感器与检测、机电一体化、信号分析与处理在内的电子信息类专业基础类课程知识；在专业课程中增加或更改原有为新能源汽车技术/结构、智能汽车构造、新能源汽车理论等专业核心课程，以及增加电机拖动、电池技术、汽车总线技术、汽车工程材料、自动驾驶技术、汽车标准法规等专业选修课程；上述课程不便在专业基础课程中改革的也可在专业选修课程中予以增加和补充专业实验和实践课程予以能力强化培养。如果学时学分确有增加，可以适度整合力学、热学、机械学相关类别课程，譬如将理论力学与材料力学整合为工程力学，将工程热力学与传热学整合为热工学，将工程制图与精度工程整合，将机械制造与金属工艺学整合。

3. 普通高校车辆工程专业现有支撑条件

为更好地了解高校车辆工程专业建设的具体情况，也为课程体系改革和专业建设提出建设性建议，课题组对58所高校进行了更为详细的问卷调查，调查高校以省属本科高校为主，兼有工信部、教育部部属高校以及部分市属高校，覆盖"985""211""双一流"以及其他普通高校。调查内容主要包括师资储备、软硬件投入、实习实践和课程改革等内容。具体专业建设情况摸底如下。

（1）专业开设形式方面

调查数据显示：绝大部分高校以系（专业）形式开展车辆工程教学工作，个别高校采用独立学院的形式开展教学，少量高校将车辆工程作为机械工程专业类的专业方向进行教学；各高校近年来对新能源汽车方向重视程度逐渐提升，主要围绕电动汽车原理及控制策略以及新能源汽车技术展开教学活动，上课人数以15%的年增长率增加。

对于专业建设的改革意愿，调查结果显示，约80%的高校未开设"新能源汽车工程"新专业，且半数高校明确表示在未来几年内暂没有增设新专业的意愿（如图3.3和图3.4所示）。这个结果说明虽然多数高校已经意识到新能源汽车产业日益增长的人才需求并有所动作，也愿意在原有车辆工程专业基础上对教学设施、师资队伍、教材建设方面改革，但对于新增专业仍持审慎态度，可能是考虑新的产业领域和方向尚未形成显著的、独特的知识体系，加大现有学科与其他学科的交叉融合是现阶段比较适宜和稳妥的做法，改革宜循序渐进。

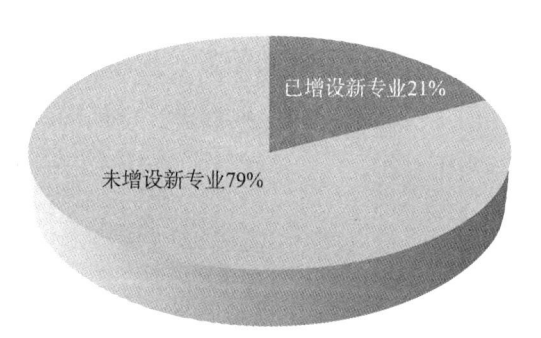

图3.3 高校已增设新专业情况

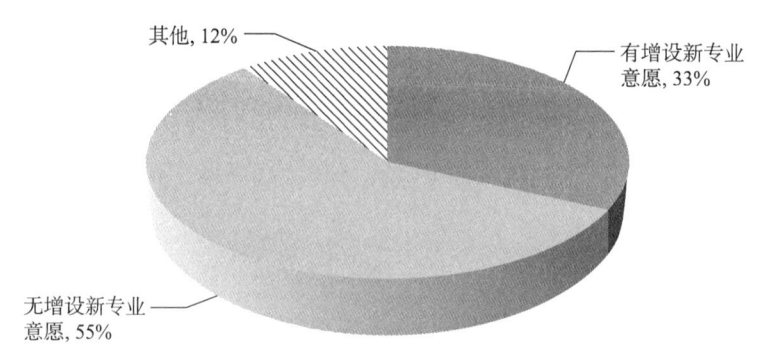

图3.4 高校未来增设新专业意愿

（2）师资配备方面

教师数量方面，教师及研究人员储备以 6% 的年增长率上涨；教师来源方面，自行培养的教师比例约 50%，来自企业的兼职教师占 15%；教师年龄和学历方面，45 岁以下教师比例约 70%，学历多为博士及以上，体现了该方向教师的青年化和高学历化；教师专业背景方面，车辆工程和机械工程为该方向教师的最主要专业（如图 3.5 和图 3.6 所示）。

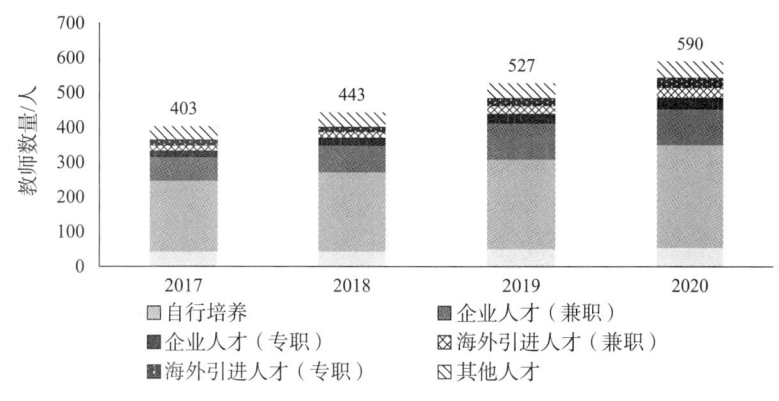

图 3.5　教师来源情况统计

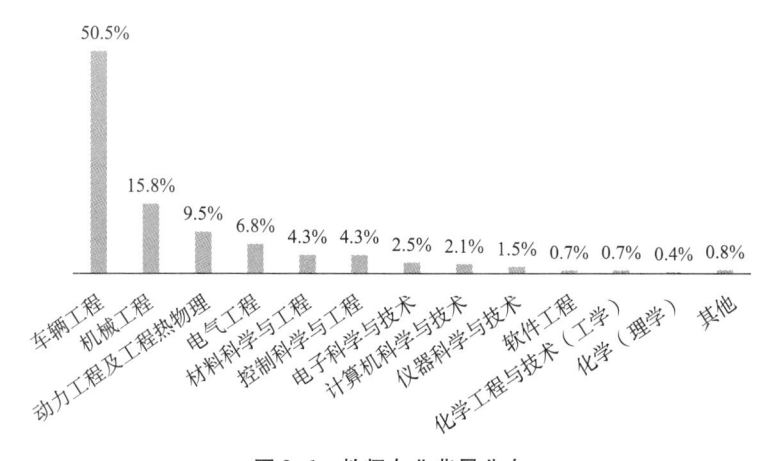

图 3.6　教师专业背景分布

尽管与新能源汽车产业相关的师资储备持续增长，但仍有不少隐忧。调查显示，有 43.1% 的高校对新增新能源汽车方向课程仍不能做到师资全覆盖，多数高校的解决方法是在对本专业师资进行培训上岗的同时，持续加大相关人才的引进力度，并提高学院间互聘及企业合作师资的比例。在企业合作师资方面，近40%的高校对学术论文量的考核标准有不同程度的降低，从侧面反映了高校对于新能源汽车专业师资需求的急迫性。

（3）改革或改进意愿情况

课题组针对各高校对教材、师资队伍和教学设施的改革或改进意愿的分析如图3.7所示。

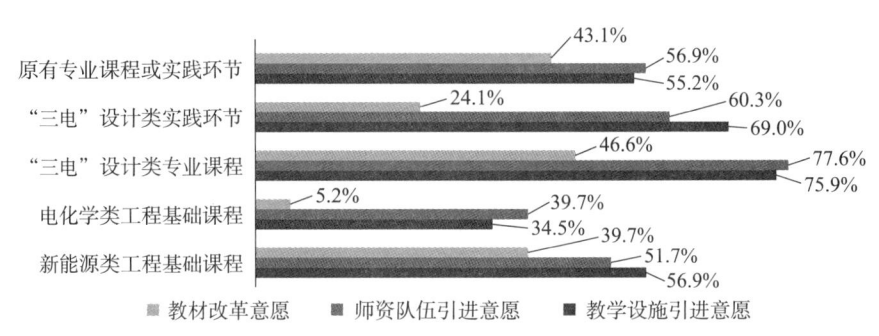

课程类别	教材改革意愿	师资队伍引进意愿	教学设施引进意愿
原有专业课程或实践环节	43.1%	56.9%	55.2%
"三电"设计类实践环节	24.1%	60.3%	69.0%
"三电"设计类专业课程	46.6%	77.6%	75.9%
电化学类工程基础课程	5.2%	39.7%	34.5%
新能源类工程基础课程	39.7%	51.7%	56.9%

图3.7 各高校对教材、师资队伍和教学设施改革或改进意愿调查

数据来源：中国汽车工程学会高校问卷调查数据

横向对比可以看出，高校对于引进教学设施和师资队伍的需求更为迫切，而对教材改革持谨慎态度，可能需要经过几轮的课程建设才具备教材编写的基础；纵向对比来看，高校对于"三电"设计类专业课程和实践环节都有十分强烈的改进诉求，同时，高校也较为重视对原有课程和实践环节的改进。综上可以看出，多数高校对新能源汽车产业相关软硬件配套资源有较强需求。

教育部高等教育质量监测国家数据平台的数据显示，目前在全部开设车辆工程的高校中已有80%的高校开设了与新能源、智能网联汽车相关的共性基础课程。这表明多数高校已经意识到新能源汽车产业日益增长的人才需求并有所动作，也愿意在原有车辆工程专业基础上对教材建设、师资队伍、教学设施方面进行改革或改进。

（4）产教融合方面

调查结果还显示：58所高校在产教融合协同育人方面，校企合作的主要方式依旧是共建实训基地、开放实习生岗位，合作主体多为汽车企业及研究院，有少量高校与互联网企业合作（如百度等）；经过校企之间的合作，学生实践能力得到了显著提升，部分科技成果也得到了转化。由此可见，高校对于通过产业界协同教育界完成人才培养，尤其是实践能力培养的意义和重要性非常认同，但是合作并非普遍，仍需加大合作的深度和力度（如图 3.8 所示）。

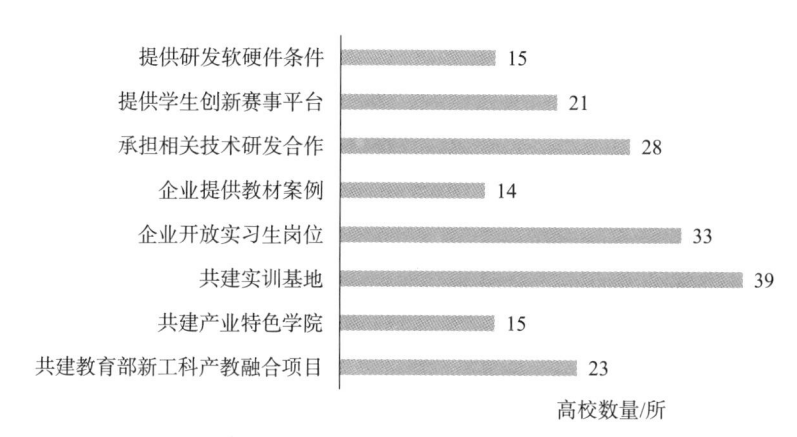

提供研发软硬件条件 15
提供学生创新赛事平台 21
承担相关技术研发合作 28
企业提供教材案例 14
企业开放实习生岗位 33
共建实训基地 39
共建产业特色学院 15
共建教育部新工科产教融合项目 23

高校数量/所

图 3.8　校企产教融合方面的合作方式统计

（5）实习基地方面

调查结果还显示：58 所高校在实习签约企业方面，仍以传统汽车企业为主，平均为 7 家；新能源整车及零部件企业平均为 4.5 家；智能网联领域整车企业更少，平均为 1.6 家。对企业实习的平均时长的调查也可见，无论什么类型的企业，其实习时长基本不超过 1.5 个月，其中到新能源整车及零部件企业实习的平均时长为 2.1 个月。总体来看，实习企业数量和实习时长均不足，具体数据如图 3.9 所示。

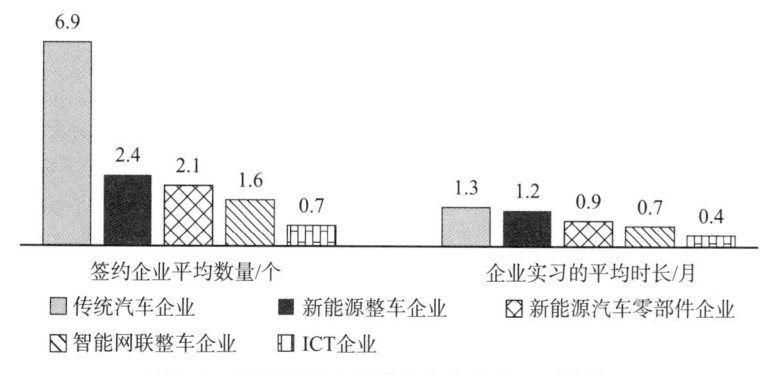

签约企业平均数量/个：6.9　2.4　2.1　1.6　0.7
企业实习的平均时长/月：1.3　1.2　0.9　0.7　0.4

■ 传统汽车企业　■ 新能源整车企业　■ 新能源汽车零部件企业
■ 智能网联整车企业　■ ICT 企业

图 3.9　受访高校实习签约企业和实习时长情况

调查还发现，校内和校外实训均与实习情况相似，结论也大致相同，不仅实训偏重的依旧还是传统机械工艺实训（占比达 50%），而且实训基地数量普遍只有1处，且实训时长校内校外均在1~1.5个月。总体看，即使是校内，实训依旧略显不足，这对于学生解决工程问题能力，尤其是实践检验和创新能力的培养制约很大。

(6) 实践条件投入方面

调查结果还显示，2021年58所高校车辆工程专业总体教学实训设备投入总计超过1亿元，且新能源汽车和智能车辆工程专业（方向）实训设备投入近几年整体呈增加态势，2021年分别达3 510万元和3 165万元。通过预测，未来5年车辆工程专业总体教学实训设备投入将逐步增长，且呈现一个加速增长的态势，智能车辆工程与新能源汽车专业（方向）教学实训设备投入与车辆工程专业总体相似，且车辆工程专业对于智能车辆工程的关注度逐渐增大（如图3.10所示）。

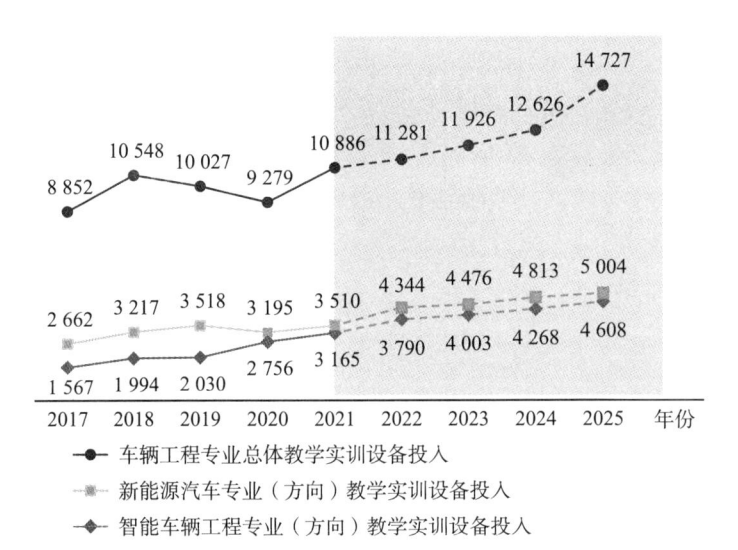

图3.10 受访高校车辆工程专业教学实训设备投入情况（单位：万元）

从教学实训设备投入来源可见，主要为学科专业建设投入及教师科研团队投入，只有少部分设备来自企业捐赠。由此可见，企业对高校在新能源汽车和智能网联汽车人才培养必需的先进实践条件建设方面的投入力度不大，因此，在分担人才培养企业责任与吸纳高校培养人才权益方面，应进一步加强与高校端合作，实现共赢，体现良性互动和可持续发展。

综上，当前各高校的课程体系架构均相对较为完备，没有明显的专业方向的架构缺失，能够初步满足大部分的企业岗位需求。但是对于新能源汽车产业研发人员所需的跨专业类知识应增加课程设置和学习课时，譬如机械类专业应加大电化学、电力电子、嵌入式系统等知识的学习和软硬件系统开发测试的能力培养，非机械类专业的基础学科人才也应加大机械设计、控制类知识的学习，车辆工程专业学生在面向汽车"新四化"的新能源、智能网联汽车时代还应补充电子信息、算法软件工程方面的知识。师资供给方面，新能源汽车相关专业师资数量逐年上升，这些师资大多由高校自身培养，并呈现青年化、高学历化的趋势。在人才培养改革方面，各高校也表现出了较强的实施意愿，尤其是对"三电"设计类的软硬件资源投入有很强的改进意愿；专业改革方面，高校对增设新专业或新方向意愿较强，而对大规模改革持谨慎态度。

（二）普通高等院校相关专业人才培养方案典型案例

目前各高校已经在新能源汽车人才培养方面展开了积极的尝试。课题组以七所高校和三所学院为例，调研了高校在车辆工程专业和新能源汽车工程专业的课程体系设置和特色学院建设方面所做的改革，并对结果进行了归类分析（如图 3.11 所示）。

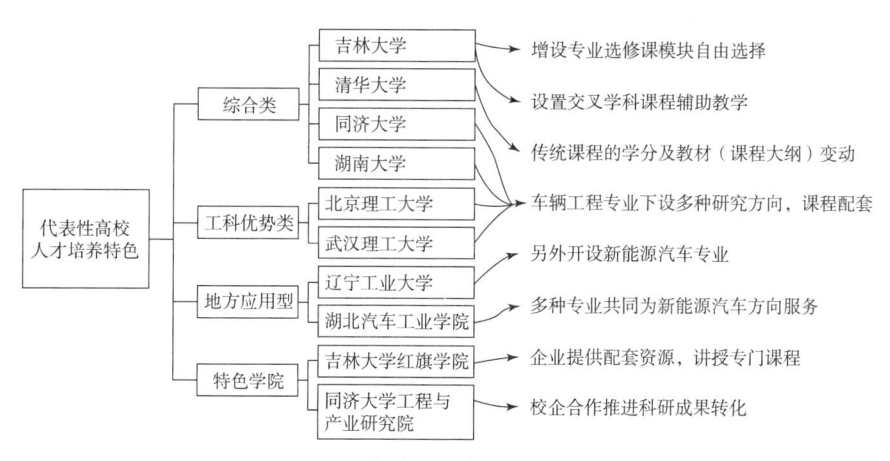

图 3.11　代表性普通高校改革情况总览

从各高校的学科特点出发，分四个方面对典型高校车辆工程相关专业特点进行凝练：综合类高校以清华大学、吉林大学、同济大学和湖南大学为例，课题组对整个车辆工程专业课程体系的改革情况进行分析；调研了以北京理工大学和武汉理工大学为代表的工科优势类高校的课程设置情况；探索了辽宁工业大学和湖北汽车工业学院为代表的地方应用型普通本科院校的课程改革情况；此外对于吉林大学和同济大学的特色产业学院也进行了初步的调研总结。

从全国范围来看，不论是综合类高校，还是地方应用型高校，都已经在新能源汽车人才培养方面有所动作。不同的是：综合类高校倾向于立足自身专业进行改革，对课程体系进行再梳理优化，引入新能源紧密相关专业课程作为选修课程，注重培养学生的拓展能力，更加注重学生终身学习、能力素养的培养，以更好地在学科边界范畴内强化人才适应未来持续变革的能力；而将新能源汽车专业以独立专业进行建设的地方应用型高校，则通过新建针对性的培养方案，更加关注产业对人才知识和能力的现实需求，更好地服务于社会需求，改革的措施显得更加大刀阔斧和灵活多变。

1. 综合类普通高等院校代表

（1）吉林大学

吉林大学为车辆工程传统优势高校，自 2009 年就开始面向节能与新能源汽车发展方向积极开展课程改革。工程基础课程方面，一直要求学生掌握新能源汽车设计研发的热流体学、电工学、控制理论知识体系基础，并先后开设电机原理及应用、嵌入式系统原理、机器人及人工智能基础、大数据导论、云计算导论等工程基础选修课程；专业教育课程中也积累形成了电动汽车概论、汽车智能化技术、汽车轻量化技术、车用能源、车用电力电子技术、车载网络、汽车节能与排放控制、燃料电池及其应用、车辆热管理等与新能源汽车设计紧密相关的专业选修课程，以及开发工具使用类的仿真软件工程应用、汽车性能仿真评价等专业选修课程；专业实践课程中在压缩了原有机械设计类课程设计的基础上，也开设了智能电动模型车创新实践课程。

目前吉林大学也已经开展了针对汽车"新四化"技术变革的新的培养方案修订工作，并将课程体系的优化调整扩大至通识教育课程中，具体课程体系改革如图 3.12 所示。

通识教育课程方面，针对现有车辆工程专业开设课程与企业对人才知识需求的矛盾，新增了计算机技术和软件工程学科交叉基础知识离散数学，以及核心课程数据结构；针对现有汽车"新四化"趋势和研究对象跃迁背景，将原有普通化学修改为电化学学科交叉课程。

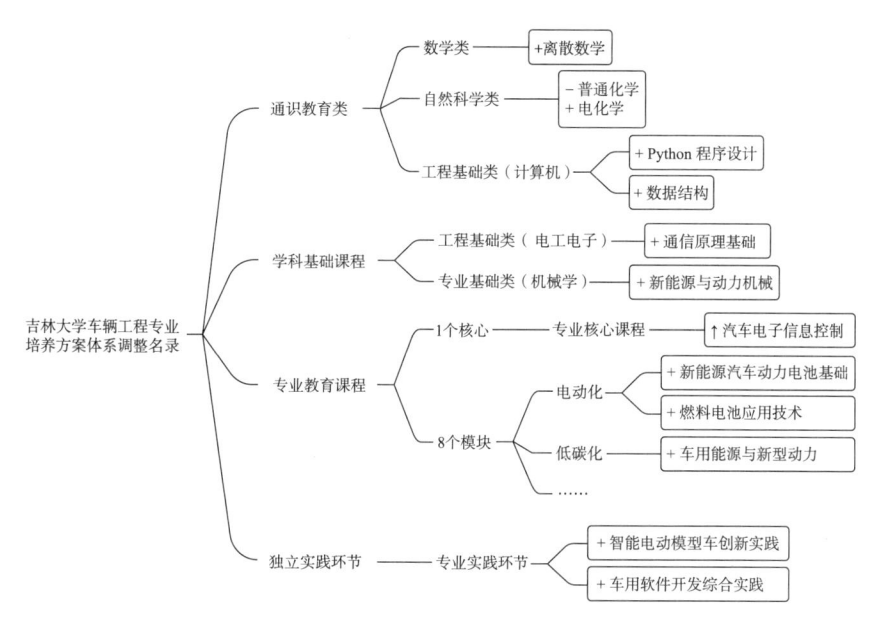

图 3.12　吉林大学车辆工程专业课程体系改革

学科基础课程方面，鉴于现阶段能源革命和科技革命，新增了电子信息交叉学科课程通信原理基础，并调整原有汽车发动机原理工程基础课程为新能源与动力机械，适当删减了机械精度、机械设计、机械制造和液压传动相关课程学分，以确保学分不过分增加。

专业教育课程方面，鉴于汽车"新四化"趋势和数字化开发潮流，重新调整了八大模块。在"电动化"课程模块，鉴于电池技术的重要性，从原有电动汽车整车技术课程中把电池原理和成组控制技术提出来单独开设了新能源汽车动力电池基础课程。另外，还针对其他低碳技术，重组整合新增了"低碳化"课程模块，具体课程菜单有"汽车轻量化设计、汽车非金属材料及其应用、汽车节能与排放控制、车用能源与新型动力、车辆热管理"。

独立实践环节方面，在原有基于汽车构造的专业认识实习中新增新能源汽车结构认知实践内容，修改课程名称为专业综合认知实践，另外增加了已开设的专业实践课程智能电动模型车创新实践的学时学分。

（2）清华大学

清华大学车辆工程专业新增电子信息方向，对比其常规方向，有以下几点变化：通用基础课新增复变函数与数理方程、随机过程；专业基础课取消部分机械类课程，新增电子电路与系统基础及实验、数据与算法、信号与系统、数字图像处理、通信网络、单片机和嵌入式系统；专业主修课新增人工智能、汽车工程概论、智能驾驶、智能网联汽车、智能交通系统等课程；专业实践课的金工实习改为电子工艺实习。

清华大学车辆工程专业在对研究方向进行调整的同时，也对车辆工程专业的核心课程和教材进行改革，根据"教材跟着课程走"的原则，将车辆工程专业原有教材《汽车发动机原理》改为《汽车动力系统原理》，课程的学分和学时也进行了相应的调整，由原来的3学分、48学时调整为4学分、64学时，做到车辆工程专业"硬的做足"（如图3.13所示）。

清华大学 | **新增电子信息方向**
- **通用基础课**：新增复变函数与数理方程、随机过程
- **专业基础课**：取消部分机械类课程，新增电子电路与系统基础及实验、数据与算法、信号与系统、数字图像处理、通信网络、单片机和嵌入式系统
- **专业主修课**：新增人工智能、汽车工程概论、智能驾驶、智能网联汽车、智能交通系统
- **专业实践课**：金工实习改为电子工艺实习

硬的做足

图 3.13　清华大学车辆工程专业课程体系改革

（3）同济大学

同济大学车辆工程专业课程设置中，专业课选修课按专业方向选课，分三个专业方向，分别是汽车工程、车用动力工程、汽车电子工程及智能化，每个方向下设不同模块课程，让学生更自由地选择研究方向。课程设置如表3.4所示。

表 3.4　同济大学车辆工程专业三个专业方向课程

方向 序号	汽车工程	车用动力工程	汽车电子工程 及智能化
1	车辆工程导论	车辆工程导论	车辆工程导论
2	汽车与可持续发展	汽车与可持续发展	汽车与可持续发展
3	自动控制原理	自动控制原理	自动控制原理
4	车用动力基础	电机与控制	车用动力基础
5	汽车试验学	电动化动力系统技术	信号与系统

续表

方向序号	汽车工程	车用动力工程	汽车电子工程及智能化
6	汽车设计	内燃机原理	汽车网络技术概论
7	工程信号分析处理	内燃机设计	人工智能与智能驾驶基础
8	汽车产业分析	能源与电化学基础	环境感知与V2X技术
9	汽车产品管理与营销	车用电源技术	汽车电子学
10	汽车车身设计	—	汽车电子控制系统设计
11	空气动力学	—	—

（4）湖南大学

湖南大学将车辆工程专业分为智能网联汽车、新能源汽车、汽车安全、汽车车身、汽车底盘五个专业方向，课程开设方面在新能源汽车方向有很大侧重（如表3.5所示）。

表3.5 湖南大学车辆工程专业新能源汽车相关课程

序号	课程类别	课程名称	学分
1	电工电子学类核心课程	电工电子学	3
2	专业核心课程	汽车电子技术	3
3	个性培养	新能源汽车基础	2
4	个性培养	汽车电驱动技术	2
5	个性培养（新能源汽车方向）	电动车辆原理与构造	2
6	个性培养（新能源汽车方向）	电动车辆设计	2
7	个性培养（新能源汽车方向）	电动汽车动力电池技术	2
8	个性培养（新能源汽车方向）	电动汽车性能仿真与实验	2
9	个性培养（新能源汽车方向）	汽车电力电子学	2
10	实践环节	汽车电子技术综合实践	2

2. 工科优势类普通高等院校代表

（1）北京理工大学

北京理工大学的课程体系中，车辆工程专业的专业基本课群包括工程基础类、学科专业基础类与专业类必修课程。专业类课程设置中，新能源车辆与燃油汽车并重，课程设置中体现出不同的深造方向。

选修课规划了一个通用模块、三个可选模块，充分考虑了学生个性化发展和汽车工程发展前沿科技。其中，通用模块为必选模块，主要介绍汽车领域通用设计、测试、控制与仿真等方面的专项知识，要求至少修4学分。可选模块中智能汽车工程模块涵盖了无人驾驶汽车、车联网、智能悬架等领域，电动汽车模块涵盖了能源管理、电磁兼容、总线控制、电机测试等领域，学生可任选一个模块，至少修3.5学分（如图3.14所示）。

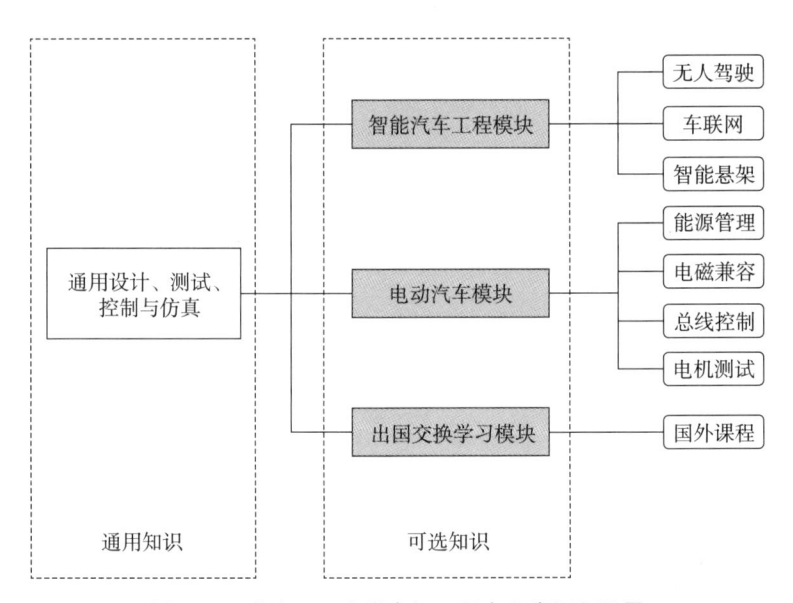

图 3.14 北京理工大学车辆工程专业类课程设置

（2）武汉理工大学

武汉理工大学车辆工程专业下分三个方向的专业选修课程，分别为整车设计与底盘控制方向、车身工程与智能制造方向和汽车电子与智能汽车方向，其专业选修课是由课程对应学院负责教学，这样设置的好处在于既保证了课程的质量，又减轻了本学院教师的教学压力。开课细则如表3.6所示。

表 3.6 武汉理工大学车辆工程专业课程一览表

序号	开课学院	课程名称
1	理学院	复变函数与积分变换
2	计算机学院	面向对象的程序设计
3	汽车工程学院	数据结构与算法
4	机电工程学院	机械设计基础
5	汽车工程学院	车辆控制理论
6	汽车工程学院	汽车制造工艺学

3. 地方应用型普通本科院校代表

（1）辽宁工业大学

辽宁工业大学 2021 年新能源汽车工程专业培养方案中明确指出其培养目标为"培养面向新能源汽车设计和制造企业，从事电动汽车整车及总成设计、性能匹配、建模仿真、系统控制、能源管理及实验技术等工作的具有国际视野和竞争力的应用型高级工程技术人员"，其专业课程对新能源汽车有明显指向性。课程体系如图 3.15 所示。

（2）湖北汽车工业学院

湖北汽车工业学院作为与汽车工业强关联的应用型高校，近些年来在各种专业的课程设置上都有明显倾向新能源汽车的趋势。

例如其 2020 版培养方案中，诸如自动化专业、电气工程自动化专业、计算机科学与技术专业的课程设置中都有电动汽车电驱动系统设计、电动车测试与评价、电动车能量管理与控制等课程。其中，自动化专业的课程设置如图 3.16 所示，不难看出湖北汽车工业学院以更灵活的姿态在迎接社会对新能源汽车人才的需求。

4. 行业特色院校代表

（1）吉林大学红旗学院

吉林大学红旗学院是由中国一汽集团总部和吉林大学联合挂牌成立的产学研融合发展创新机构，依托学校教务处编排教学进程和考核方案，由企业选派工程师为学员授课，围绕企业发展的核心领域，精准培养人才。2019 年首期办学，前两届开设的是智能网联班，2021 年新增新能源汽车班，面向新能源汽车开发六大业务领域，开设 23 门由企业工程师讲授的课程（如图 3.17 所示）。

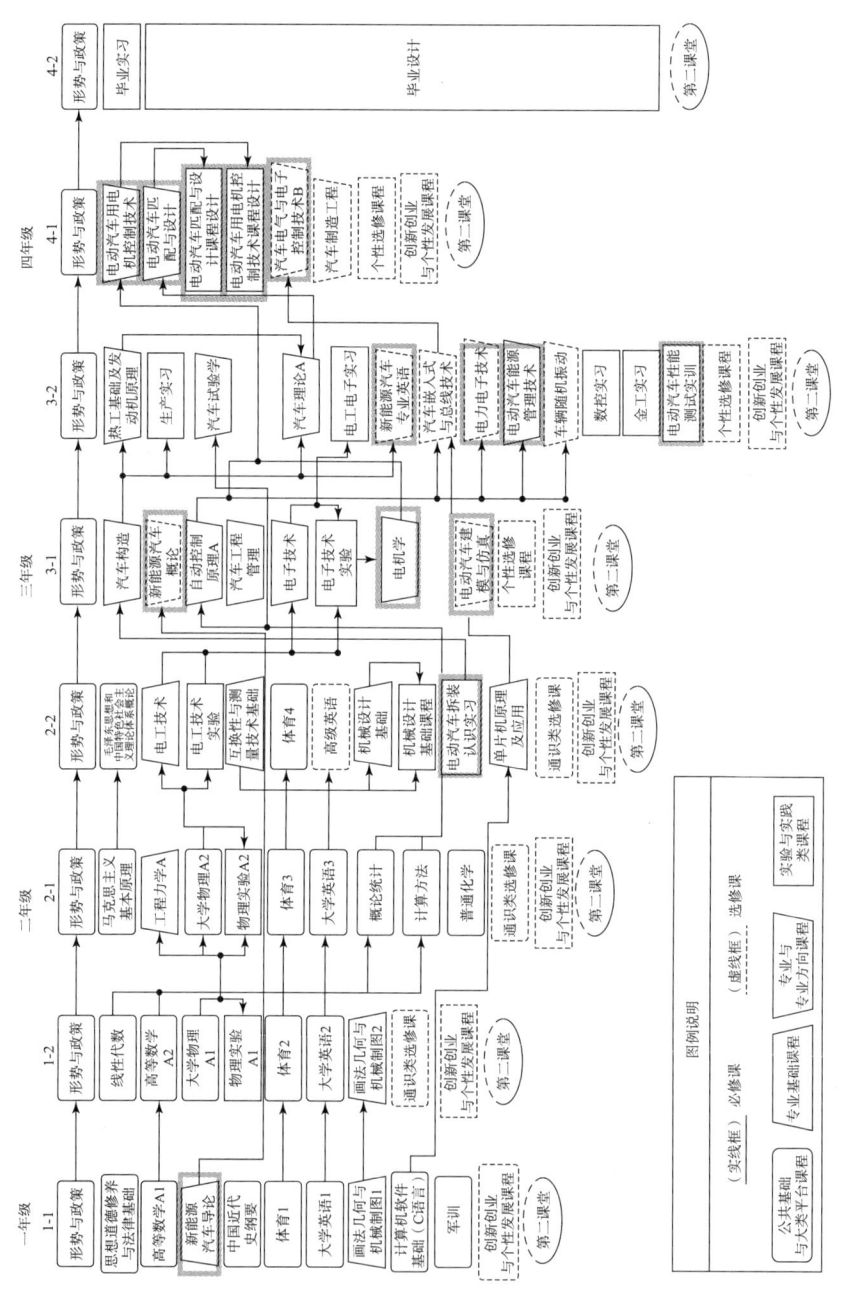

图3.15 辽宁工业大学新能源汽车工程专业课程体系

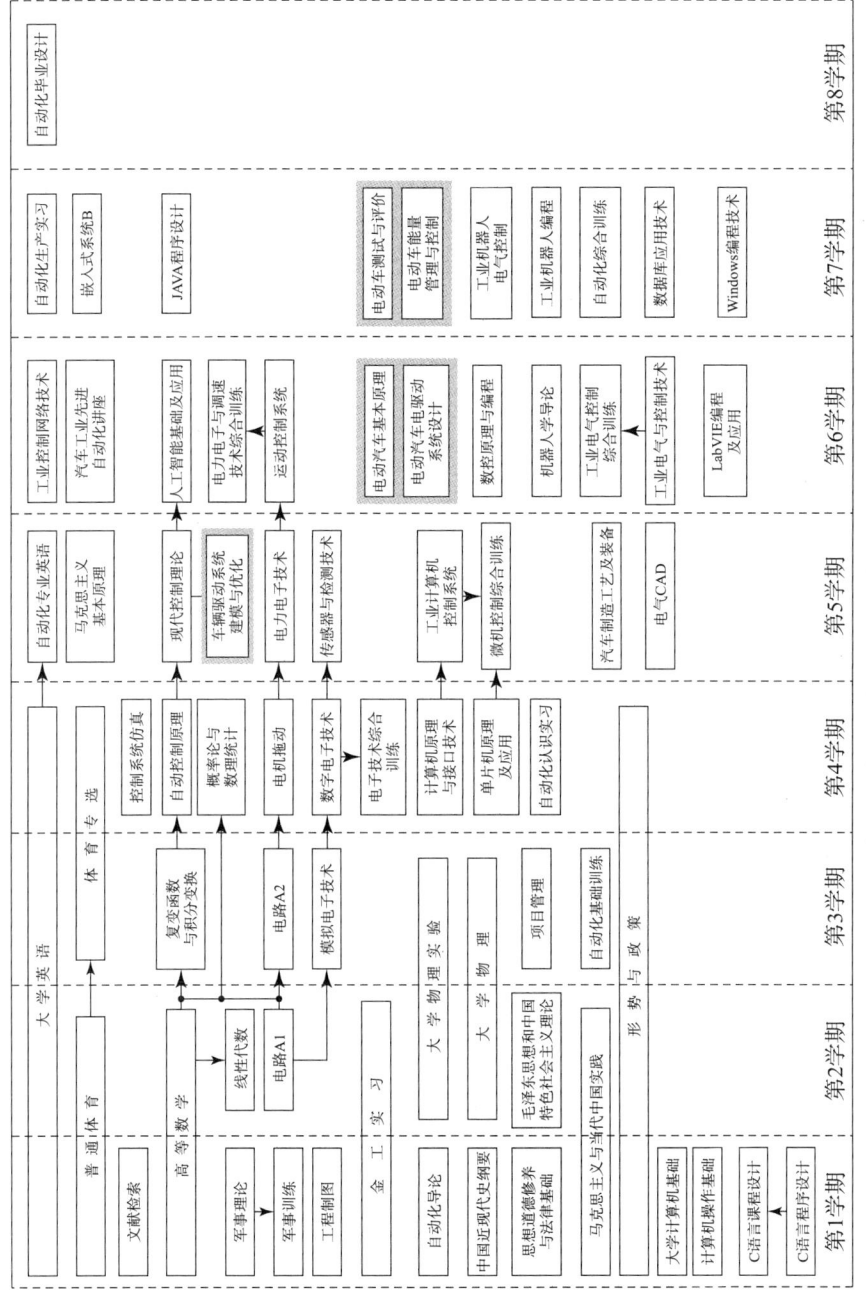

图3.16 湖北汽车工业学院2020版自动化专业课程设置

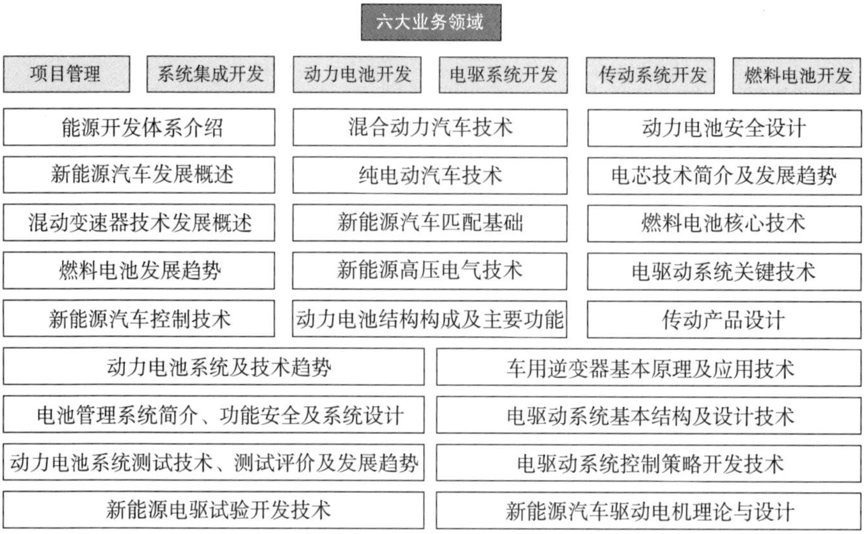

```
                          六大业务领域
   ┌─────────┬───────────────┬─────────────┬─────────────┬─────────────┬─────────────┐
   │ 项目管理 │ 系统集成开发  │ 动力电池开发│ 电驱系统开发│ 传动系统开发│ 燃料电池开发│
```

能源开发体系介绍	混合动力汽车技术	动力电池安全设计
新能源汽车发展概述	纯电动汽车技术	电芯技术简介及发展趋势
混动变速器技术发展概述	新能源汽车匹配基础	燃料电池核心技术
燃料电池发展趋势	新能源高压电气技术	电驱动系统关键技术
新能源汽车控制技术	动力电池结构构成及主要功能	传动产品设计

动力电池系统及技术趋势	车用逆变器基本原理及应用技术
电池管理系统简介、功能安全及系统设计	电驱动系统基本结构及设计技术
动力电池系统测试技术、测试评价及发展趋势	电驱动系统控制策略开发技术
新能源电驱试验开发技术	新能源汽车驱动电机理论与设计

图 3.17　吉林大学红旗学院新能源课程体系

红旗学院校内培养主要包括诸如电子电气课程的讲授以及与毕业设计项目相结合完成创新科技的开发，校外培养主要包括企业实践、为学员提供国际展会学习机会和支持学生参加国内外赛事等措施。此外，红旗学院为学员提供了一系列的配套政策，例如设置奖学金、为赛事获奖团队提供额外资金奖励、提供企业实习机会，以及为学员提供优先入职机会。

（2）同济大学工程与产业研究院

同济大学工程与产业研究院（简称"同济大学产业院"）是负责推动校地、校企科技合作和创新驱动示范区建设的职能部门。主要职责是为科技成果的工程化、产业化汇聚资源，搭建合作平台。职能定位为：围绕学院与学科发展需求，汇聚校内外资源，形成协同创新能力和成果；建立分工协作机制，充分挖掘地方、企业重大项目需求信息；策划、组织并推进重大合作项目落地；推动并保障落地项目顺利实施；进一步做好项目评估与风险防控工作；更好地支撑学校"双一流"建设，服务学院与学科发展。

同济大学产业院自 2016 年 12 月成立以来，主要围绕以下目标展开工作：与区域合作重点建设一个以上的创新驱动综合示范区、一批重点地方研究院，以及与一批国内外知名企业尤其是世界 500 强企业开展深度合作，通过策划和对接重大科研项目合作提升学校应用科学研究能力及科研服务社会能力，为学校学科发展和人才培养服务，助推学校"双一流"建设。

未来，同济大学产业院将汇聚校内外资源，着重了解国家及各重点地区、重点企业的重大投资项目需求，掌握一批投资额较大的产业项目信息，协同相关院系、团队策划设计合作方案，推动重大科研合作项目落地。同济大学产业院与企业协同进行人才培养，真正实现产教融合、协同育人，可以作为条件成熟的产业聚集地和高校的人才培养改革试点工程。

（三）普通高等院校毕业生规模

随着高校扩招，2010年以来，全国高校毕业生人数不断增加。2010年本科和硕士研究生毕业生人数292.6万人，2020年486.7万人（如图3.18和图3.19所示）。

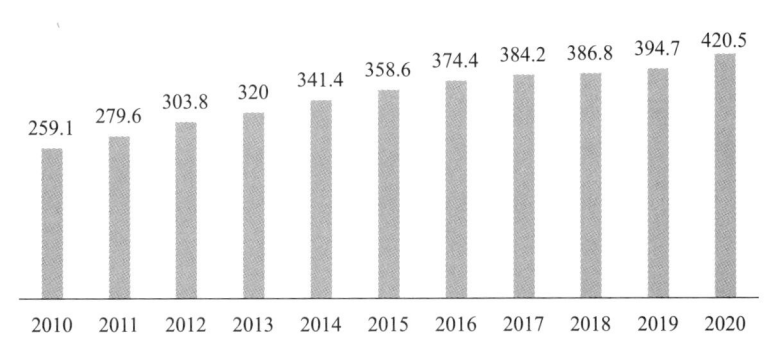

年份	2010	2011	2012	2013	2014	2015	2016	2017	2018	2019	2020
本科毕业生	259.1	279.6	303.8	320	341.4	358.6	374.4	384.2	386.8	394.7	420.5

图3.18 2010—2020年本科毕业生规模（单位：万人）

数据来源：教育部教育统计数据

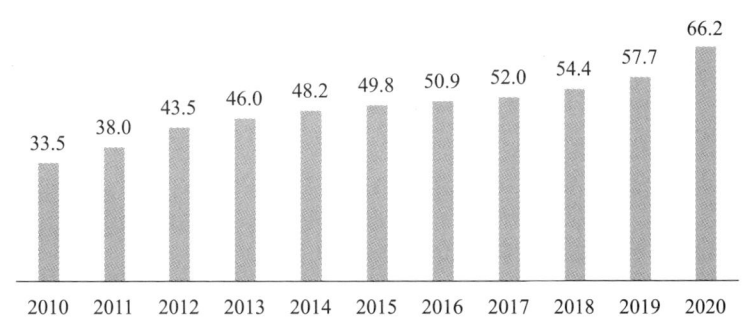

年份	2010	2011	2012	2013	2014	2015	2016	2017	2018	2019	2020
硕士研究生毕业生	33.5	38.0	43.5	46.0	48.2	49.8	50.9	52.0	54.4	57.7	66.2

图3.19 2010—2020年硕士研究生毕业生规模（单位：万人）

数据来源：教育部教育统计数据

根据教育部教育统计数据提供的 2010—2020 年本科和硕士研究生毕业生人数，课题组采用平滑指数预测方法预测了 2021—2025 年毕业生人数。预计 2025 年本科毕业生人数为 498.0 万人，硕士研究生毕业生人数为 82.0 万人（如表 3.7 所示）。

表 3.7　2021—2025 普通高校毕业生人数预测

单位：万人

年份	本科毕业生人数	硕士研究生毕业生人数	合计
2021	436.9	69.4	506.3
2022	452.2	72.5	524.7
2023	467.5	75.7	543.2
2024	482.7	78.9	561.6
2025	498.0	82.0	580.0
合计	2 337.3	378.5	2 715.8

（四）普通高等院校毕业生流入新能源汽车产业比例

纳人提供的数据显示，1991—2017 届本科毕业生流入新能源汽车产业的比例为 0.264%，1991—2017 届硕士研究生毕业生流入新能源汽车产业的比例为 0.88%。

纳人和猎聘大数据对本科毕业生专业类进行分析显示：机械工程类作为汽车产业强相关专业类，仍然是新能源汽车产业流入比最高的，其中车辆工程专业具有最高的流入比，为 5.02%；电气工程及其自动化、能源与动力工程、电子科学与技术、测控技术与仪器等专业的流入比也较高（如图 3.20 所示）。

（五）普通高等院校人才供给预测

综合考虑毕业生规模和流入比数据，未来 5 年普通高校毕业生流入新能源汽车产业的人才数量为 9.5 万人，其中本科生 6.2 万人，研究生 3.3 万人（如表 3.8 所示）。

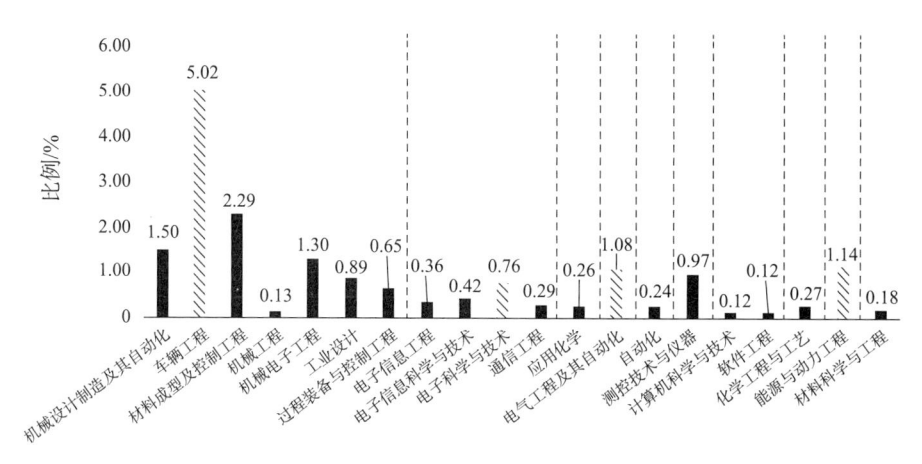

图 3.20　主要相关专业 1991—2017 届本科毕业生流入新能源汽车产业的比例

数据来源：北京纳人网络科技有限公司

表 3.8　2021—2025 年普通高校人才供给预测

单位：万人

年份	本科生 毕业人数	本科生 供给人数	硕士研究生 毕业人数	硕士研究生 供给人数	合计人数
2021	436.9	1.2	69.4	0.6	1.8
2022	452.2	1.2	72.5	0.6	1.8
2023	467.5	1.2	75.7	0.7	1.9
2024	482.7	1.3	78.9	0.7	2.0
2025	498.0	1.3	82.0	0.7	2.0
合计	2 337.3	6.2	378.5	3.3	9.5

2021—2025 年主要相关专业本科毕业生流入新能源汽车产业的人数预测如图 3.21 所示，其中，机械设计制造及其自动化、车辆工程、电气工程及其自动化是人才供给最多的 3 个专业。

（六）普通高等院校人才质量预测

世界正处于第四次工业革命的起点，数字化、全球化和超链接性革命将会影响所有学科的工作、问题、创新和解决方案。面向 2025 年乃至

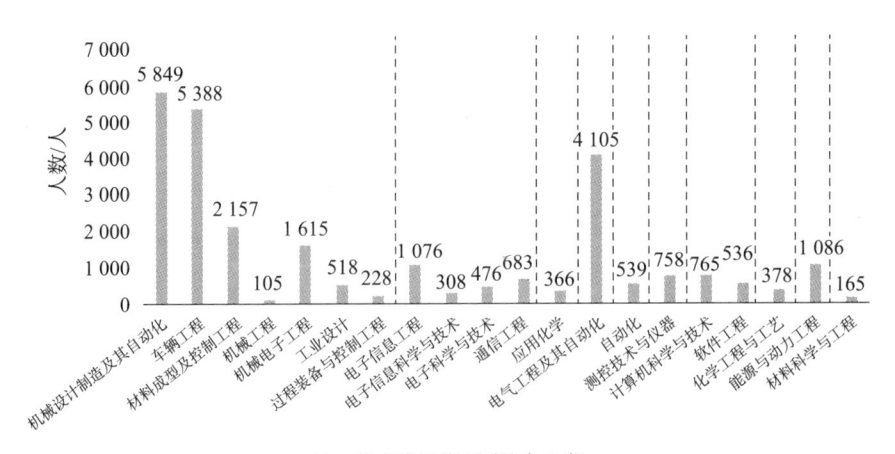

注：用虚线划分不同的专业类

图 3.21　2021—2025 年主要相关专业本科毕业生流入
新能源汽车产业的人数预测

2030年，高等教育要开放大学、开放教育、开放教学，要打开学校边界、学科边界、知识边界、学生边界、课堂边界，要推进学科交叉和深度融合，要以开放的眼光和姿态开展国际合作和产学融通。汽车领域人才培养必须抓住和把握大势，抓住汽车科技和工程教育的本质，专注于汽车工程领域核心知识能力的获取，以问题为导向，以需求为导向，以学科交叉和综合为特色，在课程体系建设上下功夫，走一条人才培养完全创新的道路，培养真正具有创新性的人才队伍。

二、职业院校人才供给分析

（一）职业院校相关专业建设情况

1. 职业院校相关专业设置情况

中等职业学校（以下简称"中职学校"）、高等职业学校（以下简称"高职专科学校"）和本科层次职业学校（以下简称"职业本科学校"）主要承担着我国汽车产业技能人员培养的重任。面向新能源汽车的发展需求,中、高、本三个层次职业学校均对接产业人才需求,开设新能源汽车相关专业,大力推动新能源汽车方向技能人员的培养。

通过对中职、高职专科、职业本科三个层次职业院校的新能源汽车相关专业和新能源汽车企业的调研,课题组整理出 233 所职业院校 362 份有效问卷,获得了新能源汽车技能人员的专业分布情况,同时结合新能源汽车企业问卷情况提炼出中职、高职专科、职业本科共计 21 个新能源汽车相关专业,其中强相关专业 10 个,中相关专业 11 个。为贯彻《国家职业教育改革实施方案》,加强职业教育国家教学标准体系建设,落实职业教育专业动态更新要求,推动专业升级和数字化改造,2021 年教育部对职业教育专业目录进行了全面修订,形成了《职业教育专业目录(2021 年)》。在调整后的专业目录中,新能源汽车相关专业(包含强相关、中相关专业)分布为:中职学校专业 8 个,高职专科学校专业 9 个,职业本科学校专业 4 个。这些专业分属于装备制造大类、交通运输大类、电子与信息大类 3 大专业类别(如表 3.9 所示)。

表 3.9 新能源汽车相关专业列表

教育层次	专业类	职业教育专业目录（2021）	职业教育专业目录（2019）	调整情况
中等职业教育新旧专业对照	装备制造大类（汽车制造类）	660701 汽车制造与检测	51700 汽车制造与检修	更名
		660702 新能源汽车制造与检测	53700 新能源汽车装调与检修	更名
		660703 汽车电子技术应用	51800 汽车电子技术应用	保留
	交通运输大类（道路运输类）	700205 汽车服务与营销	82800 汽车整车与配件营销	更名
		700206 汽车运用与维修	82500 汽车运用与维修	保留
		700207 汽车车身修复	82600 汽车车身修复	保留
		700208 汽车美容与装潢	82700 汽车美容与装潢	保留
		700209 新能源汽车运用与维修	83400 新能源汽车维修	更名

续表

教育层次	专业类	职业教育专业目录（2021）	职业教育专业目录（2019）	调整情况
高等职业教育专科新旧专业对照	装备制造大类（汽车制造类）	460701 汽车制造与试验技术	560701 汽车制造与装配技术	合并、更名
			560702 汽车检测与维修技术	
			560705 汽车试验技术	
		460705 汽车造型与改装技术	560704 汽车造型技术	合并、更名
			560706 汽车改装技术	
		460702 新能源汽车技术	560707 新能源汽车技术	保留
		460703 汽车电子技术	560703 汽车电子技术	保留
		460704 智能网联汽车技术		新增
	交通运输大类（道路运输类）	500210 汽车技术服务与营销	630702 汽车营销与服务	归属调整、更名
		500211 汽车检测与维修技术	600209 汽车运用与维修技术	合并、更名
			600210 汽车车身维修技术	
			600211 汽车运用安全管理	
		500212 新能源汽车检测与维修技术	600212 新能源汽车运用与维修	更名
	电子与信息大类（电子信息类）	510107 汽车智能技术	610107 汽车智能技术	保留

续表

教育层次	专业类	职业教育专业目录（2021）	职业教育专业目录（2019）	调整情况
高等职业教育本科新旧专业对照	装备制造大类（汽车制造类）	260701 汽车工程技术	760701 车辆工程	更名
		260702 新能源汽车工程技术	760703 新能源汽车工程	更名
		260703 智能网联汽车工程技术		新增
	交通运输大类（道路运输类）	300203 汽车服务工程技术	760702 汽车服务工程	归属调整、更名

注：1. 职业教育专业目录（2021）中深灰色为强相关专业，其他为中相关专业。

2. 调整情况中的"归属调整"是指对专业所属类别进行了调整，"更名"是指对原专业名称进行了更改，"保留"是指原专业名称保留不变，"合并"是指几个原专业合并为一个新专业，"新增"是指增设的新专业。

高职专科学校随着《职业教育专业目录（2021年）》开展了专业调整，制订新的人才培养方案，申报新专业。2021年高职专科学校新能源汽车相关专业备案情况如图3.22所示，居前4位的是汽车制造与试验技术、汽车检测与维修技术、新能源汽车技术、汽车技术服务与营销。

786　675　588　423　178　156　73　51　19

汽车制造与试验技术　汽车检测与维修技术　新能源汽车技术　汽车技术服务与营销　汽车电子技术　汽车智能技术　新能源汽车检测与维修技术　智能网联汽车技术　汽车造型与改装技术

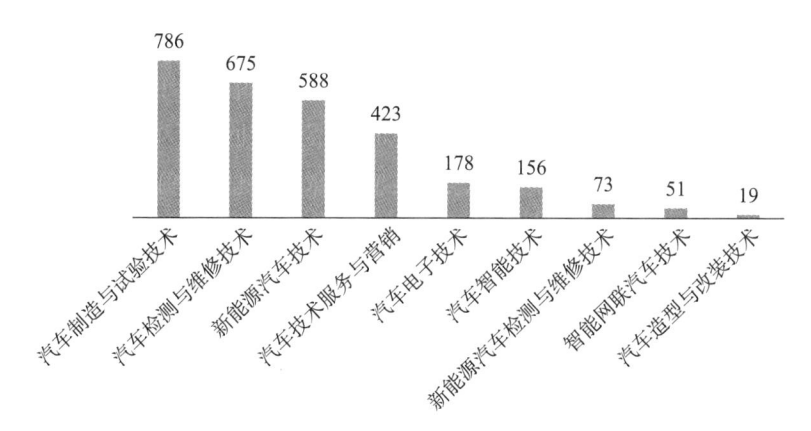

图3.22　2021年度高职专科学校新能源汽车相关专业备案情况（单位：所）

数据来源：全国职业院校专业设置管理与公共信息服务平台

2019年6月，教育部为落实开展职业本科学校试点，首次以"职业大学"命名批准了15所民办高职专科学校升格为职业本科学校，截至2021年10月共批准了32所职业本科学校。中共中央办公厅、国务院办公厅印发的《关于推动现代职业教育高质量发展的意见》明确提出主要目标："到2025年，职业教育类型特色更加鲜明，现代职业教育体系基本建成，技能型社会建设全面推进。办学格局更加优化，办学条件大幅改善，职业本科教育招生规模不低于高等职业教育招生规模的10%，职业教育吸引力和培养质量显著提高。到2035年，职业教育整体水平进入世界前列，技能型社会基本建成。技术技能人才社会地位大幅提升，职业教育供给与经济社会发展需求高度匹配，在全面建设社会主义现代化国家中的作用显著增强。"

2. 职业院校现有课程体系和支撑条件

（1）学时分析

新能源汽车专业的课程体系设计通常分类为3类：公共基础课程、专业课程、专业实践课程。公共基础课程，一般由学校公共基础课部门根据有关文件规定和本校实际情况开设。专业课程，一般每种课程设置6~8门，由专业所在院系设计。专业实践课程一般通过认识实习和岗位实习的方式开展。认识实习多是短时间到实习单位参观、观摩和体验；岗位实习多是在实习单位参与实际工作约6个月。公共基础课程和专业课程的总学时一般为2 500~2 800学时，并且两者学时按照一定比例进行设置，学校在修制订人才培养方案时完成对各类课程的学时、学分和开设学期的设计。

课题组对职业院校调查数据进行分析，得出总学时平均值为2 787学时，各类课程学时分布如图3.23所示，其中公共基础课程总学时占比27.6%，专业课程总学时占比43.2%，实践环节总学时29.2%，符合新能源汽车专业教育教学的特点和需求。

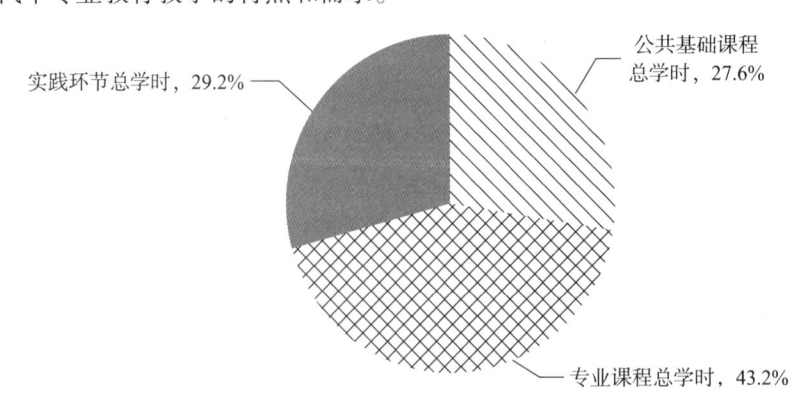

图3.23 各类课程学时分布

数据来源：中国汽车工程学会职业院校问卷调查数据

如图 3.24 所示，总学时中理论课程总学时占比 42.5%，实践课程总学时占比 57.5%，满足专业教学实践课程学时不低于总学时一半的要求。

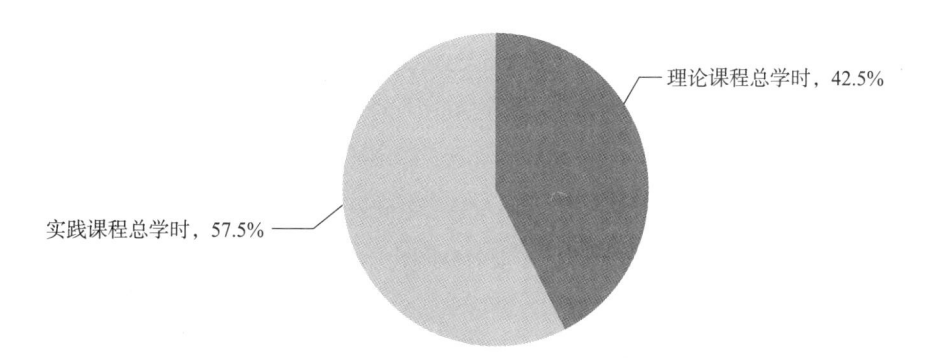

图 3.24　理论课程与实践课程学时分布
数据来源：中国汽车工程学会职业院校问卷调查数据

（2）教材分析

课程是实现人才培养目标的载体，课题组分析职业院校问卷数据，得出 7 门核心课程分别为：新能源动力电池及管理系统检修、新能源电机及控制系统检修、新能源汽车网络技术、新能源汽车电气技术、新能源汽车电工电子技术、新能源汽车综合故障诊断、新能源汽车技术概论。但课题组分析新能源汽车企业问卷得知，职业院校在课程设置和教学方面与企业岗位需求差异较大。近几年新能源汽车技术发展快，特别是在整车结构和控制逻辑方面变化很快，不同车型差异很大，职业院校现有的实训条件和师资力量跟不上，在新知识和新技能的教学方面有很大挑战。

课题组调研新能源汽车技术专业教材使用情况和编写情况，以了解该专业在教材改革方面的发展方向和实施情况（如图 3.25 所示）。仅有 10.3% 的职业院校编写并出版了"十二五"和"十三五"职业教育国家规划教材；有 44.8% 的职业院校反馈正在筹划或已完成部分新形态教材编写（注：有新型活页式教材、校企合作开发教材、新型工作手册式教材 3 种）；尚未编写教材和不清楚是否会编写教材的职业院校达 44.9%，说明职业院校在自主教材的编写上投入力度、重视程度较弱。

从职业院校对新能源汽车专业的教材使用评价来看，参与调查的职业院校在教材选用上主要以国家规划教材和精品教材等优秀教材为主。多数职业院校反映，现有新能源汽车专业教材可选择性不高，很难与本校教学内容和实训条件匹配使用。职业院校鼓励教师编写和使用更符合本校教学

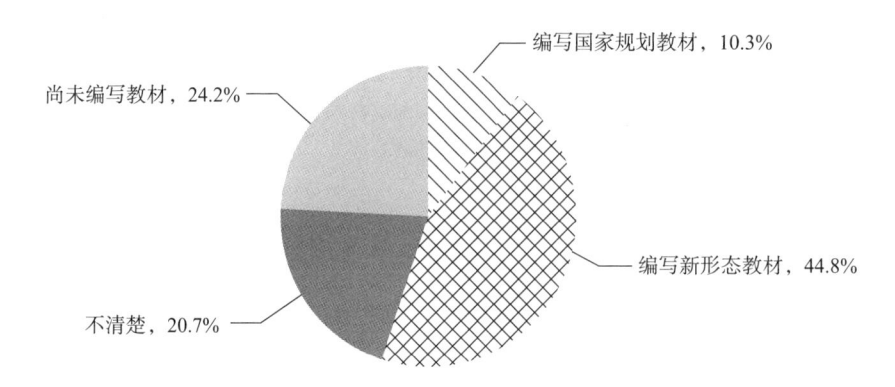

图 3.25　职业院校新能源汽车技术专业建材编写情况

数据来源：中国汽车工程学会职业院校问卷调查数据

需求的新形态教材，以提高教材的使用效果和质量。由此可见，未来职业学校有可能将加大在教材改革上的投入力度。

开发岗位需求的优秀教材对赋能高素质技能人员培养意义深远。新形态教材是以纸质教材为核心，数字化资源、数字课程开发应用相结合的新型教材，不仅在解决传统教材更新不及时的老大难问题上取得成效，而且有效服务于线上教学、混合式教学等新型教学模式，推进新技术、新模式、新工艺融入教材内容。多样化教学活动的融合，提升了学生参与度，提高了教学效果。

（3）师资分析

课题组对职业院校新能源汽车专业专任教师情况进行分析，结果显示，"双师型"教师占比为89.1%，"双师型"教师占比已远超出专业教学标准（专业教学标准规定"双师型"教师占比不低于60%）。同时职业院校反映新能源汽车专业对教师综合素质要求比传统汽车领域要求更高。

对专任教师的职称分布进行分析，结果显示，正高级职称占比6.7%，副高级职称占比27.5%，中级职称占比45.2%，初级职称占比20.6%，可以看出专任教师在职称上多以中级职称和副高级职称为主（如图3.26所示）。

分析专任教师的学历分布，结果显示，博士研究生占比5.1%，硕士研究生占比65.6%，本科占比23.7%，专科占比5.6%。专任教师的学历以硕士研究生为主（如图3.27所示）。

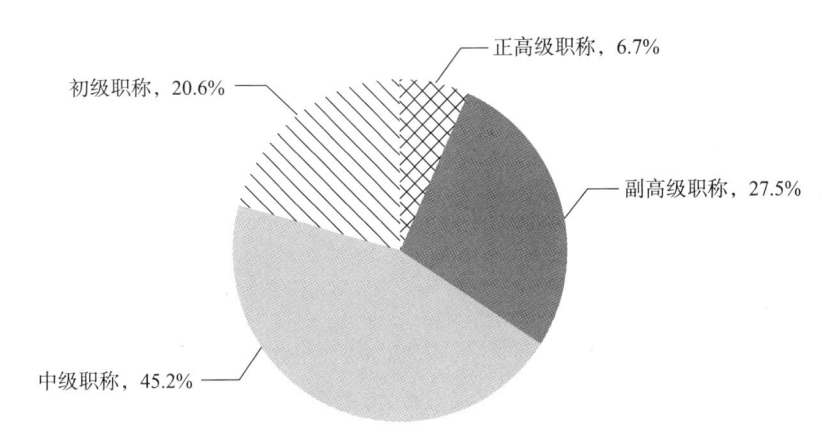

图 3.26 专任教师的职称分布

数据来源：中国汽车工程学会职业院校问卷调查数据

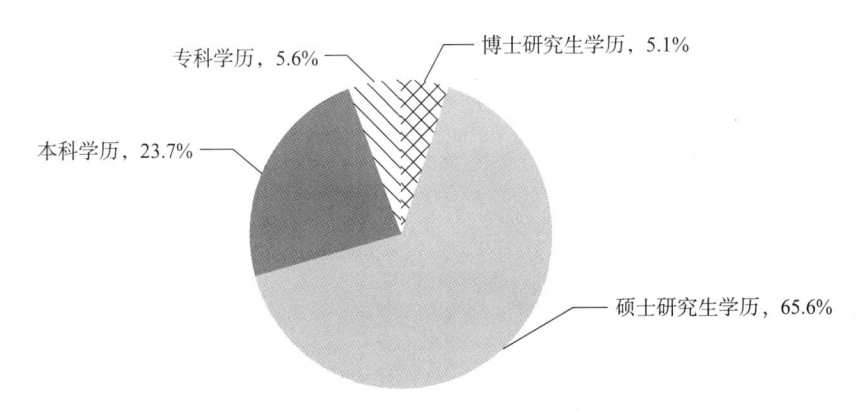

图 3.27 专任教师的学历分布

数据来源：中国汽车工程学会职业院校问卷调查数据

课题组将专任教师的主要教学领域分为传统汽车、新能源汽车、智能网联汽车和其他 4 个领域。其中传统汽车领域专任教师占比 37.6%，新能源汽车领域专任教师占比 35.7%，智能网联汽车领域专任教师占比 8.5%，其他领域专任教师占比 18.2%（如图 3.28 所示）。

（4）产教融合分析

职业院校在产教融合上一般会与院校所在地区的新能源汽车企业或职业教育培训公司开展校企合作项目，例如北汽新能源、深圳比亚迪、吉利汽车、小鹏汽车、上汽通用汽车 ASEP 校企合作项目等。

在本次调查中，有 86.2% 的职业院校已开展产教融合，13.8% 的职业

其他领域，18.2%

智能网联
汽车领域，8.5%

传统汽车领域，37.6%

新能源汽车领域，35.7%

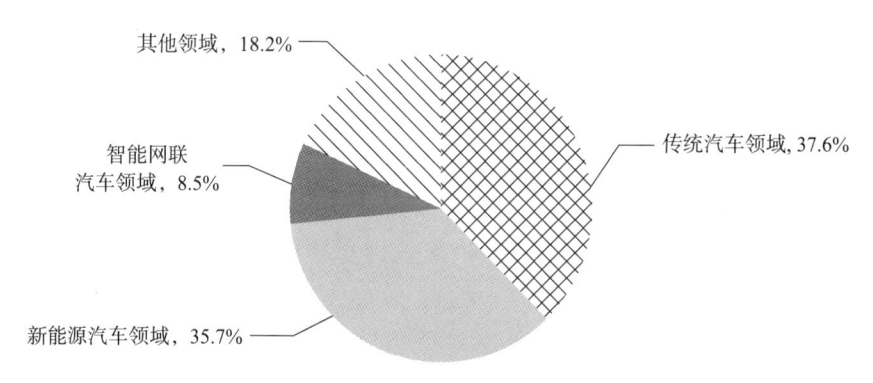

图 3.28　专任教师的教学领域分布

数据来源：中国汽车工程学会职业院校问卷调查数据

院校未开展产教融合。

职业院校开展产教融合的形式一般有产业学院、订单班、工学交替（现代学徒制）和社会服务等 4 种。职业院校在新能源汽车专业中开办产业学院的有 11.3%，开设订单班的有 58.5%，开展工学交替（现代学徒制）的有 22.6%，参与社会服务的有 7.6%（如图 3.29 所示）。由此可见，新能源汽车专业虽然建有产业学院，但仍以订单班为主，产教融合不深入。

社会服务，7.6%

产业学院，11.3%

工学交替（现代学徒制），22.6%

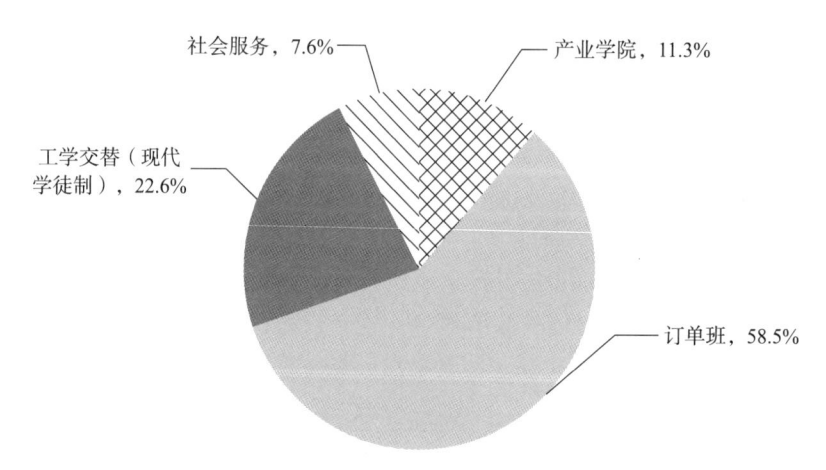

订单班，58.5%

图 3.29　职业院校新能源汽车专业开展产教融合的形式

数据来源：中国汽车工程学会职业院校问卷调查数据

（5）实训基地分析

对职业教育而言，除上述分析的课程、教材、教师外，实训基地的建设情况也会影响到学生的培养质量。职业院校一般将实训基地划分为校内实训基地和校外实训基地。

校内实训基地又根据其面积和设备价值分为实训中心和实训室,主要用于专业课程教学和日常实训;校外实训基地主要用于强化学生的实践技能。

课题组整理了职业院校新能源汽车专业校内实训基地情况(如表3.10所示),可以看出职业院校在新能源汽车专业校内实训基地的建设和投入力度均高于传统汽车专业,这将有助于新能源汽车技能人员的培养。

表3.10 职业院校新能源汽车专业校内实训基地情况

实训基地类型	建设数量/个	总实训面积/平方米	设备总值/万元
传统汽车综合实训中心	4	4 300	1 970
传统汽车实训室	17	2 820	745
新能源汽车综合实训中心	7	7 800	4 664
新能源汽车实训室	51	8 140	4 985
智能网联汽车实训室	1	100	60

数据来源:中国汽车工程学会职业院校问卷调查数据

课题组对职业院校新能源汽车专业的校外实训基地情况进行了整理,发现所有校外实训基地均在开展毕业综合实践(顶岗实习)活动,其中10.8%的校外实训基地同时开展了工学交替(现代学徒制)活动。职业院校对校外实训基地的培训结果较为满意。

(二)职业院校相关专业人才培养方案典型案例

为满足新能源汽车产业发展对技能人才的需求,职业院校相关专业不断开展专业改革创新,提高人才培养质量,课题组对其中相关专业较为典型的人才培养方案进行了分析总结。

1. 高等职业学校人才培养方案典型案例

2012年,深圳职业技术学院在汽车电子技术专业下设立了电动汽车技术方向。2017年,为满足汽车产业转型升级的发展需求,在电动汽车技术方向基础上正式开设新能源汽车技术专业,并于2018年招生。2019年,按照"专业基础相通、技术领域相近、工作岗位相关、教学资源共享"的组群原则组建了"新能源汽车技术专业群",服务汽车产业转型升级对

"新汽车人才"的需求（如图 3.30 所示）。

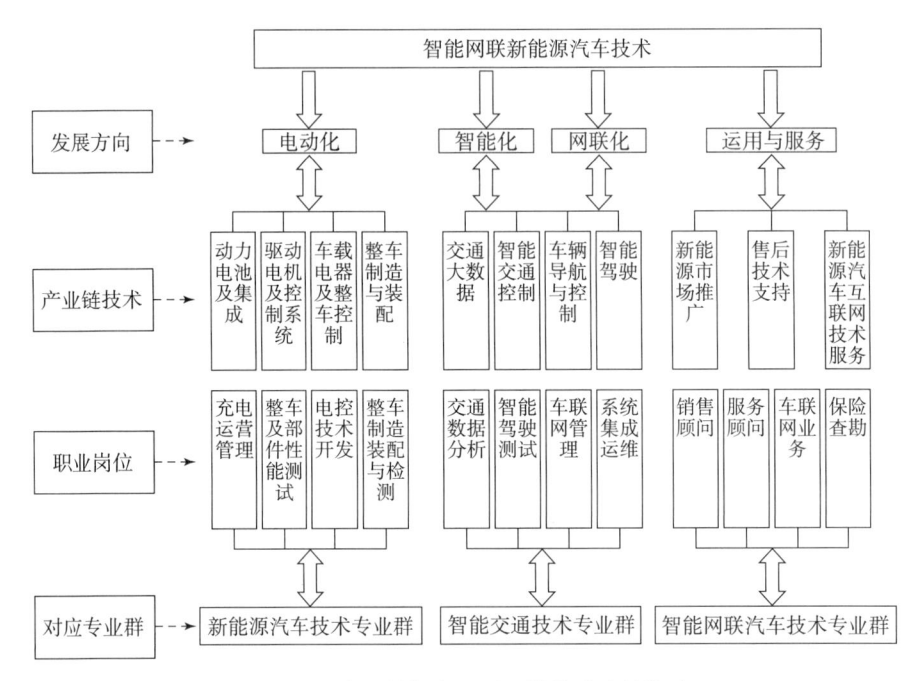

图 3.30　产业链与专业群、岗位群映射关系

新能源汽车技术专业群共建共享基础技能课程模块和专业方向课程模块，各专业根据岗位能力需求从专业群模块化课程体系中选择课程模块，并根据市场需求和产业发展动态调整课程模块内容（如表 3.11 所示）。

表 3.11　新能源汽车技术专业群模块化课程体系

序号	课程模块	方向	新能源汽车技术	智能交通技术运用	汽车运用与维修技术
1	专业通识教育模块	专业群基础	●	●	●
2	新能源汽车基础模块		●	●	●
3	智能网联技术模块	网联化	◐	●	◐
4	电控技术模块	电动化	●	◐	●
5	智能驾驶模块	智能化	◐	●	◐
6	车联网服务模块	共享化	◐	●	●

注：●为全部选择；◐为部分选择。

专业核心课程保持对接最新行业企业技术标准、X 证书考核内容、技能竞赛内容，紧贴岗位实际工作过程。校企融合推进专业主干课程"金课"建设，共同制定更新课程标准，并有机融入"思政元素"。聘请企业一线专家参与讲授专业课程，及时将新技术、新工艺、新规范纳入专业课程教学。每年建设 2~3 门"金课"，其中至少 1 门与优质合作企业共同开发完成，并匹配高质量的企业资源。

为打造高水平结构化师资团队，由比亚迪股份有限公司副总担任首席顾问，柔性引进了比亚迪技术负责人担任专业带头人，全面引领专业的内涵发展和建设，提升专业的整体应用研究水平。专业群骨干教师参与全国高水平的前沿技术培训、教学能力培训以及国际交流，青年教师参加教学能力的培训及比赛。瞄准新能源汽车技术行业教学需求，从企业引进该领域的杰出人才，通过兼职上课、企业导师、互教互学等方式发挥企业技能人才作用，打造本领域技术技能大师高效聚集中心。通过名师带徒弟等方式，开展高技能人才技术技能培训，打造新能源汽车高技能人才培养基地。与比亚迪共建"双师型"师资工作站，推动企业技术骨干与专任教师的双向流动，打造了一支定期研修、协同研究、深度合作的技能型教师人才队伍。

以共建、共享、开放的建设理念为指引，充分应用现代信息化教育技术，全面推进专业教学资源库、网络课程、慕课、SPOC 课程等信息化教学资源建设，打造丰富优质的专业信息化课程资源体系。联合比亚迪以企业项目及任务开展新型活页式、工作手册式教材开发，融入视频、动画、VR 等丰富的数字化教学资源。

依托现有校外实训基地，选拔优质企业进行重点培育打造，校企合作推行面向企业真实生产环境的任务式实践教学。与比亚迪合作创建特色产业学院"比亚迪应用技术学院"，依托比亚迪真实生产环境，基于"共建、共用、共享"原则，配置新能源汽车整车、专用检测设备和工艺训练等教学设备，深入推进"比亚迪新能源汽车技术应用及推广实训中心"建设，建成极具特色和影响力的产教融合型校外实训中心，支撑专业在新能源汽车技术方面的实践教学以及深圳新能源汽车技术应用推广及培训服务。

新能源汽车技术专业现有在校生 8 个班 193 人。2021 届毕业生毕业率和就业率均达到 100%，专业对口率达到 85%，就业满意度达到 92%，龙头企业就业占比达到 24%，有 12 名毕业生入职比亚迪助理研发工程师岗位。

2. 中等职业学校人才培养方案典型案例

2020 年，福建工业学校开设新能源汽车制造与检测专业，并与汽车运用与维修专业、汽车车身修复专业、汽车服务与营销专业组建了"汽车运用与维修专业群"，面向新能源汽车产业（链）汽车装调、维修、售后及营销岗位群。

按照"文化育人课程＋专业基础课程共享，专业核心课程分立，技能方向课程互选"原则，优化专业群课程标准，构建适宜"四适配双循环"专业群人才培养模式的课程体系。以专业技能培养为导向对专业课程进行理实一体化整合，对"1＋X"证书课程、企业技能认证课程、技能方向互选课程进行模块化改造，专业群内各专业针对性选择学习模块，实现分类教学。授课模式由一位教师授课向多位教师授课转变，形成"一课多师"教学团队，提高教学质量。

立足岗位，构建"五岗四融"（教育教学岗、企业培训岗、技能竞赛指导岗、"1＋X"证书培训岗、教学研究岗，产教融合、赛教融合、证教融合、研教融合）教师培养培训体系，着力提升教师实践能力和专业教学能力。聘请行业企业高端技术人才和管理人员担任企业导师，引导企业大师带项目进校建工作室和参与制定专业人才培养方案，学校派遣教师到企业实践锻炼，专任教师"强技"训练，兼职教师"琢艺"提升，优化专兼互补结构。

专业借鉴德国"双元"育人理念，引企入校，按照共商、共建、共享原则，建设宝马集团 BEST 福州培训基地、上汽大众 SCEP 福建培训基地、奔驰项目培训基地、上汽通用 AYEC 项目基地、东南汽车校企合作基地，形成产、学、研、培、创人才培养一体化格局。把企业生产项目融入教学全过程，构建"以理论教学为指导，实训教学项目内容与岗位工作内容和职业能力相对接"的教学体系。突破生产运营模式与教育教学规律相结合的瓶颈，逐步形成"开放性、生产性、专业性"实践课程特色。专业群现有在校生 1 241 人，年均毕业生达到 450 人，升学占比 66%，就业占比 34%。就业率达到 98%，专业对口率达到 80%，就业满意率达到 95%。

3. 特色产业学院人才培养方案典型案例

2019 年，淄博职业学院联合北汽新能源、一汽大众、上汽通用等行业领军企业共建了"鲁中新能源汽车产业学院"，打造集双师团队、人才培养、技术应用、社会服务、创新创业等功能于一体的"产学研训创"高水平产教融合平台（如图3.31所示），深度服务产业转型升级，强力赋能区域新能源汽车产业集群高质量发展。

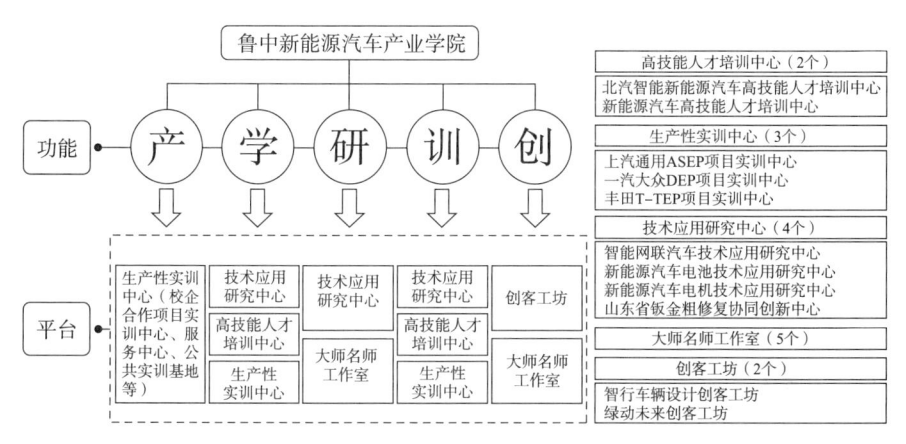

图 3.31　鲁中新能源汽车产业学院产教融合平台

实施理事会指导下的院长负责制治理模式，下设"5部3中心"，通过制定章程、议事规则、绩效考核等系列配套制度，明晰机构职能，细化岗位职责，落实优绩优酬与追责问责并重的奖惩激励机制，激发产业学院办学活力。

引入上汽通用等行业领军企业新技术、新工艺、新规范和专业教学、人才培养、师资培训、岗位技术、技能认证等制度标准，校企共同开发典型工作项目的模块化课程与活页式、工作手册式教材。全面推行面向企业真实生产环境的任务式培养模式，实现技能训练与工作岗位精准对接，共同培养具备丰富基础知识、多样化技能和创新能力的高素质复合型技能人员。特聘俄罗斯自然科学院外籍院士为专业群顾问，引进全国技术能手、泰山领军人才为专业群带头人，引进行业企业技术专家、技能大师、首席技师等充实专业群高层次人才队伍。培育"双师双能"教学骨干教师开展教学研究和科技服务，培育技能大师和教学名师作为教学研究和科技服务项目的负责人。

依托技术应用研究中心、大师工作室，特聘院士、全国技术能手等专家组建技术研发团队，联合合作企业、科研院所开展科技攻关，聚焦新能源汽车产业发展方向，开发企业实践创新项目，推进成果转移转化，助力区域新能源汽车行业转型升级。获授权专利20余项（发明专利5项），公开发表SCI/EI、中文核心期刊等论文30余篇，获批省级教科研项目4项，成果转化产生经济效益1亿余元。

多措并举促进创新创业教育与专业教育有机融合，构建社团活动、志愿服务、社会调研、科技服务、职业角色体验、企业实践等6类实践活动课程体系，实施全过程、全方位创新意识培养，将创新创业实践内容转化为大学生的双创作品，打通就业创业通道，实现学生多元化发展。学生参与企业实践率达到100%，一次性就业率达到98.7%，用人单位满意度达到98%以上。

（三）职业院校毕业生规模

对中职、高职专科、职业本科学校汽车人才培养现状的调查结果显示，绝大多数中职学校新能源汽车相关专业人才培养以升学为主，极少数学生选择就业或待业，中职学校汽车专业毕业生流入新能源汽车工作岗位的极少。课题组对31所职业本科学校进行调研，只有15所学校开设了汽车专业，估算在校生人数为1万人，尚无毕业生。职业本科学校主要有高职专科学校升格、独立学院转设、高职专科学校和独立学院合并转设3种形式。从教育部对本科层次职业教育试点的支持力度和职业本科学校的申报情况来看，未来职业本科学校的数量将持续增长并在近几年呈现爆发式增长。伴随中高本贯通培养发展，高职专科层次汽车专业学生会越来越多选择升学。

因此，课题组在研究职业院校新能源汽车相关专业人才数量供给上，将中职学校的毕业生全部看作升学至高职专科学校汽车专业的学生，不作为流入新能源汽车产业就业的人数。考虑职业本科学校新能源汽车相关专业在校生规模小且尚无毕业生，也不统计其流入新能源汽车产业就业的人数。因《职业教育专业目录（2021年）》对新专业调整较大，本课题将综合与新能源汽车相关的9个高职专科专业[①] 2017—2020年在校生规模和应届毕业生规模，采用平滑指数预测方法来预测新能源汽车相关专业总供给量，涉及原合并专业或更名专业的以合并专业进行计算。高职专科学校9

[①] 9个相关专业包括6个强相关专业，3个中相关专业，下文统称为相关专业。

个相关专业中有 8 个与销售和售后相关①，1 个与生产制造相关②。

根据高等职业院校人才培养工作状态数据采集与管理系统提供的数据，采用平滑指数预测方法，预测与新能源汽车销售和售后相关的 8 个专业毕业生人数如图 3.32 所示，2021—2025 年累计毕业生人数为 29.4 万人。与新能源汽车生产制造相关的 1 个专业毕业生人数如图 3.33 所示，2021—2025 年累计毕业生人数为 39.6 万人。

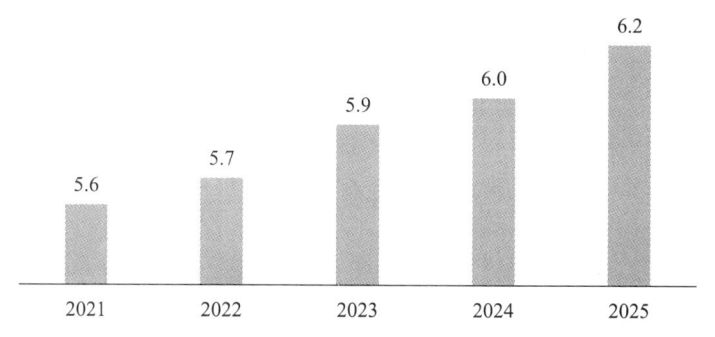

图 3.32　2021—2025 年高职专科学校与新能源汽车销售和售后相关专业毕业生人数（单位：万人）

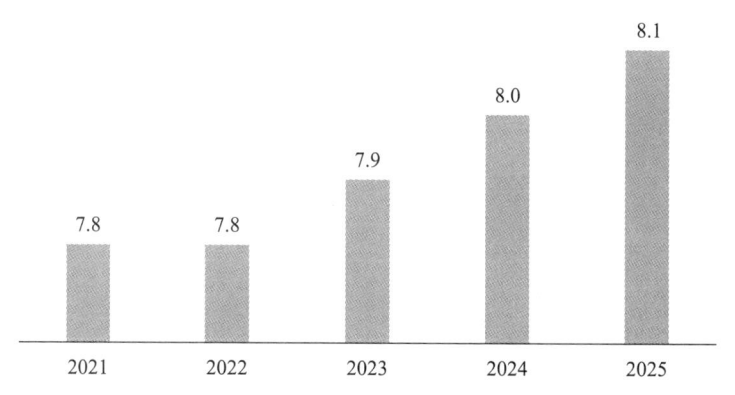

图 3.33　2021—2025 年高职专科学校与新能源汽车生产制造相关专业毕业生人数（单位：万人）

---

① 与销售售后相关的 8 个专业为汽车造型与改装技术、新能源汽车技术、汽车电子技术、智能网联汽车技术、汽车技术服务与营销、汽车检测与维修技术、新能源汽车检测与维修技术、汽车智能技术。

② 与生产制造相关的 1 个专业为汽车制造与试验技术。

（四）职业院校毕业生流入新能源汽车产业比例

调查数据结果显示，与新能源汽车销售和售后、生产制造相关的9个专业的高职专科毕业生流入新能源汽车产业的比例均为95%，其他专业的高职专科毕业生流入新能源汽车产业的比例为0.11%。

（五）职业院校人才供给预测

综合考虑毕业生规模和流入比数据，推测2021—2025年高职专科学校相关专业流入新能源汽车产业就业的人员数量为65.5万人（如表3.12所示），其中流入销售与售后领域的技能人员为27.9万人，流入生产制造领域的技能人员为37.6万人。

高职专科学校其他专业2021—2025年累计毕业生人数为1 874.9万人，累计流入新能源汽车产业的人数为2.1万人，其中流入销售与售后领域的技能人员为0.9万人，流入生产制造领域的技能人员为1.2万人。

表3.12　2021—2025年职业院校人才供给预测

单位：万人

年份	销售和售后相关专业毕业生人数	销售和售后相关专业毕业生供给人数	生产制造相关专业毕业生人数	生产制造相关专业毕业生供给人数
2021	5.6	5.3	7.8	7.4
2022	5.7	5.4	7.8	7.4
2023	5.9	5.6	7.9	7.5
2024	6.0	5.7	8.0	7.6
2025	6.2	5.9	8.1	7.7
合计	29.4	27.9	39.6	37.6

第四章 新能源汽车产业人才需求预测

一、人才需求预测研究基本思路

（一）预测的难点分析

新能源汽车作为战略性新兴产业，相较于燃油汽车，在核心技术、商业模式、产业生态等方面均有新需求和新变化，要对新能源汽车产业人才需求进行准确预测存在以下难点。

首先，新能源汽车产业边界存在模糊性。新能源汽车与燃油汽车相比，不只是动力技术切换，还带来新体验和新属性，形成新产业链和新核心能力。比如在加油和充电方面，汽车企业并不需要考虑加油问题，只负责设计油箱即可；而新能源汽车的充电问题，则是汽车企业需要考虑在内的。同时，新能源汽车又与燃油汽车产业存在新旧交叉重叠的领域，如何界定其归属，目前行业并无共识。

其次，新能源汽车相较智能网联汽车更为成熟，对预测精准性要求更高。新能源汽车产业发展历史长于智能网联汽车产业，产业成熟度更高，数据更多。因此，行业内外对新能源汽车产业人才需求预测结果的精准性也有更高的期待。

最后，可用数据的识别存在较大挑战。目前新能源汽车产业有很多历史数据，但大部分数据是基于整个汽车产业的，而且口径、标准不一，数据混杂程度高，需要对可用数据进行有效甄别才能使用。

针对新能源汽车产业人才需求预测的上述难点和瓶颈，课题组综合运用了定性与定量分析相结合的方法，确保新能源汽车产业人才需求预测结果的科学性和可靠性。

在定性分析方面，充分融入行业专家对新能源汽车产业发展前景的专业判断和系统剖析，对新能源汽车产业进行定性分析，讲清业务新变化、技术新内涵、岗位新需求和人才新特征，并基于新能源汽车产业的可能前景进行预期情境设计。

在定量分析方面，构建符合新能源汽车产业特色的多指标量化评价模型，定量预测产业人才需求的具体数量，并基于研究结果为产业未来发展提供关键岗位和紧缺人才的重要参考支撑。

（二）研究工作基本方法和思路

1. 产业人才需求预测的共性方法

对某个产业的人才需求进行预测研究有多重维度，其适用于不同的研究目标和诉求。按照研究目标的不同，产业人才需求预测通常可以分为人才结构预测、人才特征预测和人才数量预测三个维度，分别有不同的应用价值和研究方法。人才结构预测适用于新兴产业。新兴产业将产生新的人才需求类型，预测重点是分析相关产业人才结构的变化，一般采用定性分析方法。人才特征预测适用于新兴产业或发生了较大变化的既有产业，预测重点是识别人才胜任相关新工作所需的理念、能力和知识等，同样宜采用定性分析方法。而人才数量预测广泛适用于不同类型的产业，预测重点是构建量化分析模型，得到产业人才需求的具体数量，从而为行业和企业决策者提供重要参考依据，显然数量预测必须采用定量分析方法。

新能源汽车产业的人才需求与传统动力汽车差异明显。未来在碳中和目标下，新能源汽车必将持续发展和快速进步，并由此引发汽车产业人才结构与特征显著变化。可见，本研究同时涉及上述三个维度，即人才结构、人才特征和人才数量的预测，且三者存在关联。在具体研究中，必须先对人才结构和人才特征进行系统分析，确定新的人才类型及其基本内涵，这样才能保障人才需求数量预测的准确性。

2. 新能源汽车产业人才需求预测的方法

基于上述共性方法，本研究充分结合新能源汽车产业的自身特点展开，综合运用定性与定量分析，以人才结构与特征需求预测为支撑，以产业人才需求数量预测为核心，获得未来五年新能源汽车产业人才需求数量，并为产业岗位紧缺度及人才缺口等提供参考和依据。具体研究方法如下。

首先，定义新能源汽车产业的测算边界，确定产业人才需求类别和类型，明确产业人才结构。

然后，采集并分析企业调研问卷结果、权威研究报告和行业专家/学者观点，基于频次分析等方法进行人才特征识别，并采用加权计算方式筛选、提取、整合人才特征，构建新能源汽车人才的特征框架及画像。

最后，以新能源汽车产业人才结构和特征分析结果为支撑，构建三维多指标人才需求数量模型，应用该模型对新能源汽车产业人才需求数量进行定量预测，并基于此进一步分析岗位紧缺度、人才缺口和人才需求紧迫度。

3. 新能源汽车产业人才需求预测的基本思路

本研究的基本思路是基于汽车产业链视角，理清新能源汽车产业的"增量"内容，即新能源汽车产业相较于燃油汽车产业新增的业务、功能和技术，以此为基础，分析确定可以有效承载"增量"内容的产业人才结构和特征，进而预测产业人才需求数量。具体研究思路如下。

首先，基于汽车产业链视角梳理新能源汽车产业，界定研究中的产业边界，并对新能源汽车产业人才进行分类。

然后，挖掘新能源汽车产业与燃油汽车产业的区别，理清新能源汽车产业的"增量"内容，并剖析完成相关内容所需人才的特征，为后续的人才需求定量预测提供支撑。新能源汽车产业的"增量"内容主要有两类：一部分是指在燃油汽车产业原有业务的基础上进行电动化升级，这部分业务所需人才可由燃油汽车产业的相关人才进行适当"升级"后胜任；而另一部分则是指在车辆电动化过程中完全新增的业务，所需人才也是燃油汽车产业之外的新增人才类型，需要全新"培育"才能胜任。

最后，构建新能源汽车产业人才需求数量量化预测模型，输出产业人才需求数量的定量预测结果。

二、人才需求预测

（一）研发人员需求预测模型

人才服务于产业，而产业发展又会驱动人才需求增长，所以产业发展水平直接关系到人才需求数量。因此本研究预测模型的构建思路是：基于新能源汽车产业各个核心技术领域的发展水平来推算研发人员需求的具体数量。具体来说，将以动力电池、燃料电池、电驱动和使用/服务（车载电源）四大核心技术领域的发展水平，表征新能源汽车产业的发展水平；同时分析影响这四大技术领域发展的主要因素，形成预测其未来发展水平的多级评价指标体系；基于现有相关人才需求的调研结果，建立产业发展与人才需求之间的关联，最终完成对新能源汽车研发人员需求数量的预测。显然，科学选择评价新能源汽车产业核心技术领域发展水平的适宜指标，是本研究构建量化预测模型的关键。

课题组对影响技术领域发展水平的评价指标进行选择时，遵循代表性、全面性、独立性和可量化性原则，兼顾预测研究的系统科学性和操作可行性。在此前提下，选取了市场成熟度、技术驱动力和政策法规影响力作为一级评价指标，同时确定了各一级指标下的多项二级指标，以全面评价新能源汽车产业四大技术领域的发展水平。

基于前述基本思路和原则，本研究构建了三维立体的新能源汽车产业研发人员需求数量预测模型，如图 4.1 所示。

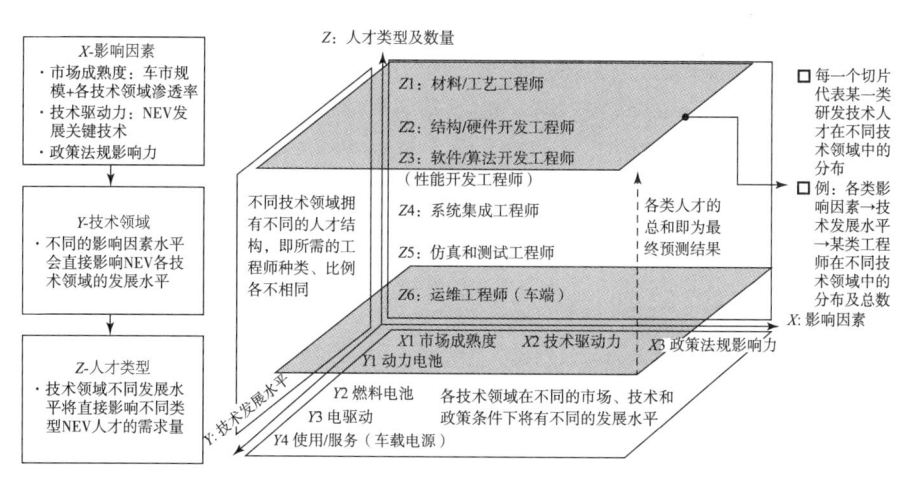

图 4.1　新能源汽车研发人员需求数量预测模型

三维预测模型中的 X 轴代表影响技术领域发展水平的各个因素，即市场成熟度、技术驱动力和政策法规影响力；Y 轴代表四大核心技术领域的发展水平，即动力电池、燃料电池、电驱动、使用/服务（车载电源）；Z 轴代表六种新能源汽车研发人员类型及其需求数量。

由此，XY 平面就构成了预测研究的基础，也就是基于各项影响因素即评价指标的不同得分，预测未来四大技术领域的发展水平。而在 Z 轴上的每类研发人员，均可与 XY 平面形成一个彼此平行的切面，每个切面分别代表在不同发展水平下，四个技术领域所需的该类研发人员的数量。显然，将六个切面的人才数量汇总，就可以得到新能源汽车研发人员的需求总量。此外，还可对 YZ 平面进行延展分析，得到不同类型研发人员在不同技术领域中所占的比例，这对产业发展也有参考价值。

具体的影响因素评价指标以及模型测试方法如图 4.2 所示。

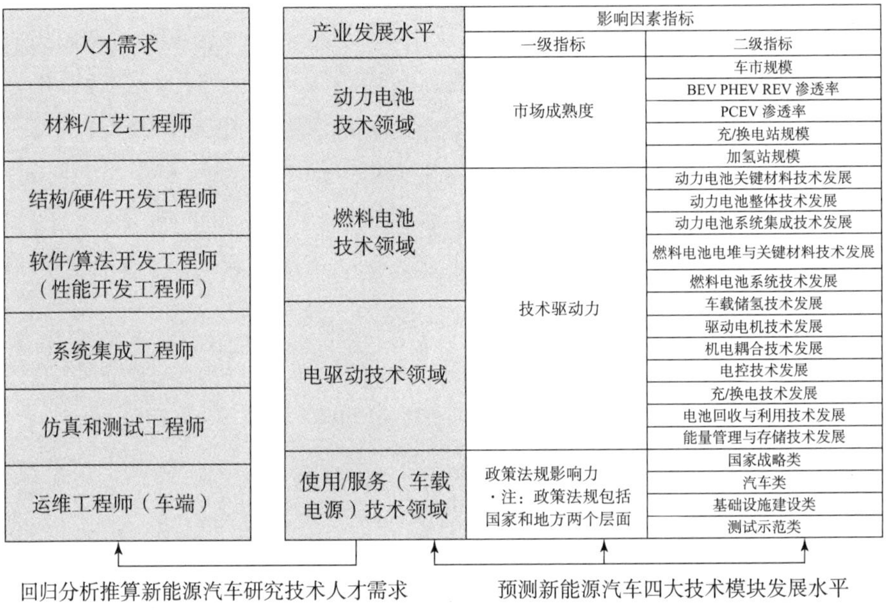

人才需求	产业发展水平	影响因素指标		
			一级指标	二级指标
材料/工艺工程师	动力电池技术领域	市场成熟度	车市规模	
			BEV PHEV REV 渗透率	
			PCEV 渗透率	
			充/换电站规模	
			加氢站规模	
结构/硬件开发工程师	燃料电池技术领域	技术驱动力	动力电池关键材料技术发展	
			动力电池整体技术发展	
			动力电池系统集成技术发展	
软件/算法开发工程师（性能开发工程师）			燃料电池电堆与关键材料技术发展	
			燃料电池系统技术发展	
			车载储氢技术发展	
系统集成工程师			驱动电机技术发展	
	电驱动技术领域		机电耦合技术发展	
			电控技术发展	
仿真和测试工程师			充/换电技术发展	
			电池回收与利用技术发展	
			能量管理与存储技术发展	
运维工程师（车端）	使用/服务（车载电源）技术领域	政策法规影响力 ·注：政策法规包括国家和地方两个层面	国家战略类	
			汽车类	
			基础设施建设类	
			测试示范类	

回归分析推算新能源汽车研究技术人才需求 　　　预测新能源汽车四大技术模块发展水平

图 4.2　新能源汽车研发人员需求数量预测模型的指标体系与计算方法

通过新能源汽车产业发展影响因素各项指标的得分，预测未来动力电池、燃料电池、电驱动和使用/服务（车载电源）四大核心技术领域的发展水平，再通过回归分析，建立各类研发人员与不同技术领域发展水平之间的关联，进而预测所需的人才数量。对于二级评价指标体系的权重矩阵，本研究采用德尔菲法，根据行业专家意见确定。

研发人员需求预测的具体过程是：以材料/工艺工程师为例，首先基于客观参考数据，确定市场成熟度、技术驱动力、政策法规影响力之下各项二级评价指标的分值，并通过所确定的权重矩阵，分别计算出动力电池、燃料电池、电驱动和使用/服务（车载电源）等核心技术领域的发展水平得分；同时，基于实际调研数据，通过回归拟合法确定各技术领域发展水平得分与材料/工艺工程师需求数量之间的函数关系；依此分别预测各技术领域所需的材料/工艺工程师数量；最终将四大技术领域所需的材料/工艺工程师数量求和，即可得到整个新能源汽车产业材料/工艺工程师的需求数量。按照同样的方法，可以依次获得六类工程师的需求数量，最后再求和获得新能源汽车产业研发人员需求的总量。

上述预测模型涉及大量数据，主要包括各类新能源汽车研发人员的历史数据，技术领域发展影响因素的表征数据以及技术领域发展水平影响因素指标的权重矩阵数据等。其中，人才历史数据主要基于本研究的企业调查问卷，进行分析处理后获得；技术领域表征数据主要依据行业政策文件、法规标准、学术论文和权威报告中的信息，并融入对不同影响因素所处发展阶段的专业判断，经分析和校验后确定；指标权重矩阵数据则是在参考相关文献资料的基础上，通过德尔菲法根据专家意见得到。

（二）技能人员需求预测模型

如图4.3所示，三维预测模型中的 X 轴代表产业链上不同模块发展水平的各个影响因素，即产业发展、生产效率和劳动力市场成熟度；Y 轴代表六大模块的发展水平，即电池、电机、电控、整车制造、销售服务和售后服务模块；Z 轴代表新能源汽车四类技能人员及其需求数量。

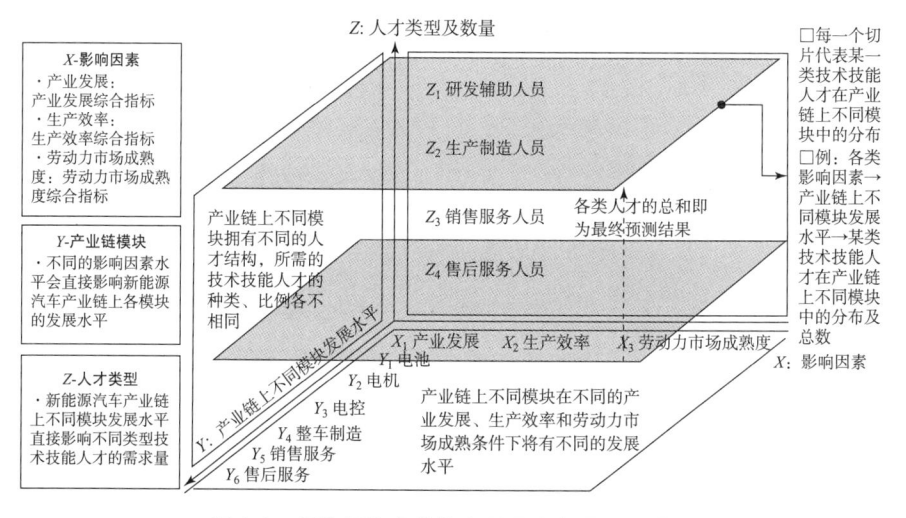

图4.3　新能源汽车技能人员需求数量预测模型

由此，XY平面就构成了预测研究的基础，也就是基于各项影响因素即评价指标的不同得分预测产业链上六大模块未来的发展水平。而在Z轴上的每类技能人员，均可与XY平面形成一个彼此平行的切面，每个切面分别代表在不同发展水平下，六个模块所需的该类技能人员的数量。将四个切面的技能人员数量汇总，就可以得到新能源汽车技能人员的需求总量。此外，还可对XY平面进行延展分析，得到不同类型技能人员在产业链上不同模块中所占的比例。

具体的影响因素评价指标如表4.1所示。

表4.1 新能源汽车技能人员需求数量预测的指标体系

人才需求	影响因素指标	
	一级指标	二级指标
研发辅助人员	产业发展	年新增投资数
		企业数
		消费者对产品认可度
		基础设施投资数（充电桩）
		产品渗透率
		市场渗透率
生产制造人员		产业链成熟度
		汽车年保有量
		汽车年产量
		汽车年销量
		新能源汽车年保有量
		新能源汽车年产量
销售服务人员		新能源汽车年销量
		政策法规影响（专家评价）
		新能源车行业就业总人数
	生产效率	技改投资
		总生产年限
		总累计产量
售后服务人员		人均产出

续表

人才需求	影响因素指标	
	一级指标	二级指标
售后服务人员	生产效率	平均订单履行周期
		生产线机器人占比
	劳动力成熟度	人均工资
		工资弹性
		分配率

通过新能源汽车发展影响因素各项指标的得分，本研究预测新能源汽车产业链上电池、电机、电控、整车制造、销售服务和售后服务六大模块的发展水平，再通过回归分析，建立各类技能人员与各模块发展水平之间的关联，预测所需的技能人员数量；采用德尔菲法，根据行业专家意见确定二级评价指标体系的权重矩阵。

技能人员需求预测的具体过程是：以生产制造人员为例，首先基于客观参考数据，确定产业发展、生产效率、劳动力成熟度影响力之下各项二级评价指标的分值，并通过耦合产业链上各模块的权重矩阵，分别计算出产业链上不同模块的发展水平得分。同时，基于实际调研数据，通过回归拟合法确定产业链上各模块发展水平与生产制造人员需求数量之间的数量关系，依此分别预测产业链上各模块所需的生产制造人员数量。最终将所有模块所需的生产制造人员数量求和，即可得到整个新能源汽车产业对生产制造人员的需求数量（如图4.4所示）。将各类人才需求数量求和，就获得了新能源汽车技能人员需求的总量。

（三）人才需求预测

1. 新能源汽车四大技术领域的发展度

基于前述建立的模型，课题组对新能源汽车动力电池、燃料电池、电驱动、使用/服务（车载电源）四大核心技术领域的发展度进行了分析预测，如图4.5所示。

从图中可以看到，新能源汽车产业四大技术领域的发展度均呈逐年快速增长趋势，特别是在2020年之后，四大技术的发展速度都有所加快。究

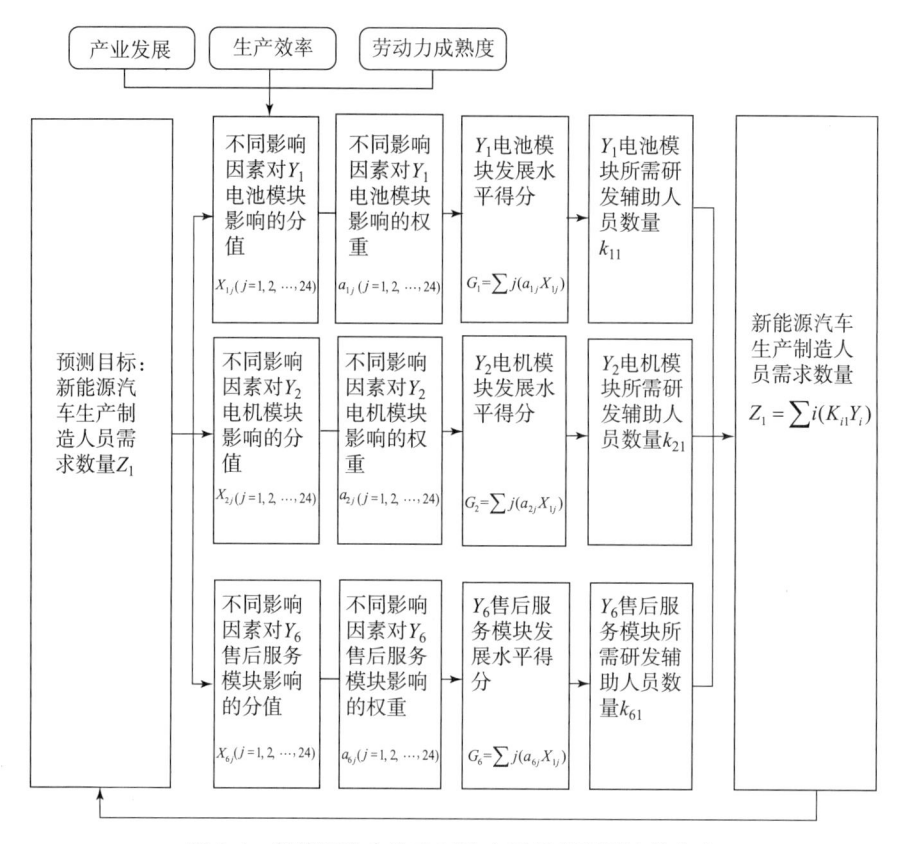

图 4.4　新能源汽车生产制造人员需求预测计算方法

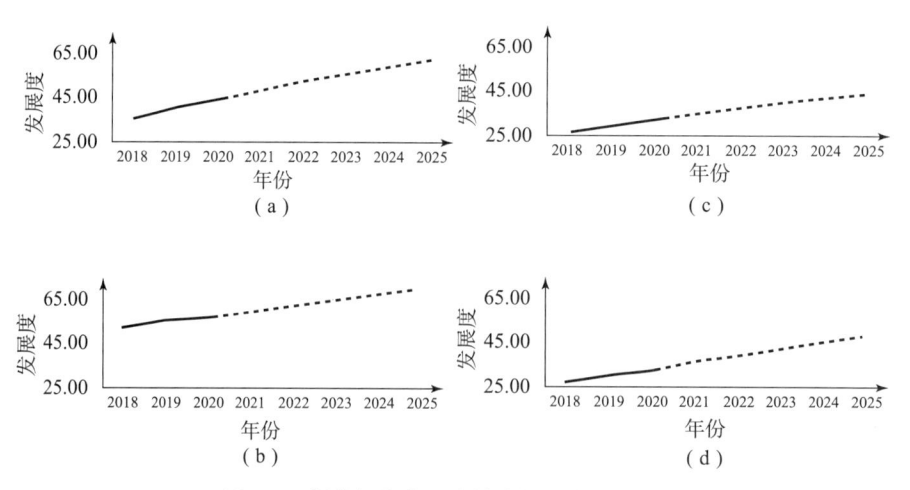

图 4.5　新能源汽车四大技术领域发展度预测

（a）动力电池技术模块；（b）燃料电池技术模块；
（c）电驱动技术模块；（d）应用/服务（车载电源）技术模块

其原因主要有两点：一方面，2020—2025 年新能源汽车技术将进入产业化密集应用期，渗透率会不断提升；另一方面，产业发展度在一定程度上与行业整体发展态势密切相关，而本研究以 2021 年之后中国汽车市场销量触底反弹、开始稳步回升为基准情境。此外，新能源汽车四大核心技术领域中，燃料电池技术的发展水平整体上相对滞后，动力电池后续发展速度相对更快。

2. 新能源汽车技术领域发展度与人才需求数量的对应关系

本研究对调研所得的大量人才相关历史数据进行梳理和清洗，并与相应年度的技术领域发展度进行线性回归拟合，确定新能源汽车技术领域发展度与研发人员需求数量的对应关系，作为预测未来人才需求数量的基础。

具体方法是：依据新能源汽车研发人员调研数据，得到 2018—2020 年新能源汽车各技术领域人才的在岗数量，同时根据调研得到的人才紧缺度信息，得到 2018—2020 年人才需求数量的历史数据。对应相应年份新能源汽车四大技术领域发展度的测算结果，通过线性回归拟合，确定新能源汽车技术领域发展度与研发人员需求数量的定量对应关系。以此为基础，预测未来新能源汽车研发人员需求数量。

3. 研发人员需求预测

基于人才现状和供需比例的调研结果，确定新能源汽车产业在岗人才数量：2018 年、2019 年和 2020 年分别是 11.2 万人、14 万人和 15.8 万人。结合"供需比例"，确定新能源汽车产业人才需求数量：2018 年、2019 年和 2020 年分别是 11.8 万人、15.1 万人和 16.6 万人。

根据四大技术领域的发展度及各类研发人员在其中所占的比重，预测得到新能源汽车产业各类研发人员的需求数量，如图 4.6 所示。可以看到，未来五年新能源汽车材料/工艺工程师、结构/硬件开发工程师、软件/算法开发工程师（性能开发工程师）、系统集成工程师、仿真和测试工程师、运维工程师（车端）需求数量均较大。其中材料/工艺工程师、结构/硬件开发工程师因所占比重较大，需求数量相对较大。

将上述六类工程师划分至新能源汽车四大核心技术模块，预测得到各模块的人才需求数量，如图 4.7 所示。可以看到，未来五年，新能源汽车产业四大技术领域的人才需求数量总体呈上升趋势。其中，动力电池领域和电驱动领域的人才需求数量较多，燃料电池和使用/服务（车载电源）领域的人才需求相对较少。

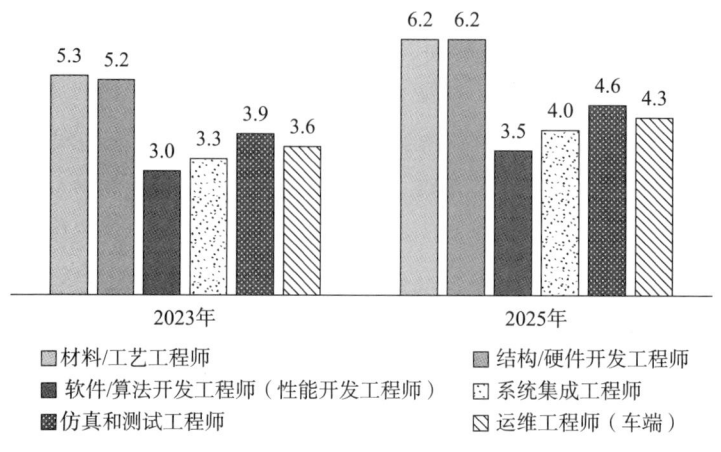

图 4.6　新能源汽车各类研发人员需求数量预测（单位：万人）

图例：材料/工艺工程师；结构/硬件开发工程师；软件/算法开发工程师（性能开发工程师）；系统集成工程师；仿真和测试工程师；运维工程师（车端）

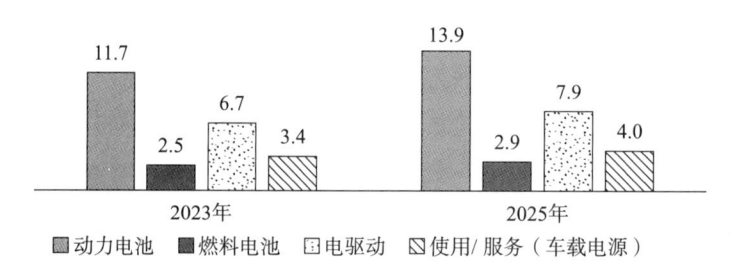

2023年：5.3、5.2、3.0、3.3、3.9、3.6
2025年：6.2、6.2、3.5、4.0、4.6、4.3

图 4.7　新能源汽车四大核心技术领域研发人员需求数量预测（单位：万人）

图例：动力电池、燃料电池、电驱动、使用/服务（车载电源）

2023年：11.7、2.5、6.7、3.4
2025年：13.9、2.9、7.9、4.0

经过模型量化预测，汇总获得新能源汽车研发人员需求数量的最终结果：2023年约为 24.4 万人，2025 年约为 28.7 万人，如图 4.8 所示；2020—2025 年的年均复合增长率约为 12.6%。

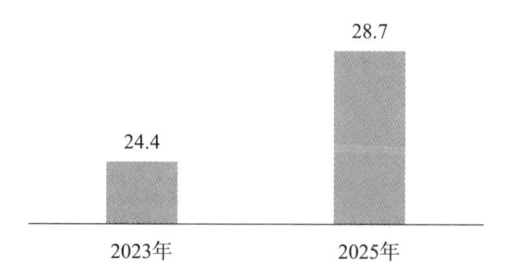

图 4.8　新能源汽车产业研发人员需求数量预测（单位：万人）

2023年：24.4
2025年：28.7

上述结果是基于新能源汽车产业发展的基准情境预测得到的。不过新能源汽车产业还处于成长期，后续发展存在较大的不确定性，相应的人才需求也会有较大的不确定性。为此，本研究采用情境分析方法，探讨不同市场、技术和政策条件下新能源汽车研发人员需求数量的变化，按照快速发展、稳步发展和缓慢发展三种情境展开分析。其中，快速发展情境是指汽车市场及新能源汽车渗透率超出预期快速发展，新能源汽车相关核心技术快速发展，政策法规体系促进激励产业发展。稳步发展情境即为前述预测采用的基准情境，是指汽车市场及新能源汽车渗透率稳步发展，新能源汽车相关核心技术稳步发展，政策法规体系与产业发展相匹配。而缓慢发展情境是指汽车市场低迷，新能源汽车渗透率增长缓慢，新能源汽车相关核心技术缓慢发展，政策法规体系滞后于产业发展。在三种发展情境下，新能源汽车产业核心技术的发展度有明显不同，如图4.9所示。

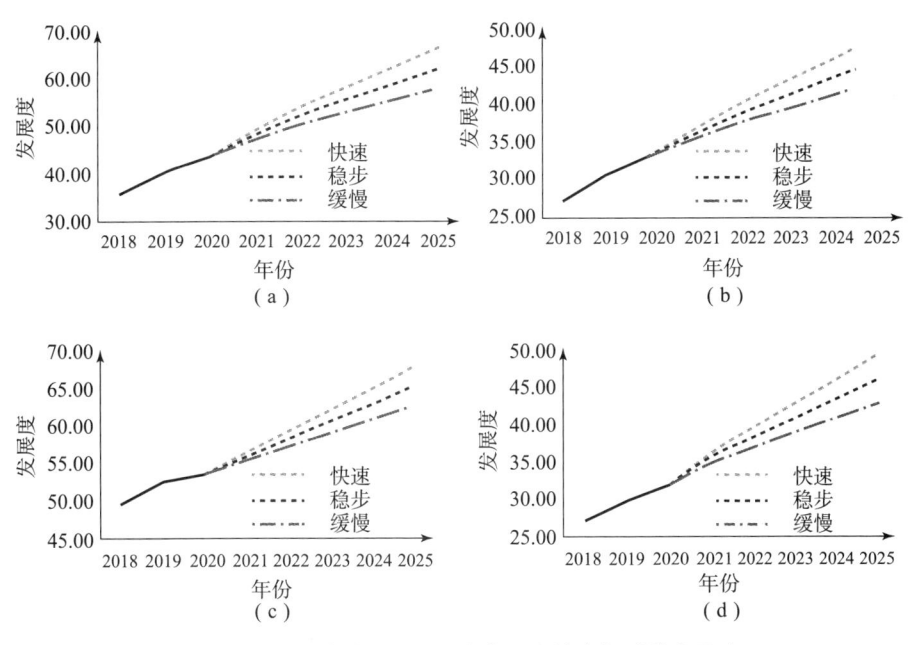

图4.9 不同情境下新能源汽车四大技术领域的发展度

（a）动力电池技术模块发展度情境分析；（b）燃料电池技术模块发展度情境分析；（c）电驱技术模块发展度情境分析；（d）使用/服务（车载电源）技术模块发展度情境分析

在缓慢发展、稳步发展和快速发展三种情境下，分别对新能源汽车研发人员需求数量进行预测，可得到未来新能源汽车研发人员需求数量的可能区间：其中，2023年为22.7万~26万人，2025年为26.1万~31.4万人，如图4.10所示。

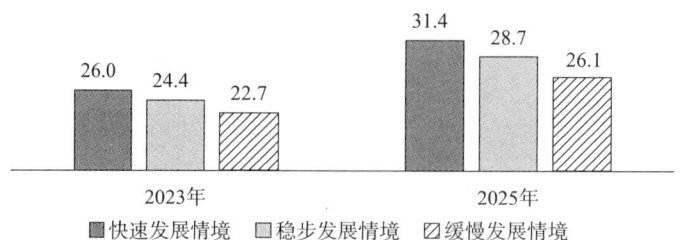

图 4.10　不同情境下新能源汽车研发人员需求数量预测（单位：万人）

4. 技能人员需求预测

根据新能源汽车产业链上六大模块发展度及技能人员在六大模块中所占的比重，在缓慢发展、稳步发展和快速发展三种情境下预测得到新能源汽车生产制造人员、销售与售后服务人员需求数量（注：研发辅助人员已包含在研发人员预测中），可以看到，未来各类技能人员的需求量都在增加，如图 4.11、图 4.12 所示。

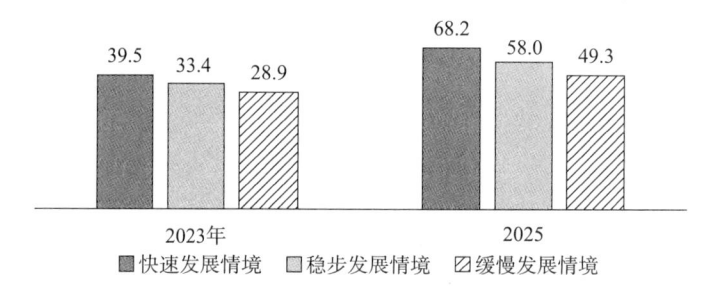

图 4.11　新能源汽车销售与售后服务人员需求数量预测（单位：万人）

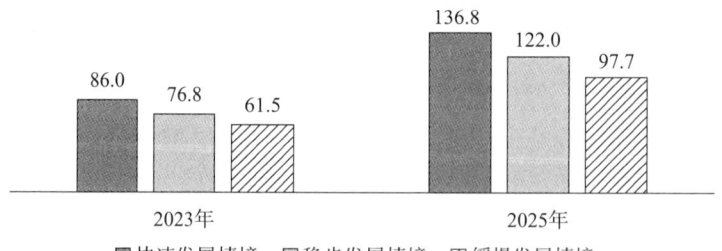

图 4.12　新能源汽车生产制造技能人员需求数量预测（单位：万人）

经模型预测，在缓慢发展、稳步发展和快速发展三种情境下汇总得到新能源汽车销售与售后服务人员的需求数量可能区间：其中，2023 年为

28.9万~39.5万人，2025年为49.3万~68.2万人。新能源汽车生产制造人员的需求数量可能区间：其中，2023年为61.5万~86万人，2025年为97.7万~136.8万人。

经过模型化预测，在缓慢发展、稳步发展和快速发展三种情境下汇总得到新能源汽车技能人员的需求数量可能区间：其中，2023年为90.4万~125.6万人，2025年为147万~205万人（如图4.13所示）。

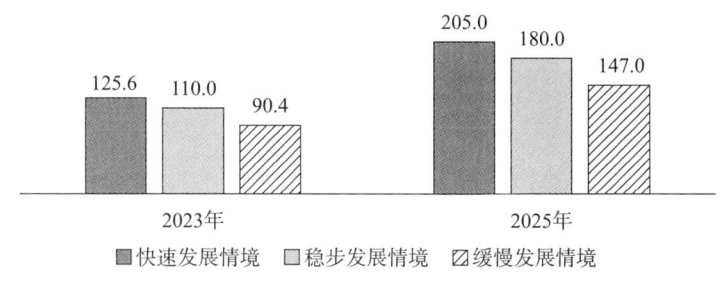

图4.13 新能源汽车技能人员需求数量预测（单位：万人）

三、人才净缺口预测

（一）研发人员净缺口预测

新能源汽车研发人员主要来源于公司社会招聘、内部转岗、校园招聘等。随着新能源汽车产业发展越来越成熟，社会招聘多集中在行业内部的成熟人才。企业内部转岗也是缓解人才紧缺的重要手段，据此推测到2025年新能源汽车人才供给来源主要为校园招聘和内部转岗。

根据教育部公开数据进行预测分析，预计2021—2025年本科毕业生约2 337.3万人，研究生约378.5万人。根据纳人提供的1991—2017届毕业生进入新能源汽车产业的数据，本科毕业生进入新能源汽车产业就业的比例约为0.264%，硕士研究生毕业进入新能源汽车产业就业的比例约为0.88%，计算2021—2025年本科毕业生累计流入新能源汽车产业的数量为

6.2万人，研究生毕业生累计流入新能源汽车产业的数量为3.3万人，总计9.5万人。2020年新能源汽车研发人员的存量为15.8万人，由于从业人员年轻化的年龄结构，退休人员数量占比非常低，并且考虑到新能源汽车产业研发人员离职后绝大多数仍在产业内就职，不会显著影响产业内研发人员数量，因此，退休、离职等原因对研发人员存量的影响可忽略不计，15.8万人作为存量结果。2025年模型测算人才需求为26.1万~31.4万人，稳步发展情境下的需求预测数据为28.7万人。企业问卷数据显示，企业新增技术人员中有8.2%来自内部转岗，约占校园招聘的1/4。每年校园招聘的人数约为2万人，据此比例推算，每年内部转岗人员约为0.5万人。因为新能源汽车研发人员与传统汽车研发人员的知识结构差异很大，且员工内部转岗以新成立新能源汽车企业或传统车企新设新能源事业部为主，随着新能源汽车行业逐步成熟且存量有限，企业内部研发人员转岗人数会越来越少，所以研发人员的转岗总人数只计算当年的转岗人数，即0.5万人。据此推测2025年新能源汽车研发人员的净缺口为0.3万~5.6万人，稳步发展情境下净缺口数据为2.9万人（如表4.2所示）。

表4.2 2025年新能源汽车研发人员净缺口预测

毕业生类型	2021—2025年毕业生数/万人	毕业生流入新能源汽车研发岗位比例/%	毕业生流入新能源汽车研发岗位数量/万人	内部转岗人数/万人	新能源汽车研发人员存量/万人	2025年新能源汽车研发人员需求量/万人	2025年新能源汽车研发人员净缺口/万人
本科生	2 337.3	0.264	6.2	—	—		
研究生	378.5	0.88	3.3				
缓慢						26.1	0.3
稳步	2 715.8	—	9.5	0.5	15.8	28.7	2.9
快速						31.4	5.6

（二）技能人员净缺口预测

新能源汽车技能人员主要来源于公司社会招聘、内部转岗、校园招聘。企业问卷数据显示，社会招聘占比44%，内部转岗占比11%，校园招聘占比45%。社会招聘多集中在行业内部，不影响新能源汽车技能人员的存量，到2025年新能源汽车技能人才供给来源主要为校园招聘和内部转岗。

2020年新能源汽车销售与售后人员存量为8.7万人。2025年新能源汽车按照缓慢、稳步和快速发展三种情境，技能人员需求量分别为49.3万人、58万人、68.2万人，职业院校毕业生累计流入新能源汽车产业销售和售后的人数为28.8万人。此外，第三章数据显示2021—2025年职业院校人才供给28.8万人，根据企业调查问卷数据，技能人员中来源于校园招聘的占比45%，内部转岗的占比11%，据此比例计算得到内部转岗理想值为7万人。但由于汽车总市场从2020年的2 531万辆增长到2025年的3 200万辆，由此而产生的新增人员需求，使传统车的销售、售后服务人员并不能实现内转到新能源汽车，因此，预测2025年，在新能源汽车发展缓慢、稳步和快速三种情境下，销售与售后服务技能人员净缺口分别为11.8万人、20.5万人、30.7万人（如表4.3所示）。

表4.3　2025年新能源汽车销售售后人员净缺口预测

专业类型	2021—2025年毕业生数/万人	毕业生流入新能源汽车技能岗位比例/%	毕业生流入新能源汽车技能岗位数量/万人	内部转岗人数/万人	新能源汽车技能人员存量/万人	2025年新能源汽车技能人员需求量/万人	2025年新能源汽车技能人员净缺口/万人
相关专业	29.4	95	27.9	—	—	—	—
其他专业	805.6	0.11	0.9				
缓慢	835	—	28.8	0[1]	8.7	49.3	11.8
稳步						58	20.5
快速						68.2	30.7

注：1. 因市场总量从2 531万辆到3 200万辆，本需要从传统车销售售后转化的7万人无法实现。

如表4.4所示，2020年新能源汽车生产制造人员存量为50.7万人，按照新能源汽车发展缓慢、稳步和快速三种情境，预测2025年人才需求量分别约为97.7万人、122万人、136.8万人，职业院校毕业生累计流入新能源汽车产业生产制造的人数为38.8万人。此外，综合多家典型企业调研结果，发现新能源汽车产业生产制造新增人员数量随新能源汽车生产数量和劳动生产率的变化而变化,其中生产制造新增人员中内部转岗人员的比例与新能源汽车渗透率基本一致。本研究预测2025年新能源汽车渗透率将达到31.3%,据此比例以及模型计算得到2025年较2020年新增72.7万人的生产制造人员,内部转岗理想值为22万人。同样,由于汽车总市场增长,新增人才需求总量不能支持传统车生产制造人员内部转岗到新能源汽车,预测2025年,在新能源汽车发展缓慢、稳步和快速三种情境下,新能源汽车生产制造技能人员净缺口分别约为8.2万人、32.5万人、47.3万人。2025年新能源汽车销售、售后和生产制造人员在缓慢、稳步和快速三种情境下,净缺口合计为20万人、53万人、78万人。

表4.4 2025年新能源汽车生产制造人员净缺口预测

专业类型	2021—2025年毕业生数/万人	毕业生流入新能源汽车技能岗位比例/%	毕业生流入新能源汽车技能岗位数量/万人	内部转岗人数/万人	新能源汽车技能人员存量/万人	2025年新能源汽车技能人员需求量/万人	2025年新能源汽车技能人员净缺口/万人
相关专业	39.6	95	37.6	—	—	—	—
其他专业	1 069.3	0.11	1.2	—	—	—	—
缓慢						97.7	8.2
稳步	1 108.9	—	38.8	0[1]	50.7	122	32.5
快速						136.8	47.3

注:1. 因市场总量从2 531万辆到3 200万辆,本需要从传统车生产制造转化的22万人无法实现。

中国汽车工程学会预计2035年新能源汽车渗透率将达到55.8%,依然没有达到成熟市场的发展程度。研发人员和技能人员需求依然有较大幅度的增长空间。

"2030碳达峰,2060碳中和",这个势在必行的目标将加速燃油汽车企业向新能源汽车企业的转型。预计到2030年,新能源汽车产业的技能人员需求总量将大幅提升,大批量的燃油汽车技能人员面临着技能转型的必然趋势。到2030年,智能制造技术带来的生产力水平进一步提高,将使新能源汽车产业生产制造技能人员的需求比例降低,而汽车智能化技术的快速发展,又将使新能源汽车成为消费者的一种智能化设备终端,围绕新能源汽车消费者的个性化、智能化服务的重要性和业务量都将大幅提高,由此新能源汽车服务端技能人员的需求比例将随之提升。与此同时，新能源汽车市场需求的快速增长也将带动上游动力电池需求的快速增长。根据彭博社预估，到2030年，全球动力电池需求将增长近20倍，带来对动力电池、计算芯片等配套技能人才的需求也将倍增。到2030年，新能源汽车与能源、交通、信息、通信等领域技术融合的进一步深入，对跨领域复合型技能人才的需求也将更加迫切。新能源汽车的智能化、数字化功能提升以及新的营销模式、销售模式和售后服务的新内容、新模式都将对技能人员提出更专业的技能要求，尤其对软件处理能力。未来，增强技能人员的专业技能，将成为新能源车企面临的挑战之一。

第五章 存在的主要问题和原因分析

一、研发人员存在的主要问题和原因分析

（一）研发人员缺口大及其原因分析

2020年新能源汽车从业人员总数约为96万人，其中研发人员约为15.8万人。目前新能源企业招聘呈现严重人才供给不足，尤其体现在研发人员上，某新能源头部企业表示新能源研发人员存在1 000人以上的缺口，占存量的6%。近几年造车新势力和互联网造车企业加入新能源汽车产业后，人才争夺战日趋加剧。从技术领域分析，燃料电池、动力电池、电机、电控中燃料电池相关岗位的紧缺度最高，电控相关岗位的紧缺度其次。按岗位族分析，尤其缺乏系统集成和软件/算法工程师，如电池系统集成工程师、电池性能开发工程师、BMS算法工程师、电机控制器算法工程师等多个岗位都属于紧缺岗位。领军人才的缺乏更加严重。

目标年度2025年新能源汽车产业研发人员需求约28.7万人。2021—2025年预计约有9.5万应届毕业生进入新能源汽车研发领域工作，内部转岗约0.5万人。在稳步发展情境下，2025年新能源汽车研发人员净缺口为2.9万人，净缺口数量约为2020年存量研发人员的18.4%，人才供给严重不足。2035年预计新能源汽车市场渗透率将达到55.8%，依然远远未到达成熟市场渗透率90%的阶段，因此研发人才需求还会比较旺盛。从高校的人才培养周期来看，目前调整课程设置等还是满足周期要求的。

人才供给不足的原因主要有以下三方面。

第一，由于产业爆发式增长，人才补给完全满足产业的需求需要较长时间。新能源汽车产业近10年来取得了长足的发展，产业培育期靠"NEV双积分"政策要求和财政补贴等政策拉动取得了显著的效果，成功地度过了市场占有率5%以下的市场培育期，已连续7年保持产销世界第一。2021年是产业快速发展的典型年度，2021年销售量增长到352.1万台，同

比增长160%，新能源乘用车市场渗透率达15.7%。据FISITA（世界汽车工程师学会联合会）终身主席、清华大学汽车产业与技术战略研究院赵福全院长预测，从产业发展规律看，市场渗透率超过15%就会实现爆发式增长。在此情况下，人才供给无法满足产业需求，特别是人才知识结构的变化。高校根据产业需求调整专业、新增课程和知识单元并培养出符合产业需求的毕业生需要较长周期。近年来已有26所高校设置了新能源汽车工程专业，高校正在逐渐做出调整，但还远远不够。新增的动力电池、燃料电池、电驱动系统技术领域的人才需要，目前主要从能源、化工、电力、机械制造等其他行业大量吸纳，这些人员经过培训，逐渐形成各企业稳定的人才队伍，但这也需要相对较长的周期。

第二，复合型人才供给不足。新能源研发人才的知识结构呈现复合型特征。从本科毕业生专业类分布看，研发人员主要来自机械类（34.4%）、电子信息类（10.3%）、电气类（7.4%）、自动化类（5.6%）、计算机类（4.9%）、仪器类（2.0%）、能源动力类（1.6%）、化工与制药类（0.8%）、材料类（0.6%）、化学类（0.5%）等。许多岗位要求高度复合型的知识结构，比如，燃料电池系统工程师（含集成、架构、设计等）既需要懂得机械类相关知识，又要了解化工类（电化学）相关知识，BMS软件工程师既需要懂得计算机类相关知识，又需要了解机械类、电气类、自动化类等相关知识。

高校和产业在复合型人才培养方面均需要进一步提升。一方面，知识结构需调整。个人问卷调研显示，目前新能源汽车产业只有13.8%的研发人员具有跨学科背景，表明目前高校的人才供给以专业型人才为主，具有复合型知识结构的人才培养不足，需要对车辆工程专业进行课程改造，增加知识单元，特别是产业需求较大的电化学、电磁学、高压电气、数字电路、模拟电路等。另一方面，入职培训无法满足需求。高校毕业生进入企业后，企业和行业也在做大量的"新四化"转型的在职培训，但由于培训内容繁杂，缺乏系统性、平台性，依然无法满足大量的人才需求。企业内部复合型人才培养需要通过项目锻炼、岗位轮换等多种培养方式共同配合才能实现。个人问卷离职原因分析显示，21.27%的员工由于缺乏学习机会选择离职，充分表明企业在内部人才培养上缺乏设计、培养能力不足，造成人才流失和复合型人才数量不足。

第三，无序的人才争夺战加剧了企业人才的困境。从研发人才的成长规律看,频繁的工作变动不利于知识的积累。新能源研发人员个人问卷结果显示离职率为33%,远远高于行业平均的12.8%。新能源产业爆发式增长使得造车新势力、互联网产业纷纷大量投资。造车新势力和互联网产业和传统汽车企业不同,追求快速成长和短周期内的投资回报率,因此人才政策也和传统汽车企业不同,高薪聘用、招来即用。传统汽车企业反映造车新势力和互联网造车企业部分紧缺岗位的薪酬能达到传统汽车企业同级别人员的2~3倍,有时传统汽车企业某些新能源研发团队整体被挖走。在研发工程师个人问卷的关注因素中,薪酬较岗位设置、晋升空间、团队氛围、工作时长、培训体系等其他因素占比更高。

(二)人才质量与行业需求有差距

人才质量包括知识结构和人才素质两方面。有关知识结构变化而导致的复合型人才数量和质量上的供给不足前面已做分析。

人才素质方面,研发人员的工程实践能力不足是长期困扰企业的重要问题。企业希望高校毕业生招来即能胜任岗位需求,而现实是要经过一年左右的在岗培训后才能开始正式承担研发工作。在调研中,企业对高校毕业生各能力维度中最不满意的就是工程实践能力,其次为知识体系,如图5.1所示。高校的实践类能力培养远远不能达到企业的需求。

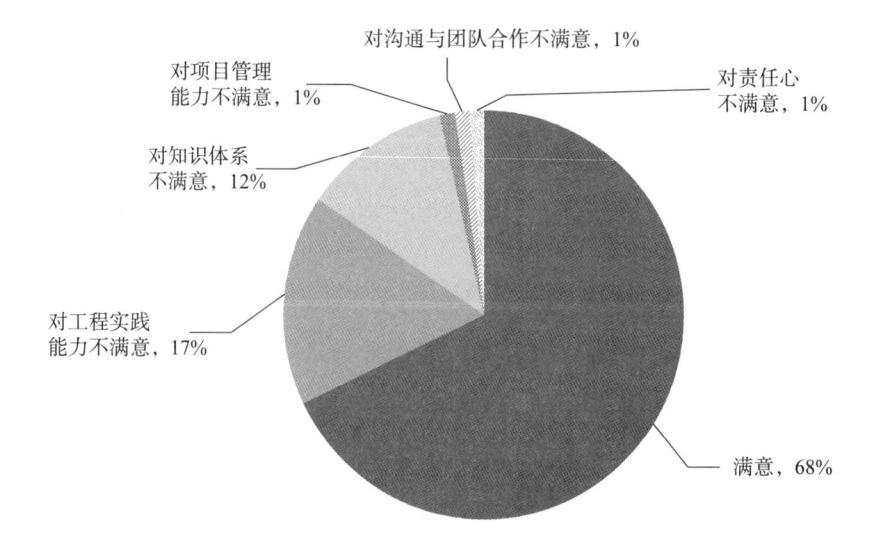

图5.1 企业对毕业生适应岗位的满意度

数据来源:中国汽车工程学会企业问卷调查数据

分析其原因，主要是高校的工程实践类课程（含企业实习）存在诸多问题。一是课程设置老旧，无法适应产业发展带来的知识结构变化，例如智能网联、新能源等行业最新技术趋势很少反映在实践类课程中。高校的工程实践类课程多年不变，以金工实习为例，绝大多数学校仍然在让学生做"小榔头"，这个实习项目至少有40年的历史，尽管做这个"小榔头"可以锻炼学生的多种技能，但是与新能源汽车产业发展的需求相比，显得过于陈旧，没有用数字化技术来引领教学，学生被训练的"能力"已经略显过时。二是现行教学方法缺乏改革创新。工程能力的培养需要启发式和研讨式教学，教学方法和测试方法都需要从知识记忆型向能力型转化，启发引导、圆桌讨论、企业实习、校企联合课题等都是行之有效的培养方式。特别要提出的是高校的各种专业赛事对提高工程实践能力作用巨大。三是高校大多受师资、经费、教具等各种教学条件制约，无法有效开展工程实践能力的培养。工程教育认证虽然对师资的工程实践能力提出了一定的比例要求，但还远远不能达到预期效果。教学经费投入不足，导致教学工具陈旧，台套数不足，尤其是智能网联和新能源的实训设备所需投入更大。四是实践课程学时不足。以英国考文垂大学为例，该校的许多工科专业都向学生提供1年或者1学期在工业界实习的机会。德国慕尼黑工业大学本科一年级需要至少8周的预科实习证明。国内高校实践类课程普遍存在实践课程形式多样，但是较为分散，且每次实践的时间都较短，内容多以参观为主，学生实际动手参与的项目少，远远达不到工程实践能力培养的要求。五是校企合作不充分，缺乏有效机制拉动企业积极投入高校的课程设置、教材编写、师资培养、联合育人等各个环节。一方面高校抱怨企业投入不足，另一方面企业抱怨高校育人无法满足企业需求，在人才需求端和供给端缺乏密切配合，导致人才供给无法呈现良性循环。

二、技能人员存在的主要问题和原因分析

2020年技能人员的存量数据约为59.4万人，其中生产制造人员50.7万人，销售和售后人员8.7万人。随着新能源汽车产销量和保有量的快速

增长，新能源汽车的生产制造、销售和售后服务人员的需求量也将跟随增长。按照稳步发展情境，预计2025年技能人员需求总量为180万人，其中生产制造人员的需求量为122万人，销售和售后人员的需求量为58万人。2021—2025年职业院校从事生产制造的毕业生总数约为38.8万人，人才净缺口约为32.5万人；职业院校从事销售和售后的毕业生总数约为28.8万人，人才净缺口约为20.5万人；技能人员总量供给不足。中国汽车工程学会预测，至2035年，新能源汽车渗透率达到55.8%，也依然没有完全成熟，技能人才缺口依然存在。如果汽车市场总量不增加，生产制造的技能人员、销售和售后的技能人员通过培训在数量上完全能实现部分转化人员需求，或许由于自动化率提高，需求反而会降低，但由于汽车总市场预计由2020年的2 531万辆上升到2025年的3 200万辆，新能源所需生产制造、销售和售后技能人才不能完全由传统车技能人员转化，而且汽车行业总体需求还会上升，故整体不足的现象依然会存在。

分析其原因：一是职业院校专业人才培养规模不足。现阶段，职业院校虽然有扩招政策，但普遍存在招生困难，新能源汽车相关专业整体实际报到学生数约占招生计划八成。二是薪酬原因，新能源汽车技能人员实习和就业的薪资待遇相对较低，平均薪酬低于房地产销售、快递员、送餐员等异业竞争岗位的平均薪酬，异业竞争导致技能人员流动加剧。因此新能源汽车技能人员稳定性差，人员留存率低，导致技能人员供给量少。三是技能人员的社会价值认可度普遍偏低，不利于激发技能人才长期稳定发展。现阶段，技能人员的职业荣誉感较低，企业认可度低，国家需要鼓励企业重视技能人员发展，形成有利于技能人员不断进步的企业和社会氛围，保障技能人员供给持续稳定。

第六章 对策建议

一、去冗重组，增加高相关知识单元课程

由于新能源汽车关键岗位需要知识快速更新迭代和多学科交叉融合，目前设在机械学科下的以传统机械原理为主要内容的车辆工程知识结构已呈现不适应汽车工程师工作需求的趋势，研发工程师需要的电化学、电磁学、高压电气、数字电路、模拟电路等课程或知识单元缺失。除新能源以外，智能网联研发工程师也呈现高度的知识复合型和跨学科的特点。未来可以论证将车辆工程升级为一级交叉学科，按照"新四化"的行业需求将计算机、电子信息、自动化、电气工程、化工等相关学科知识以车辆为轴心去冗重组。

汽车行业正处于智能化、绿色化、消费者需求转型升级的历史交汇期，能源从汽油到电动，到氢能等其他绿色可再生能源。数字化、网络化、智能化使车辆发生巨大变化，原有的机械传动已过渡到机电一体化，又到电动化。作为机械一级学科下二级学科的车辆工程的课程体系究竟应该如何重构？最基础的要素是哪些？例如，相机向数字化转化，光圈、快门、速度、构图是必不可少的核心要素，而车辆专业不可或缺的核心要素，包括相对应的基础课程，如汽车设计、汽车原理等本科一二年级通用知识教育阶段的基础课程，以及一些计算机、电子信息、化学与材料、自动化等专业方向课程。目前高校课程设置的难点是总学时限制和课程知识体系不断增加的矛盾，在过渡期可以以选修课来增加专业方向的课程，让学有余力的同学在学好专业核心课程的基础上选择专业方向，学习更多的交叉学科的课程。同时增加电化学、电磁学、高压电气、数字电路、模拟电路等行业亟需的课程，将目前在企业或行业中通过在职培训完成的知识补充尽量前置于高校阶段。

二、固本培元，加强教材、师资、实训体系建设

由于受新能源汽车技术的快速更新迭代，车辆专业二级学科等各方面条件的影响和制约，高校车辆专业虽然感受到了行业需求的变化，但在教材、师资配备、实训基地等方面进行调整存在很多困难。

在教材方面，由于新能源迅速发展，知识更新快，许多问题尚未形成共识，一些技术架构和技术路线仍需时间的检验和知识沉淀。加上校企合作不足，企业不愿拿出技术资料参与教材编写，新能源教材非常缺乏。本研究项目建议由教育部、工信部和行业机构联合组织强有力的专家团队编写。

在师资方面，由于学科交叉，师资往往依赖借用计算机学院、电子信息学院、电气工程学院的教授，但借用的机制在教师评价激励，专业自主性等方面存在问题。应在伴随车辆专业升级为一级交叉学科或者课程设置调整过程中，逐渐引进专业教师，这样师资问题才能彻底解决。

如何提高毕业生工程实践能力也是长期存在的重要问题。高校一般通过汽车拆装实习、电子电工实习，机械与汽车设计、汽车制造工艺课程设计，创新实践、毕业设计、毕业实习来培养学生的实践能力，实践类约18个学分，因此如何有的放矢地完成非常重要。目前高校毕业生实习缺乏现代化、有针对性的实训设施和内容设计，企业有条件但不愿接受实习，接受了也仅是安排在某生产线上组装，没有系统且有实效的内容设计。本研究项目建议由教育部和行业组织牵头成立校企联合实训机制，或者众筹成立校企多方合作的实训基地，建立共赢机制，探讨一套成熟的实训项目内容。

值得一提的是，中国大学生方程式系列赛事、中国大学生巴哈越野汽车大赛等面向在校生的赛事也是培养工程实践能力的有效方式。学生从大二、大三加入车队从事辅助性工作，到大四成为核心成员，无论获奖与否都会对其总体设计和系统调试能力有极大提高。企业HR往往在大赛期间

蹲守，以高薪招聘参赛人员。但此类赛事（表6.1）在规模和项目上仍显不足，本研究项目建议在加强实训基地的同时加大力度扩大此类赛事。

表6.1 车辆工程专业大学生相关赛事一览

序号	竞赛名称	竞赛内容
1	全国大学生智能汽车竞赛	包括竞速赛与创新赛，竞速赛分为八个不同竞速组别。创意赛以机器视觉、人工智能、ROS等为主要开发内容，并在配备复杂传感器的运动平台上进行部署，完成无人系统相关任务
2	全国大学生交通科技大赛	又名全国大学生交通运输科技大赛。本科生赛道分设七个竞赛类：交通工程与综合交通、航海技术、道路运输与工程、水路运输与工程、铁路运输与工程、航空运输与工程、共享出行。研究生赛道不分设竞赛类
3	壳牌中国环保汽车马拉松挑战赛	比赛期间，参赛车辆将在赛道上完成一定的圈数。然后活动举办方将计算其能源效率，并公布各个燃料类别车辆组别的优胜者。主办方还会颁发"赛道外奖项"，以表彰车队在其他方面所取得的成就，如车辆安全性、团队合作和设计等
4	中国大学生巴哈越野汽车大赛	参赛车队按照赛事规则和赛车制造标准，在规定时间，使用同一型号发动机，设计制造一辆单座、发动机中置、后驱的小型越野车
5	中国大学生方程式系列赛事	各参赛车队按照赛事规则和赛车制造标准，在一年的时间内自行设计和制造出一辆在加速、制动、操控性等方面具有优异表现的小型单人座休闲赛车，能够成功完成全部或部分赛事环节的比赛
6	世界智能驾驶挑战赛	世界智能驾驶挑战赛设置驾驶辅助赛、落地先行赛、"华为MDC杯"极限挑战赛、智能领航赛、"达索杯"智能驾驶仿真赛、"天融信杯"信息安全挑战赛等系列赛事。实车竞赛包括针对量产车和研发原型车分别设置的赛别，在城市赛道和高速赛道上展开竞技。智能驾驶仿真赛和信息安全挑战赛采用线上线下结合的方式举办，设置初赛和决赛
7	Car Design News 中国汽车造型设计大赛	这项独特的比赛使中国的设计专业的学生能够挑战知名主机厂制定的设计任务书进行汽车设计。宇通、吉利和大众中国等车企要求学生发挥想象空间，设计自己的未来
8	本田中国节能竞技大赛	比赛分为燃油组别、EV电动车组别。比赛期间，参赛车辆将在赛道上完成一定的圈数。然后活动举办方将计算其能源效率，并公布各个燃料类别车辆组别的优胜者

续表

序号	竞赛名称	竞赛内容
9	中国智能车未来挑战赛	要求参赛车辆在真实城区密集车流交通环境中完全自主模拟接送乘客服务任务，以无人车自主、安全提供连续接送服务的效率为考核指标。比赛要求参赛车辆完全自主地从地下或地面停车场出发，在真实复杂动态道路交通环境中、在90分钟规定时间内持续提供无人驾驶出行服务，并返回停车场，以其在规定时间内完成有效服务的次数及难度等级综合计算得分
10	广汽设计大赛	由广汽研究院命题，提供发挥个性、探索未来交通工具趋势的舞台，鼓励年轻人用个人基因去编码自己的理想交通工具，为青年力量打造出行新范式

三、多方联动，建设跨学科继续教育培训体系

因为高校供给端改革周期长、见效慢，同时为了补足2025年2.9万人的人才净缺口，所以行业内存量工程师培训转岗依然是重要来源。同时目前新能源研发工程师35岁以下的占比为58.8%，年轻化的年龄结构组成支撑通过在职行业培训打造复合型人才的措施。

一方面，企业应高度重视内部人才培养，通过建立企业大学、共建实训中心、参与教材编写等各种方式，提高人才的工程实践能力。另一方面，作为企业培训的有力补充，工信部应支持行业组织建立系统性的紧缺人才岗位标准、培训和认证体系。在本科阶段打好专业基础，在研究生阶段继续深造某一领域的进阶知识和能力，再加上跨类别的在职培训，这样就可以形成一套较为理想的人才供给体系。

四、多措并举，建立行业人才的良好生态

在新兴产业快速发展期，行业间、企业间的人员快速流动是正常现象。造车新势力、IT造车等以资本市场为推手的生产企业，需要短期出成果，它们采取高薪聘用、招来即用的人才策略，这也是一段时间内必然存在的市场行为。但中国已经进入了研发人员薪酬的高成本国家行列，某跨国公司调研2019年全球研发人员成本显示，若以OECD国家的汽车研发人员平均薪酬成本为100计算，中国位于80分位，印度为40分位，越南为20分位。核心算法、车联网等技术领域中国研发人员的薪酬成本已经超过发达国家。中国在跨国公司的研发外包业务的国际竞争中，正在逐渐失去成本优势。同时我国汽车产品要保持目前在国内、未来在国际市场上的成本竞争力，也需要控制研发成本。为弱化薪酬因素，全方位的企业和行业人才生态建设势在必行。企业应设定具有成长空间的职位，明确职责分工，充分授权，开展必要的培训，提供满意的工作环境，并尽量解决企业员工子女教育等后顾之忧。一方面应给研发人员提供充足的学术交流平台和托举环境，倡导企业建立长期稳定的用人机制和人才梯队建设，避免行业"内卷式"的人才争夺战。为人才打造全方位的良好生态是企业和行业的共同责任。特别是中央人才工作会议，更是把人才工作提到了新的高度，提出了更高的要求，要求行业、企业人才工作发挥协同效应，形成合力。另一方面，对研发人员加强科学家精神的宣传和倡导，引导人才不要追求短期利益，而是着眼于长足发展、潜心专研、长期积累，挑战解决行业"卡脖子"问题。

五、价值塑造，加强领军人才的早期特质培养

针对领军人才培养问题，需要国家组织部、人社部等主管部门，高

校、企业、行业组织共同努力，在人才任用、激励、评价、举荐等各方面共同建设人才生态。

此外，要针对领军人才早期特质培养提出建议。清华的人才培养"价值塑造、能力培养、知识传授"三位一体理念非常值得借鉴，知识和能力的培养永远排在价值观培养之后。我们首先要塑造人才宽广高远的胸怀，为人类和国家无私奉献的价值取向，百折不挠、不断进取的精神毅力，不落窠臼、跨界思维的创新能力。这是高端人才的内核"芯片"。知识和能力稍有欠缺还可在毕业后习得，但价值观的塑造是决定一个人一生的高度和成就的核心。高校乃至小学、初高中教育都不应该是以功利性为导向的狭窄教育模式，这种教育注重的是最大化的个人短周期能力和发展个人的一般性认知技能，而容易忽视培养和这些目的性不直接相关，却和学生长远、全面和可持续发展息息相关的潜在素质。清华对思政课做了一些有益的尝试，如名师联袂开设"学术之道"课程，历史系教授开设"民族文化与民族命运"等课程，这些课程深受欢迎，一座难求。为把握学生个性化选择和基础通识教育的结合点，尝试"通专融合"，理工科学生需通过一门读写类认证课程，文科学生需通过一门基础理工课程；本科设置 10~20 个学分，学生可以制定相应的课程替代方案等。"木质实而花叶振"，深入探讨学生的基本素质培养是塑造未来社会建设者的根本，建议高校在课程内容、教学方式、体系设计等各方面切实深化改革。

六、优化环境，提高职业教育吸引力

在国家层面，一是完善职业教育第三方评价机制，强化需求方评价主体地位。以市场需求为导向建立相应评价标准，明确行业组织、企业作为第三方评价主体的作用，鼓励行业组织、企业承担第三方评价工作，并将评价结果与职业院校的绩效考核挂钩。二是完善企业参与职业教育激励机制。通过人才优先权，财政、金融、税收、人才等优惠政策，从根本上激发企业校企合作主动性，激发企业投资职业教育，形成以政府投入为主的职业教育经费多元筹措机制。三是加快推进技能人才评价模式改革，畅通技能人才成长通道。构建职业资格评价、职业技能等级认定和专项职业能力考核相互衔接的多元评价体系。四是营造社会有利氛围，提高技能人员的政治待遇和社会影响，加强技能人员贡献宣传，提高技能人员职业荣誉感，激励技能人员稳定发展。

在行业层面，推动建设高素质技能人才"岗课赛证"体系，及时向教育主管部门反馈新技术、新业态、新模式、新技能、新要求。借助国家"1+X"制度试点和推广工作，依据国家职业技能等级评价标准及行业、企业培训评价规范，与相关企事业单位联合共建新能源汽车产教融合创新基地或示范区，构建"模块化、递进式"课程体系，助力"三教改革"，开展高素质技能人才培训。搭建就业信息指导平台，优化资源配置，拓展企业招聘、院校学生就业对接渠道，打通新能源汽车技能人才"供""需"通道，实施"岗课赛证"四位一体融通培养，构建"产学研用"四位一体的人才培养体系。

在企业层面，面对技能人员紧缺的客观局面，积极履行企业在人才培养中的主体责任，摒弃人力资源工作中"等靠要"的思想和恶意"挖人"行为，积极做好企业在职员工的技能培训工作，促进企业内部技能人员高质量转化。积极参与校企合作，探索更为科学有效的校企协同育人机制，从源头上促进人力资源开发。同时，完善技能人员薪酬体系和分配机制，提高技能人员待遇，增强技能人员队伍的安全感，降低流动性，搭建稳定的技能人员成长梯队。合理设置多元化薪酬考核制度，增加诸如培训学习、团队建设等非经济性薪酬激励因素，制定本企业高技能人才标准，配套高技能人才职业发展规划，建立更为稳固的人才培养基地和高素质技能人员的纳募制度。

在职业院校层面，一是加大新能源汽车相关专业人才培养规模，完善专业技能与职业素养"双线递进"的培养模式，将职业素质训练融入专业教学中去，做好学生的职业发展规划，提高学生在新能源汽车产业持续发展的稳定性。二是深化校企合作，提升技能人员的教育质量、工程实践能力等。具体应从以下方面改进。

第一，完善校企合作组织架构和管理制度，探索中国特色的"双元制"技能人才培养机制。

第二，共建实践基地，改善实训条件。一是加强校内实训室建设，以新能源汽车专业知识为基础，配套电工电子实训室、新能源汽车电气构造与检修实训室、新能源汽车动力蓄电池及管理系统实训室、新能源充电系统实训室以及虚拟仿真中心等进行理实一体化教学。二是学校联合企业打造以接收学生社会实践、认识实习和岗位实习为主的实训基地，开展专业教学和职业技能训练，将学校的教学与生产实践、工业现场应用相结合，以更快速度从理论转化为实践，增强学生的实践能力和真实的技术应用水平。

第三，以新能源汽车产业发展为依据，优化新能源汽车专业布局与教学体系设置，将新技术、新技能要求及时纳入专业课程。新能源汽车专业布局调整需服务于区域汽车产业转型升级需求，深入分析院校所在区域汽车产业结构、主要行业分布、职业岗位分布、能力需求细节等基本情况，结合院校自身专业基础与优势，确定新建新能源汽车专业或专业方向，实现课程内容与职业标准对接、教学过程与生产过程对接。建立由行业企业专家、同类院校骨干教师等组成的教材建设工作小组，充分吸纳行业企业在汽车新知识、新技能方面的观点和意见，保障教材内容更新与产业技术升级同步。

附录一 参与调研企业名录

产业链上游		代表性企业	产业链中游	代表性企业	产业链下游	代表性企业
核心零部件	动力电池	**比亚迪**、惠州亿纬、孚能科技、巴莫科技、捷威动力、**智新科技**、荣盛盟固利等	整车制造	**一汽集团**、东风集团、**上汽集团**、**广汽集团**、**长安汽车**、**吉利汽车集团**、比亚迪、江淮汽车集团、**东风汽车**、**北汽新能源**、**上汽通用五菱**、长城汽车、**特斯拉**、广汽埃安、长安新能源、奇瑞新能源、**蔚来汽车**、理想汽车、上汽乘用车、极氪汽车、一汽解放、北汽福田、重汽集团、陕汽集团、厦门金龙、**北汽集团研究院**、广汽研究院、上海捷能汽车等	销售、售后及运营服务	安迪汽车、宝田汽车、江淮汽车、北汽株洲、北京翔龙博瑞、北汽蓝谷、比德文、比亚迪、长安福特、长城汽车、万帮新能源、金康动力、重庆长安、银隆新能源、东风华神、广汽埃安、小鹏汽车、广州信行新能源汽车销售、国机智骏、杭叉集团、道一动力、合肥长安、福田、锂动电源、纽恩驰、华晨新日、吉利、岚图、蓝马车业、理想、吉利部件、奇瑞新能源、厦门金龙、宝雅新能源、吉利新能源、沂星电动、远通汽贸、陕汽、上汽福建、上海汽修、神龙汽车、野马汽车、蔚来汽车、万向、威马汽车、远通集团、云度新能源、中通客车等
	燃料电池	**亿华通**、**博世**、捷氢、氢晨、唐锋、氢电、治臻、**重塑**、上海氢雄、国富氢能等				
	电驱动	精进电动、上海电驱动、蔚然动力、**博世**、合肥巨一、大洋电机、深圳汇川、深圳英威腾、深圳蓝海华腾、人本集团、深圳威迈斯、厦门法拉电子等				

注：粗体字为深度访谈企业。

附录二 参与调研院校名录

普通高等院校（58所）					
安徽工业大学	甘肃农业大学	吉林大学	山东理工大学	温州大学
安徽理工大学	广西科技大学	江汉大学	上海工程技术大学	武汉科技大学
北京航空航天大学	广西师范大学	江苏大学	深圳技术大学	武汉理工大学
北京理工大学	桂林航天工业学院	金陵科技学院	沈阳大学	西华大学
常熟理工学院	合肥工业大学	辽宁工业大学	沈阳理工大学	烟台大学
重庆大学	河南工学院	聊城大学	太原工业学院	燕山大学
重庆工商大学	湖北汽车工业学院	南昌工程学院	太原科技大学	扬州大学
重庆交通大学	湖北文理学院	南京林业大学	太原理工大学	浙江大学
重庆理工大学	湖南大学	宁夏大学	太原学院	浙江工业大学
东北大学	华北理工大学	清华大学	同济大学	中北大学
东北林业大学	华东交通大学	厦门理工学院	唐山学院	
福建工程学院	华侨大学	山东交通学院	潍坊学院	
职业本科院校（7所）				
重庆机电职业技术大学	河北科技工程职业技术大学	南京工业职业技术大学	山西工程科技职业大学	
河北工业职业技术大学	河北石油职业技术大学	山东工程职业大学		

续表

高职专科院校（108所）				
阿克苏职业技术学院	重庆电子工程职业学院	广州科技贸易职业学院	黑龙江农业工程职业学院	吉林交通职业技术学院
安徽国防科技职业学院	重庆工业职业技术学院	贵州交通职业技术学院	黑龙江商业职业学院	济南职业学院
安徽机电职业技术学院	德州职业技术学院	哈尔滨职业技术学院	呼和浩特职业学院	江苏电子信息职业学院
安徽交通职业技术学院	东莞职业技术学院	杭州科技职业技术学院	湖北工业职业技术学院	江苏农林职业技术学院
安阳职业技术学院	福建船政交通职业学院	杭州职业技术学院	湖北国土资源职业学院	江苏信息职业技术学院
北京电子科技职业学院	广东机电职业技术学院	合肥职业技术学院	湖北交通职业技术学院	江西交通职业技术学院
沧州职业技术学院	广东交通职业技术学院	河北机电职业技术学院	湖北交通职业技术学院	金华职业技术学院
常州机电职业技术学院	广东科学技术职业学院	河北交通职业技术学院	湖南机电职业技术学院	晋中职业技术学院
成都工业职业技术学院	广西工业职业技术学院	河南交通职业技术学院	湖南交通职业技术学院	荆州职业技术学院
成都航空职业技术学院	广西交通职业技术学院	河南职业技术学院	湖南汽车工程职业学院	九江职业技术学院
成都农业科技职业学院	广西职业技术学院	菏泽职业学院	黄冈职业技术学院	昆山登云科技职业学院
莱芜职业技术学院	山东交通职业学院	台州职业技术学院	咸阳职业技术学院	枣庄职业学院
辽宁农业职业技术学院	山东劳动职业技术学院	天津交通职业学院	襄阳汽车职业技术学院	长春汽车工业高等专科学校
辽宁省交通高等专科学校	山东英才学院	天津市职业大学	襄阳职业技术学院	长春职业技术学院
聊城职业技术学院	陕西交通职业技术学院	天津中德应用技术大学	新疆职业大学	长江职业学院
南京交通职业技术学院	商丘职业技术学院	潍坊职业学院	烟台汽车工程职业学院	浙江工业职业技术学院

续表

南京信息职业技术学院	上海科学技术职业学院	无锡南洋职业技术学院	烟台职业学院	浙江机电职业技术学院
南通职业大学	深圳职业技术学院	无锡职业技术学院	宜宾职业技术学院	浙江交通职业技术学院
内蒙古机电职业技术学院	顺德职业技术学院	芜湖职业技术学院	云南机电职业技术学院	浙江经济职业技术学院
内蒙古农业大学职业技术学院	四川工程职业技术学院	武汉船舶职业技术学院	云南交通运输职业学院	淄博职业学院
日照职业技术学院	四川交通职业技术学院	武汉交通职业学院	云南交通职业技术学院	
山东工业职业学院	四川汽车职业技术学院	武汉软件工程职业学院	枣庄科技职业学院	
中职学校（119所）				
安徽省马鞍山工业学校	安徽省汽车工业学校	安吉职教中心	白山职业技术学校	北京汽车技师学院
北京市房山区第二职业高中	北京市丰台区职业教育中心	北京市密云区职业学校	苍南县职业中等专业学校	成都汽车职业技术学校
成都石化工业学校	重庆工商学校	重庆市巴南职业教育中心	重庆市江南职业学校	重庆市九龙坡职业教育中心
重庆市立信职业教育中心	重庆市两江职业教育中心	重庆市南川隆化职业中学校	重庆市彭水苗族土家族自治县职业教育中心	重庆市綦江职业教育中心
重庆市渝北职业教育中心	重庆市育才职业教育中心	重庆市忠县职业教育中心	慈溪市锦堂高级职业中学	东莞理工学校
东莞市汽车技术学校	东明县职业中等专业学校	丰城中等专业学校（丰城高级技工学校）	佛山市顺德区勒流职业技术学校	佛山市顺德区中等专业学校
福建工业学校	福建经贸学校	福建理工学校	福建省晋江华侨职业中专学校	福建省三明市农业学校

续表

福建省霞浦职业中专学校	福建省长乐职业中专学校	福州第一技师学院	福州机电工程职业技术学校	赣州农业学校
广西交通技师学院	广西农牧工程学校	广州市电子信息学校	广州市交通运输职业学校	贵阳市交通学校
贵州交通技师学院（贵州省交通运输学校）	贵州省兴义市中等职业学校	海宁市职业高级中学	杭州技师学院	杭州汽车高级技工学校
杭州市交通职业高级中学	杭州市临平职业高级中学	合肥市经贸旅游学校	合肥市通用技术学校	河南省工业科技学校
湖北省机械工业学校	湖南省岳阳县职业中等专业学校	湖州交通技师学院	淮海技师学院	霍尔果斯中等职业技术学校
吉林机电工程学校	吉林机械工业学校	济宁技师学院	嘉善信息技术工程学校	江苏省连云港工贸高等职业技术学校
江苏省宿迁中等专业学校	江西省电子信息工程学校	蛟河市职业教育中心	临沂市商业学校	柳州市交通学校
南京六合中等专业学校	南宁市第三职业技术学校	南宁市马山县民族职业技术学校	宁夏交通学校	萍乡市工业学校
青岛交通职业学校	青岛市即墨区第一职业中等专业学校	清远市职业技术学校	厦门工商旅游学校	厦门市集美职业技术学校
山东省菏泽信息工程学校	山东省淄博市工业学校	山东水利技师学院	陕西交通技师学院	上海市城市科技学校
寿光市职业教育中心学校	四川省宜宾市南溪职业技术学校	濉溪职业技术学校	遂宁市职业技术学校	天津市东丽区职业教育中心学校
天津市交通学校	通辽市工业职业学校	桐乡技师学院	铜仁市碧江区中等职业学校	皖江职业教育中心学校

续表

围场满族蒙古族自治县职业技术教育中心	潍坊市工程技师学院	潍坊市技师学院	温岭市职业中等专业学校	温州市职业中等专业学校
瓮安县中等职业学校	芜湖科技工程学校	武汉市机电工程学校	武汉市交通学校	西吉县职业中学
兴义市中等职业学校	银川职业技术学院	永康市职业技术学校	玉环市东方中学	玉环市中等职业技术学校
漳州高新职业技术学校	长春市机械工业学校	长春市九台区职业技术教育中心	长兴县职业技术教育中心学校	柘荣职业技术学校
浙江交通技师学院	珠海市理工职业技术学校	淄博机电工程学校	遵义市播州区中等职业学校	

附录三　产业人才需求预测关键指标

主要内容	2021 年 核心指标	指标内容	2025 年 核心指标	指标内容
产业发展情况（营收规模）	全球营收规模/亿元	12 539.4	全球营收规模/亿元	31 739.1
	我国营收规模/亿元	7 423.3	我国营收规模/亿元	19 353.1
产业人才情况（研发人员）	从业人员数量/万人	19.5	从业人员数量/万人	28.7（稳步）
产业人才情况（技能人员）	从业人员数量/万人	101.6	从业人员数量/万人	180（稳步）
院校人才供给情况（研发人员）	相关专业招生数量/万人	452.8	相关专业招生数量/万人	487.3
	相关专业在校生数/万人	1 880.7	相关专业在校生数/万人	2 100.9
	相关专业毕业生数/万人	506.3	相关专业毕业生数/万人	580.1
	毕业生流入目标产业比例	本科生0.264% 研究生0.88%	—	—
	人才供给数量/万人	1.8	人才供给数量/万人	2.0
院校人才供给情况（技能人员）	相关专业招生数量/万人	19.6	相关专业招生数量/万人	25.2

续表

主要内容	2021 年		2025 年	
	核心指标	指标内容	核心指标	指标内容
院校人才供给情况（技能人员）	相关专业在校生数/万人	40	相关专业在校生数/万人	45.3
	相关专业毕业生数/万人	13.4	相关专业毕业生数/万人	14.3
	毕业生流入目标产业比例	相关专业：95% 其他专业：0.11%	—	—
	人才供给数量/万人	13.1	人才供给数量/万人	14.0
产业人才需求情况（研发人员）	人才需求数量/万人	19.5	人才需求数量/万人	28.7
	人才缺口数量/万人	1.9	人才缺口数量/万人	2.9
产业人才需求情况（技能人员）	人才需求数量/万人	101.6	人才需求数量/万人	180
	人才缺口数量/万人	29.1	人才缺口数量/万人	53

附录四 院校相关学科（专业）人才培养方案优秀案例

序号	相关学科/专业	人才培养层次	院校名称	人才培养特色	毕业生进入目标行业情况
1	车辆工程	本科	吉林大学	学科交叉、新设选修	本科生：约40%选择就业，46%选择升学或留学。就业生中约15%进入新能源汽车领域 研究生：就业生中约20%进入新能源汽车领域 主要就业车企：一汽研发总院、宇通客车、长安汽车、比亚迪、东风岚图、小鹏汽车、蔚来汽车、蜂巢新能源等
2	车辆工程	本科	清华大学	新增电子信息方向	本科生：约40%选择就业，60%选择升学或留学；就业生中约10%进入新能源汽车领域 研究生：就业生中约13.7%进入新能源汽车领域 主要就业车企：小鹏汽车、长安汽车、广汽、智行者科技、商汤科技、地平线科技、禾赛科技等
3	车辆工程	本科	同济大学	下设三个方向，自由选择	本科生：就业生中12%进入新能源汽车领域 研究生：就业生中14%进入新能源汽车领域 主要就业车企：蔚来汽车、小鹏汽车、长安汽车、长城汽车、比亚迪、宁德时代等

续表

序号	相关学科/专业	人才培养层次	院校名称	人才培养特色	毕业生进入目标行业情况
4	车辆工程	本科	北京理工大学	"先一分三"结构，自由选择	本科生：约24%选择就业，多出国或升学；就业生中约17%进入新能源汽车领域 研究生：约23%进入新能源汽车领域 主要就业车企：北汽新能源、北京理工华创电动车技术有限公司、长安汽车、比亚迪、小鹏汽车、蔚来汽车、恒大新能源等
5	车辆工程	本科	湖南大学	"总一分五"结构，自由选择	本科生：就业生中约10%进入新能源汽车领域 研究生：就业生中约22%进入新能源汽车领域 主要就业车企：广汽、上汽、比亚迪、小鹏汽车、东风汽车集团、上海大众、宁德时代等
6	车辆工程	本科	武汉理工大学	"总一分三"结构，自由选择	本科生：就业生中约3%进入新能源汽车领域 研究生：就业生中约10%进入新能源汽车领域。约40%进入传统车企，这部分人中有一定比例从事新能源汽车开发
7	自动化、计算机	本科	湖北汽车工业学院	多专业共同致力新能源汽车人才培养	本科生：就业生中约3%进入新能源汽车领域 主要就业车企：爱驰汽车、苏州绿控、开沃新能源汽车、广东亿鼎新能源汽车
8	新能源汽车	本科	辽宁工业大学	新增新能源汽车工程专业	本科生：就业生中8%~12%进入新能源汽车领域 研究生：就业生中15%~20%进入新能源汽车领域 主要就业企业：长城汽车、山东五征、北汽福田、奇瑞汽车、长安汽车、经纬恒润等

续表

序号	相关学科/专业	人才培养层次	院校名称	人才培养特色	毕业生进入目标行业情况
9	新能源汽车技术专业群	高职专科	深圳职业技术学院	专业基础相通、技术领域相近、工作岗位相关、教学资源共享	毕业生就业率100%，专业对口率85%，就业满意率92%
10	汽车专业群	中职	福建工业学校	"四适配双循环"创新型专业群人才培养模式	毕业生就业占比34%，就业率98%，专业对口率80%，就业满意率95%

附录五　紧缺人才需求目录（研发人员）

序号	岗位族名称	岗位（群）名称	职业分类	岗位（群）职责	岗位任职资格标准	主要专业来源	紧缺度（五星为最紧缺）
1	材料/工艺工程师	电芯材料工程师	汽车工程师	1. 负责正极/负极/电解液/辅材等材料机理方面的研究（一种材料即可）及性能开发 2. 负责动力电池先进材料（高镍、无钴、无金属正极/新型负极/新体系电解液等）的技术开发及机理研究 3. 负责车用动力电池材料级别失效机理的研究	1. 硕士研究生及以上学历 2. 3年以上相关行业工作经验 3. 具有较强的文献调研能力、实验能力 4. 对正极/负极/电解液/辅材等材料的发展方向有清晰的认识和理解，对原材料性能与电芯性能之间的对应关系有较为深刻的理解，对电芯失效、原材料失效有明确的分析方法和分析手段，并能提出相应的改善方向 5. 学习能力强，责任心强，工作踏实，性格开朗，有较强的沟通和协作能力	化学、电化学、材料等相关专业	★★★
2	材料/工艺工程师	电芯工艺工程师	汽车工程师	1. 负责工序工艺优化、工艺改善，提升过程控制CPK和工序的FPY 2. 电芯端量产前、后的工艺标准制定 3. 电芯端新工艺开发、验证、导入 4. 协助子公司电芯端现场工艺优化改善项目	1. 本科及以上学历 2. 3年以上工作经验，有新能源动力电池行业经验者优先 3. 熟悉Office等软件，能独立设计实验验证计划并完成产线验证，能够独立完成工艺文件的技术输出工作 4. 熟悉锂电池现场工艺，熟悉APQP体系	电化学、材料、化工类等相关专业	★★★

续表

序号	岗位族名称	岗位（群）名称	职业分类	岗位（群）职责	岗位任职资格标准	主要专业来源	紧缺度（五星为最紧缺）
3	材料/工艺工程师	电池/PACK工艺工程师	汽车工程师	1. 负责工艺开发各项流程标准的编制、维护与执行 2. 负责总装MPD、FMEA等工艺类文件的编制、维护及验证 3. 负责总装车间动力工具选型开发及确认 4. 负责与研究院衔接BOM、特殊特性等相关工作的开展 5. 负责总装车间关键工艺及关键扭矩清单的输出及过程中相关问题的解决	1. 全日制本科及以上学历 2. 两年以上电池企业相关职位工作经验 3. 熟悉汽车电池PACK的生产工艺流程，熟悉汽车PACK产品结构 4. 良好的沟通协调能力，善于跨部门沟通，抗压能力强 5. 有责任心和创新意识，具有团队协作精神，执行力强 6. 熟练操作电脑Office办公软件，擅长Excel和PPT等工作报表制作，具有优秀的数据分析能力	电子、电气、机械、自动化、化工、材料或工艺设备等相关专业	★★
4	材料/工艺工程师	电池材料工程师	汽车工程师	1. 收集锂电行业内正负极主材的材料数据，掌握当前锂离子电池主材的技术发展趋势及评估方法 2. 根据公司项目开发产品特性及技术要求，支持项目开发工程师材料的选型工作 3. 负责已稳定量产电芯产品的替代供应商开发、材料性能分析等评估工作并记录 4. 主导编制与维护常用材料测试规范及测量设备操作规程和注意事项	1. 本科及以上学历 2. 两年以上工作经验 3. 具有实验室的规划和建设经验，优秀的归纳分析能力 4. 掌握锂离子电池的材料合成、评估、应用相关理论，具备实际操作能力 5. 熟悉锂离子电池的特性及性能检测方法与数据处理及报告整理 6. 优秀的团队协作能力，工作积极主动，沟通能力强	材料学或化学等相关专业	★★★

续表

序号	岗位族名称	岗位（群）名称	职业分类	岗位（群）职责	岗位任职资格标准	主要专业来源	紧缺度（五星为最紧缺）
				5. 对测试/测量结果进行评价和分析，并持续优化评估方法 6. 负责电芯产品项目开发以及供应商开发材料资料归档			
5	材料/工艺工程师	电化学工程师	汽车工程师	1. 负责正极材料、负极材料、隔膜、电解液、导电剂、集流体、黏结剂等电极材料测评和选型 2. 负责电池化学体系开发和验证 3. 精通电池材料测试评价方法，熟悉XRD、SEM、TEM、XPS、ICP等仪器的使用方法，熟悉电化学站的使用方法 4. 负责电芯原材料技术要求制定 5. 开展电极材料研发工作，负责相关项目的立项、方案设计、项目实施、进度跟进及项目总结 6. 针对电池材料相关研究领域最新进展进行定期跟踪、调查，把握电极材料研究发展方向和趋势 7. 负责电芯材料体系分析、电芯应用问题点的理论分析等 8. 协助解决生产现场相关电极材料品质异常问题 9. 熟练掌握扣式电池的制作和测评	1. 硕士及以上学历或3年以上研发岗本科生 2. 从事锂电材料研发相关工作3年以上 3. 熟悉锂电芯正负极、电解质（含固态）、隔膜等材料开发评估流程，了解锂电芯的设计、生产流程和测试方法 4. 具备扎实的材料理论基础知识，熟悉材料的特性、性能及检测方法 5. 具备优秀的科研能力和创新思维，有较强的实验数据分析、整理和归纳总结能力	材料化学、电化学、材料物理、粉末冶金等相关专业	★★★

续表

序号	岗位族名称	岗位（群）名称	职业分类	岗位（群）职责	岗位任职资格标准	主要专业来源	紧缺度（五星为最紧缺）
6	材料/工艺工程师	燃料电池电堆工艺工程师	汽车工程师	1. 针对当前的金属双极板基体材料对涂层材料进行选型分析，分析不同类型涂层材料的制备工艺并对可行性进行比较 2. 选型合适的涂层材料及加工工艺后，对市面上的涂层加工设备进行调研并提出设备具体参数要求，协助完成设备采购 3. 针对已选型的制备工艺方法进行试验设计验证，开发金属双极板涂层制备工艺路线 4. 负责金属双极板涂层微观结构、导电性、电化学性能、腐蚀性能、耐久性能的测试	1. 对金属双极板涂层有研究基础 2. 了解市面常用金属双极板涂层类型及加工工艺 3. 熟悉电镀、化学镀、磁控溅射、化学气相沉积、物理气相沉积等金属表面处理工艺和相关设备操作 4. 具备较强试验分析能力，关注最新材料及金属表面处理技术动态及发展方向	不限	★★
7	材料/工艺工程师	燃料电池系统工艺工程师	汽车工程师	1. 负责研发阶段燃料电池系统工艺，管理产品研发阶段 BIR 跟踪 2. 负责量产阶段的燃料电池系统装配工艺及生产工艺规划 3. 负责管理燃料电池系统试制技师 4. 负责管理燃料电池系统设计研发过程中的工艺问题校核	1. 本科及以上学历 2. 具备燃料电池系统试制能力 3. 有量产燃料电池系统工艺规划能力 4. 有良好的沟通能力，具备管理试制技师的能力	机械工程、应用物理、应用化学等相关专业	★★★

续表

序号	岗位族名称	岗位（群）名称	职业分类	岗位（群）职责	岗位任职资格标准	主要专业来源	紧缺度（五星为最紧缺）
8	材料/工艺工程师	燃料电池工艺工程师	汽车工程师	1. 负责浆料制备、涂布以及膜电极组装工艺（膜和边框的成型和贴合等）的开发和优化 2. 熟悉膜电极制备过程中各种加工和检测方法，负责对膜电极制备过程中各阶段进行检测 3. 根据检测和测试结果实现制备工艺标准化 4. 与研发和测试部门协作，解决研发及批量生产过程中遇到的工艺问题 5. 对设计完成后转入产业化生产提供工艺技术支持	1. 硕士及以上学历 2. 对电化学、浆料制备，涂布以及膜电极组装有一定的了解	材料学、电化学、化工或机械等相关专业	★★
9	材料/工艺工程师	电机控制器材料、工艺工程师	汽车工程师	1. 负责新产品、新工艺开发，工艺验证，工艺改进，生产导入及优化 2. 参与产品设计阶段的DFM评审工作并跟踪问题落实情况 3. 编写产品的各项工艺文件 4. 负责生产线的规划、布局、优化及产能分析与改善 5. 负责工装夹具设计，设备参数及特殊过程确认	1. 本科及以上学历 2. 5年以上电机控制器工艺工作经验 3. 了解电机控制器硬件及工作原理，熟悉电机控制器功率电子的工艺及质量管控 4. 了解OBC/DCDC/PDU硬件及工作原理，了解主流PLC系统 5. 熟悉质量管理流程和管理工具，能熟练运用PPA/P/PFMEA/MSA/SPC/APQP等质量工具	材料学相关专业	★★★

续表

序号	岗位族名称	岗位（群）名称	职业分类	岗位（群）职责	岗位任职资格标准	主要专业来源	紧缺度（五星为最紧缺）
				6. 负责生产线技术文件及协议编制，生产线方案（布局、设备等）评审、预验收、调试、标准化及终验收 7. 对现有的生产加工工艺过程、装配工艺过程提出改进及优化方案，进行生产现场工艺指导，解决现场的工艺问题 8. 负责收集和分析同行业先进工艺线并对公司产品提出改进方案 9. 进行前期工艺研究、储备及提升 10. 参与电机控制器零件设计变更、软件变更及技术方案评审、验证并跟踪实施效果	6. 熟悉Office办公软件和2D与3D制图工具软件 7. 良好的职业操守，细致、耐心、谨慎 8. 熟练的英语读写说能力		
10	材料/工艺工程师	电机材料、工艺工程师	汽车工程师	1. 电机工艺技术准备及量产确认 2. 电机过程控制 3. 电机工艺标准化管理 4. 生产线产能与对应机种配置、内外策划 5. 重大新机种评审 6. 供应商开发实施，辅料成本下降	1. 本科及以上学历（全日制统招） 2. 3~5年电机工艺开发工作经验 3. 工作认真负责，对工作投入度高	机械、电机等相关专业	★★★

续表

序号	岗位族名称	岗位（群）名称	职业分类	岗位（群）职责	岗位任职资格标准	主要专业来源	紧缺度（五星为最紧缺）
11	材料/工艺工程师	DC-DC转换器材料/工艺工程师	汽车工程师	1. 工艺技术准备及量产确认 2. DC-DC转换器过程控制 3. DC-DC转换器工艺标准化管理 4. DC-DC转换器生产线产能规划 5. 供应商开发实施，材料成本管理	1. 本科及以上学历 2. 3年以上DC-DC转换器工艺开发工作经验 3. 有良好的沟通能力	机械、材料学等相关专业	★★★
12	材料/工艺工程师	OBC车载充电器材料/工艺工程师	汽车工程师	1. 负责OBC车载充电器材料选型，提出材料/工艺方案并分析 2. 配合工程师完成OBC车载充电器设计 3. 协助工程师样品制作	1. 本科及以上学历 2. 5年以上电源材料、工艺经验 3. 熟悉功率电子学的各类理论 4. 熟练Layout软件AD或者PADS	材料学相关专业	★★★
13	结构/硬件开发工程师	电池结构工程师	汽车工程师	1. 负责方形铝壳电芯结构设计 2. 分析客户规格需求，评估项目可行性，设计详细3D方案，负责技术评审及优化、2D出图及归档 3. 零部件开发跟进，新物料认可，新材料验证，成本分析与优化 4. 跟进产品试制，产品品质问题分析与处理 5. 负责DFMEA及其他IATF体系文件编写 6. 新技术平台开发，专利撰写等	1. 全日制本科及以上学历 2. 有锂电池结构设计经验或有电池厂工作经验的优先 3. 熟悉五金及塑胶模具结构，跟进结构件开模 4. 熟练应用Office及CREO等设计软件，了解常用的金属和塑胶材料及其特性 5. 工作主动积极，有责任心及良好的专业基础，思维敏捷，逻辑思维能力强	模具设计、机械、机电一体化、自动化等相关专业	★★★

续表

序号	岗位族名称	岗位（群）名称	职业分类	岗位（群）职责	岗位任职资格标准	主要专业来源	紧缺度（五星为最紧缺）
14	结构/硬件开发工程师	BMS硬件工程师	汽车工程师	1. 负责电池管理系统及保护板器件选型、硬件电路设计，确保管理系统的硬件可靠性 2. 负责工厂生产质量跟踪，解决相关问题 3. 负责生产车间及售后相关问题处理 4. 负责设计手册编制、零部件供货技术条件编制、系统对标、通用化等工作，保障电池管理系统相关的标准及设计手册完备、准确	1. 有单片机控制电路设计经验，设计过BMS或保护板者优先 2. 熟练掌握硬件设计软件，如Altium Designer、PADS或Cadence等 3. 熟练掌握硬件电路分析软件，如Multisim等	自动化、控制工程、电子信息工程等相关专业	★★★★
15	结构/硬件开发工程师	电池电气工程师（含配电）	汽车工程师	1. 负责PACK电池包高压连接设计、BDU的布局和设计、低压电气设计 2. 负责新能源车用锂离子电池系统上相关高低压电路设计、电气件选型 3. 能独立完成电池包内部铜排设计、选型、试验验证等 4. 能独立完成高压部分的DFMEA编制及其失效模式的分析	1. 本科及以上学历 2. 3年以上动力锂电池系统内部的电子电气设计经验 3. 熟悉动力电池包系统开发流程，熟悉动力锂电池行业规范、国家及国际、地方等标准、法律法规 4. 熟悉电池管理系统的技术要求，了解整车对电池包及电池管理系统的要求 5. 熟悉锂系电池系统特性、电源管理系统架构和模块功能、锂电池充放电曲线	电力电子、电化学、车辆工程等相关专业	★★★★

续表

序号	岗位族名称	岗位（群）名称	职业分类	岗位（群）职责	岗位任职资格标准	主要专业来源	紧缺度（五星为最紧缺）
16	结构/硬件开发工程师	BMS电气工程师	汽车工程师	1. 电气部件选型、匹配 2. 电气部件机械集成设计 3. 三维布线 4. 绘制高、低压线束图纸	1. 3年以上电气系统设计经验 2. 熟练使用三维造型软件 3. 熟练使用三维布线软件，熟悉线束设计流程和质量工艺	控制工程、电力电子、车辆工程等相关专业	★★★★
17	结构/硬件开发工程师	燃料电池电堆结构工程师	汽车工程师	1. 负责燃料电池电堆团队研发管理工作，熟悉电堆研发流程 2. 负责燃料电池电堆系统的搭建和测试以及系统维护 3. 负责电堆动力系统设计开发 4. 制定燃料电池开发技术文档	1. 统招硕士及以上学历，电化学，工程物理等专业优先考虑 2. 具有较强的燃料电池研发经验，具有完整项目者优先考虑 3. 有较好的沟通协调能力，能够确保项目的顺利进行	电化学，工程物理等相关专业	★★★★
18	结构/硬件开发工程师	燃料电池系统结构工程师	汽车工程师	1. 负责新型燃料电池的结构设计，包括密封、气液输运、电学和力学结构设计 2. 优化新型燃料电池的结构，提升燃料电堆的性能 3. 参与新型燃料电池的性能测试 4. 参与燃料电池失效机制的分析，建立电堆结构设计有关的问题的解决方案 5. 建立各种型号燃料电池结构设计技术平台，参与新产品和为客户量身定制产品的开发	1. 本科及以上学历 2. 对燃料电池的结构设计和试验有3年以上的工作经验 3. 诚实正直，富有责任感，思路清晰，思维开放 4. 将新型燃料电池结构相关的关键技术转化成专利以及公司新品设计的SOP 5. 对影响燃料电池性能的各种机制进行分析，并提供、试验和完善设计方案 6. 参与、协调和管理与外部机构的协作研发项目	机械、工程物理等相关专业	★★★★

续表

序号	岗位族名称	岗位（群）名称	职业分类	岗位（群）职责	岗位任职资格标准	主要专业来源	紧缺度（五星为最紧缺）
					7. 参与、激励和带动团队以及外部协作方技术攻关的能力 8. 对自己和团队的研发工作进行内部沟通和归纳报告		
19	结构/硬件开发工程师	燃料电池电气工程师	汽车工程师	1. 能完成电气图纸设计，电气元器件选型，PLC程序、HMI程序编写 2. 根据所负责项目进行现场调试，能够独立处理调试过程中出现的各种问题 3. 及时反馈无法处理的问题 4. 及时总结项目困难和问题并与同事进行分享	1. 本科及以上学历 2. 优秀应届毕业生，或一年工作经验 3. 熟悉倍福、西门子等主流PLC系统 4. 优先考虑会使用变频器和伺服驱动器，并能够根据现场工况调整优化参数 5. 熟悉EtherCAT、ProfiNet等现场工业总线的使用	电力电子、工程物理等相关专业	★★★★
20	结构/硬件开发工程师	燃料电池部件工程师（含水泵、空压机、氢气循环泵等）	汽车工程师	1. 负责燃料电池水泵、空压机、氢气循环泵等部件选型、结构开发 2. 在零部件设计开发阶段，负责部件的技术方案编制 3. 负责解决新品在样车中的组装、测试、量产过程中出现的问题 4. 负责燃料电池水泵、空压机、氢气循环泵等部件的设计变更	1. 本科及以上学历 2. 至少具有3年以上机械结构设计经验 3. 精通结构材料的特性 4. 熟悉制图规范 5. 精通AutoCAD、CATIA等软件 6. 具备良好的沟通能力	机械、工程物理等相关专业	★★★

续表

序号	岗位族名称	岗位（群）名称	职业分类	岗位（群）职责	岗位任职资格标准	主要专业来源	紧缺度（五星为最紧缺）
21	结构/硬件开发工程师	电机控制器结构/硬件工程师	汽车工程师	1. 参与自研零部件开发全过程，负责产品总体EMC设计及后期的测试整改，并输出对应的报告 2. 在零部件设计开发阶段，对产品的EMC风险进行评估，与硬件、结构及PCB工程师共同制定可量产化的EMC设计方案 3. 在零部件测试验证阶段，制定详细的EMC测试计划，并输出第三方实验室检测报告 4. 配合主机厂完成整车对零部件EMC的验收 5. 对零部件的EMC设计及整改方案组织相关人员进行优化评审，确保EMC对策有效导入 6. 研究零部件的EMC前沿技术和测试标准，并做内部转化	1. 至少具有3年以上的从业经历 2. 具有较为系统的EMC理论知识和应用技能 3. 精通EMC设计的基本方法和应用 4. 对EMC测试有比较深入的了解；深入理解各测试项目的测试方法及基本原理 5. 熟悉汽车电子的EMC标准，如CISPR25、ISO7637-2、ISO11452-2、ISO11452-4、ISO16750-2、ISO10605、GB/T36282、ECER10等EMC标准 6. 了解整车的EMC标准，如GB/T18387、GB34660、GB/T37130等EMC标准 7. 热爱EMC这个行业，具有钻研精神，能开展对问题的持续深入研究 8. 具有高度的责任感和良好的团队协作精神，沟通能力强	机械、自动化、电力电子等相关专业	★★★★
22	结构/硬件开发工程师	电机结构/硬件工程师	汽车工程师	1. 负责电机结构开发与设计 2. 负责结构部件的进度跟踪、质量控制 3. 负责解决电机在样车中的组装、测试、量产过程中出现问题 4. 负责电机产品的设计变更	1. 本科及以上学历 2. 熟悉机械加工和制造工艺 3. 精通机电一体化的部件设计 4. 熟悉制图规范，熟练使用制图软件 5. 熟悉高压电气安全规范等电力电子基本知识 6. 具备良好的沟通能力	机电一体化、机械工程、电子工程等相关专业	★★★★

续表

序号	岗位族名称	岗位（群）名称	职业分类	岗位（群）职责	岗位任职资格标准	主要专业来源	紧缺度（五星为最紧缺）
23	结构/硬件开发工程师	功率器件工程师（含芯片、模块）	汽车工程师	1. 负责IGBT等功率器件设计及仿真 2. 器件封装、测试 3. 设计方案优化 4. 提高功率器件产品性能及良率	1. 硕士及以上学历 2. 熟悉IGBT等功率器件开发流程 3. 熟悉Wafer等设计软件 4. 熟悉功率器件动静态测试方法 5. 熟练使用英文 6. 具备良好的沟通能力	微电子、微波工程、电子工程等相关专业	★★★★★
24	结构/硬件开发工程师	减速器结构工程师	汽车工程师	1. 负责减速器结构开发与设计 2. 负责减速器开发的进度跟踪、质量控制 3. 负责解决减速器在样车中的组装、测试、量产过程中出现问题 4. 负责减速器产品的设计变更	1. 本科及以上学历 2. 熟悉机械加工和制造工艺 3. 熟悉制图规范，熟练使用制图软件	机电一体化、机械工程、电子工程等相关专业	★★★
25	结构/硬件开发工程师	DC-DC转换器结构/硬件工程师	汽车工程师	1. 负责高功率直流充电桩系统设备、充储一体系统设备的结构方案设计 2. 管控产品的结构开发过程，包括造型分析、产品布置、数据设计、模具分析、材料分析、漆膜分析、测试验证等 3. 熟悉DC-DC电路架构，如BOOST、BUCK、LLC和逆变DC-AC常用的半桥逆方	1. 本科及以上学历 2. 5年及以上工作经验 3. 具备定制造型直流充电桩（终端）及非车载充电机机柜的结构设计经验 4. 具备直流充电枪设计开发经验 5. 熟悉电动汽车充电系统相关标准 6. 具备各类注塑件及钣金件的模具分析经验	机械、自动化、电力电子等相关专业	★★★★

续表

序号	岗位族名称	岗位（群）名称	职业分类	岗位（群）职责	岗位任职资格标准	主要专业来源	紧缺度（五星为最紧缺）
				式、全桥逆变方式、推挽电路、H6桥等变换电路和flybackf 4. 在考虑成本分析和资源计划要求的情况下，协助系统工程师进行系统设计，编制总体方案设计书 5. 协助项目经理带领项目团队，对研发项目进行有效、有节点管理	7. 熟悉各类金属材料和非金属材料的材料特性及表面处理工艺 8. 熟悉产品开发流程，具备从研发到批量生产的过程管控能力		
26	结构/硬件开发工程师	OBC车载充电器结构/硬件工程师	汽车工程师	1. 负责公司产品的嵌入式硬件的需求分析和研发 2. 负责根据需求分析、制定硬件总体方案 3. 负责与项目相关人员配合完成硬件线路原理图设计、修改，以满足功能需求 4. 负责项目产品PCB设计和修改，并确保按时顺利完成PCB制作 5. 负责测试及相关驱动程序开发，解决产品在使用中出现的硬件问题 6. 协助分析产品在客户使用过程中出现的硬件问题	1. 有两年以上的PCB制图设计/硬件调试工作经验 2. 精通模拟电路、数字电路的设计 3. 熟悉产品设计流程，能很好地把控设计生产过程中的细节问题 4. 为人乐观向上，具备良好的沟通能力及团队协作能力，动手能力强	电子通信、自动化等相关专业	★★★★

续表

序号	岗位族名称	岗位（群）名称	职业分类	岗位（群）职责	岗位任职资格标准	主要专业来源	紧缺度（五星为最紧缺）
27	软件/算法开发工程师（性能开发工程师）	BMS策略工程师	汽车工程师	1. 基于整机产品需求，编制及下发BMS控制策略需求文档、上下电流程等文档 2. BMS故障分析 3. BMS技术标杆分析及前瞻性分析	1. 本科及以上学历 2. 具备电池管理系统、新能源控制系统策略开发经验或CAN总线设计经验 3. 熟悉总线的层次化结构和可靠性设计 4. 对各种总线技术有深刻的理解 5. 了解国内外电池管理系统策略动态及行业内产品水平	机械、自动化等相关专业	★★★★
28	软件/算法开发工程师（性能开发工程师）	BMS算法工程师	汽车工程师	1. 基于整机产品需求，输出电池系统需求，设计电池系统架构、系统方案，对不同技术方向的权衡做决策 2. 主导电池热失控、高可靠性系统设计、电池使用工况统计等重大技术难题、风险的研究及攻克 3. 负责领域内的新框架或技术预研，评估为业务带来的价值，制定所在技术领域的未来发展规划与路径，并推动执行落地 4. 主导开展电池相关的技术经验积累、标准输出和专利开发	1. 至少在电池的BMS开发/测试、可靠性设计验证、结构设计或热设计某一技术领域达到专家水平 2. 具备系统架构方法论和系统架构设计能力，能对外结合整机应用给出电池产品交付方案（如双/多电池、落地即充等）；具备制定电池产品性能指标规格，并对性能指标进行资源领域分解、制定电池工作策略能力 3. 熟悉硬件、软件、算法、电芯、工艺、测试等各技术方向技术知识点、开发流程和规范 4. 对电池产品有较深的认识，能从产品层面对结构、产品可靠性等方面给出设计方向，评估产品设计可行性及风险情况	计算机、测控、仪器仪表、电力电子、自动化等相关专业	★★★★★

续表

序号	岗位族名称	岗位（群）名称	职业分类	岗位（群）职责	岗位任职资格标准	主要专业来源	紧缺度（五星为最紧缺）
29	软件/算法开发工程师（性能开发工程师）	BMS软件工程师	汽车工程师	1. 能结合项目规划，完成详细的电池相关测试系统上位机的软件设计开发工作 2. 负责代码的自测和互测工作 3. 协助系统工程师完成测试系统软件部分的调试工作 4. 负责电池测试相关系统的控制策略及功能模块开发工作 5. 为售后工程师提供技术支持 6. 完成领导交办的其他工作	1. 本科及以上学历 2. 具有3年以上的软件开发经验，精通常见的设计模式，至少独立完成过两个以上的大型软件产品项目的架构设计和产品定义，至少完成过一个以上的系统开发和维护，具有丰富的软件界面交互设计经验 3. 具有丰富的软件界面交互设计经验 4. 有过程控制的PID整定经验或从事过DCS系统软件开发和大型试验数据采集控制系统的优先考虑 5. 熟悉电池的基本原理，能够利用开发语言对测试系统内部信号进行分析处理，能对测试软件进行内部架构及界面提供可行性分析及优化 6. 熟练使用Delphi和C语言 7. 对电池有一定的了解	计算机、测控、仪器仪表、电力电子、自动化等相关专业	★★★★★

续表

序号	岗位族名称	岗位（群）名称	职业分类	岗位（群）职责	岗位任职资格标准	主要专业来源	紧缺度（五星为最紧缺）
30	软件/算法开发工程师（性能开发工程师）	燃料电池控制策略工程师（含控制算法）	汽车工程师	1. 参与电池管理系统BMS的控制策略制定及仿真开发 2. 支持模型离线仿真及硬件在环测试 3. 负责BMS研发、调试、生产各阶段的技术支持与相关法规的研究 4. 负责与EE功能层对接相关控制策略，并支持BMS零部件层级软件开发工作 5. 建立并完善BMS的设计失效库、DFMEA	1. 本科及以上学历 2. 有8年以上新能源BMS应用层软件开发经验 3. 熟悉汽车电子软件开发流程 4. 熟悉Simulink/Stateflow模型设计，熟悉C语言、MATLAB等编程 5. 熟练应用Vector等开发标定工具 6. 熟练应用Autosar开发工具 7. 熟悉MATLAB Embedded Coder/Target Link等自动代码生成工具应用 8. 学习能力强，责任心强，工作踏实，有较强的沟通协作能力 9. 英语CET4及以上，口语流利，能够用英语作为工作语言	车辆、机械、电子等相关专业	★★★★★
31	软件/算法开发工程师（性能开发工程师）	燃料电池软件工程师	汽车工程师	1. 负责燃料电池系统软件架构设计 2. 负责燃料电池系统控制程序设计及控制策略开发 3. 负责设计软件的验证方案及组织实施 4. 负责燃料电池控制器硬件选型与资源匹配 5. 参与电子器件如传感器等选型 6. 负责整车软件调试与问题分析解决	1. 本科及以上学历 2. 5年以上工作经验，具备大功率燃料电池系统开发经验者优先 3. 熟悉V流程软件开发流程。熟练使用MATLAB，会使用Simulink搭建模型及程序，熟悉自动生成代码技术 4. 燃料电池系统控制经验优先；	电子、通信、计算机、自动化等相关专业	★★★★★

续表

序号	岗位族名称	岗位（群）名称	职业分类	岗位（群）职责	岗位任职资格标准	主要专业来源	紧缺度（五星为最紧缺）
					具备 FCU/BMS/VCU/BCM 控制器开发经验者优先 5. 具有较强的沟通能力、逻辑分析能力		
32	软件/算法开发工程师（性能开发工程师）	电机控制器策略工程师	汽车工程师	1. 负责新能源驱动电机控制的系统需求分析 2. 负责电机控制策略及控制软件架构设计 3. 负责电机驱动控制系统的软件性能测试方案制定 4. 协助完成各项测试、试验、标定任务	1. 硕士及以上学历 2. 3 年以上电机控制算法和软件设计经验 3. 熟悉电驱动系统工作原理及控制需求 4. 良好的学习能力，较强的沟通能力、逻辑分析能力	机械、通信、自动化等相关专业	★★★★
33	软件/算法开发工程师（性能开发工程师）	电机控制器算法工程师	汽车工程师	1. 根据电机控制器产品方案设计进行软件功能的开发 2. 根据产品需求提出基本的软件设计方案、画流程框图 3. 建立和维护软件开发工具链 4. 创建和维护软件设计文档 5. 支持测试工作，及时修复测试反馈的软件问题，并形成闭环 6. 参与软件代码、文档、技术方案的评审 7. 输出一定技术成果（专利/软著/软件开发报告）	1. 本科及以上（研究生毕业优先） 2. 熟悉电机控制器 FOC、SVPWM、PI 等控制算法 3. 精通 C 语言编程 4. 熟悉汽车电子相关标准和规范 5. 有 Autosar 开发经验优先 6. 熟练掌握 Matlab Simulink 软件开发工具 7. 能独立编写设计和开发文档 8. 具备独立工作的能力，工作认真负责，积极主动，有责任心	自动化、电力电子、电子信息、计算机、电机、车辆工程等相关专业	★★★★★

续表

序号	岗位族名称	岗位（群）名称	职业分类	岗位（群）职责	岗位任职资格标准	主要专业来源	紧缺度（五星为最紧缺）
34	软件/算法开发工程师（性能开发工程师）	电机控制器软件工程师	汽车工程师	1. 负责电机控制器功能开发 2. 负责电机控制器应用层控制策略、模型及代码 3. 负责电机控制器软件集成与测试 4. 负责电机控制器功能标定	1. 至少5年以上电机控制器功能开发经验 2. 熟悉本专业领域开发技术、试验技术及标准法规 3. 熟悉本专业相关领域（工艺、质量管理、材料等）的相关知识 4. 熟悉或了解本专业常用汽车开发软件及仿真软件，如CATIA、ANSYS、ADAMS、MATLAB等	电力电子、机电一体化等相关专业	★★★★★
35	软件/算法开发工程师（性能开发工程师）	OBC车载充电器策略工程师	汽车工程师	1. 负责OBC车载充电控制的系统需求分析 2. 负责OBC控制策略及控制软件架构设计 3. 负责OBC控制系统的软件性能测试方案制定 4. 协助完成各项测试、试验、标定任务	1. 硕士及以上学历 2. 3年以上OBC控制算法或软件设计经验 3. 熟悉电源系统工作原理及控制需求 4. 良好的学习能力，较强的沟通能力、逻辑分析能力	电子通信、自动化等相关专业	★★★
36	软件/算法开发工程师（性能开发工程师）	OBC车载充电器算法工程师	汽车工程师	1. 负责充电桩功能开发 2. 负责充电桩应用层控制策略、模型及代码 3. 负责充电桩软件集成与测试 4. 负责充电桩功能标定	1. 3年以上OBC控制算法设计经验 2. 熟悉本专业领域开发技术、试验技术及标准法规 3. 熟悉本专业相关领域（工艺、质量管理、材料等）的相关知识 4. 熟悉或了解本专业常用汽车开发软件及仿真软件，如CATIA、ANSYS、ADAMS、MATLAB等	电子通信、电力电子、机电一体化等相关专业	★★★★

续表

序号	岗位族名称	岗位（群）名称	职业分类	岗位（群）职责	岗位任职资格标准	主要专业来源	紧缺度（五星为最紧缺）
37	软件/算法开发工程师（性能开发工程师）	OBC车载充电器软件工程师	汽车工程师	1. 负责充电桩控制系统软件编程与调试工作 2. 负责开发过程中程序版本控制与技术升级 3. 负责基于STM32系列ARM的软件设计与程序编写 4. 负责其他相关产品软件的开发和维护工作	1. 研究生学历 2. 具备独立开发充电桩软件能力，3年以上充电桩行业工作经验 3. 具有嵌入式开发经验，具备底层驱动开发经验，熟练STM32系列ARM的软件设计与程序编写 4. 熟练使用C/C++或其他编程语言 5. 熟悉充电桩相关标准，熟悉BMS通信协议、TCP/IP协议、RS232/RS485、CAN通信等 6. 具备一定的硬件基础，熟练使用硬件接口编程 7. 有规范的代码编写习惯和很强的文档编写能力	计算机、电子工程、通信电子等相关专业	★★★★★
38	系统集成工程师	电池系统集成工程师	汽车工程师	1. 参与项目前期系统热管理技术方案的设计、选型及相关评审工作 2. 参与电池系统热管理部件设计、2D\3D布线图纸设计及优化等工作 3. 参与动力电池系统热管理相关技术要求和设计规范工作 4. 跟进热管理设计过程中存在的质量问题 5. 参与电池热	1. 全日制本科及以上学历 2. 熟悉电池热管理开发流程，具有1~2个以上电池项目正向开发经验 3. 具备相关传热学基础，了解电池发热机理，会使用至少一种CFD软件 4. 熟悉动力电池电气系统热管理及产品性能 5. 熟练使用CATIA以及办公软件，能独立完	车辆、热力学、流体、机械类等相关专业	★★★★★

续表

序号	岗位族名称	岗位（群）名称	职业分类	岗位（群）职责	岗位任职资格标准	主要专业来源	紧缺度（五星为最紧缺）
				管理件的供应商评估、管理及技术评审，进行项目跟踪，完成部件的同步开发测试 6. 负责电池包热管理部件装配技术支持和维护 7. 负责所承担设计工作的技术资料的编制与归档	成2D图纸、3D建模 6. 具有良好的团队合作精神、逻辑思维能力、较强的责任心以及沟通能力		
39	系统集成工程师	电池性能开发工程师（含热管理、EMC、高压安全、功能安全）	汽车工程师	1. 负责动力电池材料、单体电芯及系统的热安全、高压安全及功能安全的测试与评估 2. 负责撰写动力电池热安全、高压安全及功能安全评估报告 3. 负责动力电池材料、单体电芯及系统的热安全、高压安全及功能安全软件模型使用、分析及优化 4. 负责跟进公司相关的合作项目	1. 具有锂电池相关研究或测试经验 2. 熟悉锂电池电芯、模组、PACK的结构，熟悉电池安全失效形式和安全测试方法者优先 3. 熟悉如COMSOL、Fluent等电池建模常用软件平台者优先	电化学、动力工程及工程热物理、传热学、燃烧学等相关专业	★★ ★★★
40	系统集成工程师	燃料电池系统工程师（含架构、集成、设计等）	汽车工程师	1. 负责膜电极开发、设计、浆料和工艺优化，失效分析、测试与表征，电堆性能及特性的测试及分析 2. 负责燃料电池发动机的系统设计 3. 协助完成燃料电池发动机控制策略开发以及测	1. 本科以上学历 2. 至少3年在汽车电气/电子控制系统担任功能安全工程师或功能安全经理的经验 3. 熟悉ISO 26262或相关安全标准，如SAE J2980、ISO 21448、UL4600	自动化、电气/电子工程、车辆工程等相关专业	★★ ★★

附录五 紧缺人才需求目录（研发人员）

续表

序号	岗位族名称	岗位（群）名称	职业分类	岗位（群）职责	岗位任职资格标准	主要专业来源	紧缺度（五星为最紧缺）
				试验证 4. 跟踪并收集车辆运营过程中燃料电池发动机的相关问题，并协助优化燃料电池发动机性能及控制策略	4. 需要熟悉 ISO 26262，包括功能安全管理、安全分析（包括 FMEA、FTA、FMEDA、DFA 等）、审核与评估 5. 具有 ASIL C 或 ASIL D 汽车安全项目经验		
41	系统集成工程师	燃料电池系统性能工程师（含热管理、EMC、功能安全）	汽车工程师	1. 负责电池热管理开发，加热方式、冷却方式、保温方式、热防护方式评估，设计，零件管理，定点、交样及问题解决 2. 熟悉热管理性能仿真、热失控仿真 3. 熟悉 EMC、功能安全仿真	1. 本科及以上学历 2. 有电池热管理主机厂或电池厂相关工作经验 2 年以上 3. 熟悉电池 PACK 热管理需求，熟悉电芯发热特性，了解电池 PACK 基本结构与性能 4. 熟悉动力电池热管理相关控制策略	热能工程等相关专业	★★★★
42	系统集成工程师	电驱动系统集成工程师（结构）	汽车工程师	1. 负责 MCU 事业部硬件团队建设及管理 2. 负责 MCU 事业部所有项目硬件相关工作的协调和管理 3. 负责配合产品负责人完成项目开发	1. 本科及以上，研究生优先 2. 6 年以上新能源汽车电控设计经验 3. 整车系统电驱系统产品开发的技术需求方案制定、技术对接 4. 与电驱系统相关的试制、试验以及售后问题的分析整改 5. 跟踪和开发电驱系统前瞻性技术 6. 电驱动系统驱动效率、可靠性、NVH 以及 EMC 性能管控	电力电子、自动化、电气工程、电子信息、机电一体化、车辆工程、信号与系统等相关专业	★★★★

续表

序号	岗位族名称	岗位（群）名称	职业分类	岗位（群）职责	岗位任职资格标准	主要专业来源	紧缺度（五星为最紧缺）
43	系统集成工程师	电驱动性能开发工程师（含热管理、EMC、NVH、高压安全、功能安全）	汽车工程师	1. 负责产品热管理、EMC、NVH、高压安全、功能安全性能指标制定 2. 在产品设计阶段，负责产品前期的热管理、EMC、NVH、高压安全、功能安全性能评估及优化设计 3. 负责电机振动与噪声试验方案的制定及后续测试工作 4. 负责产品热管理、EMC、NVH、高压安全、功能安全数据采集、分析，完成分析报告 5. 产品在产生振动、噪声或异响时，负责分析原因，并制定产品改进对策	1. 硕士及以上学历或"985/211"本科毕业，经验丰富、能力突出者可放宽 2. 具备3年及以上的NVH分析或测试经验，有风机/驱动电机/轴承NVH方面工作经历者优先 3. 精通振动、噪声基础理论与NVH基本原理，理解风力发电机或驱动电机的NVH形式 4. 具备使用Ansys/ACT或LMS进行零部件的振动模态、谐响应和声音传播的仿真能力 5. 具备独立开展产品NVH测试能力（振动、模态、噪声） 6. 具有良好沟通能力和团队合作精神	电机、机械设计或声学等相关专业	★★★★★
44	系统集成工程师	车载电源系统集成工程师	汽车工程师	1. 负责设备开关电源产品的设计、开发调试，研究高频逆变电源等关键技术 2. 根据要求完成总体方案，器件选型，原理图设计，PCB设计，调试、测试、维护、优化等工作，并对设计质量负责 3. 根据项目需求完善电源产品各项参数指标	1. 本科及以上学历 2. 3年以上电源研发生产工作经验 3. 熟悉电力电子器件、开关电源拓扑结构、电子电路设计、PCB设计；具有良好的应用电子技术和自动控制理论基础 4. 熟悉磁性材料、高频变压器的特性及应用	计算机、电子工程、通信电子等相关专业	★★★

续表

序号	岗位族名称	岗位（群）名称	职业分类	岗位（群）职责	岗位任职资格标准	主要专业来源	紧缺度（五星为最紧缺）
				4. 协助软件工程师排查硬件问题 5. 组织产品样机的加工制造、过程控制及验收，解决产品的技术问题 6. 编写硬件相关文档和标准化资料 7. 对项目产品化提供技术支持	5. 具有EMI EMC分析和调试能力 6. 了解电源产品散热处理技术，了解高电压及其绝缘技术 7. 有较强的学习和动手能力，工作积极主动，具有较强的责任心、良好的沟通能力和团队协作能力		
45	系统集成工程师	车载电源性能开发工程师（含热管理、EMC、高压安全、功能安全）	汽车工程师	1. 负责车载电源产品的系统方案设计，含热管理、EMC、高压安全、功能安全等 2. 负责车载电源模块功能安全、产品性能的设计与测试 3. 协助工程师进行车载电源硬件设计、软件设计 4. 负责车载电源整机功能与性能集成、调试，HIL与台架测试，支持整车测试 5. 编写各种标准、流程、规范	1. 本科及以上学历 2. 3年以上电源研发生产工作经验 3. 具有良好的应用电子技术和自动控制理论基础 4. 了解电源产品散热处理技术，了解高电压及其绝缘技术 5. 有较强的学习和动手能力	计算机、电子工程、通信电子等相关专业	★★ ★★

续表

序号	岗位族名称	岗位（群）名称	职业分类	岗位（群）职责	岗位任职资格标准	主要专业来源	紧缺度（五星为最紧缺）
46	仿真和测试工程师	材料仿真、测试工程师（选型，配比）	汽车工程师	1. 负责材料选型：明确产品所用材料的种类、性能、成本及应用范围，能在产品设计开发过程中，配合选用合适的材料 2. 负责材料性能表征，包括金相分析、力学性能、黏结性能、导热性能等相关分析和测试实验 3. 结合电池系统，配合技术部门进行新材料、新特性的评估，同步开发测试方法和测试标准 4. 负责电池系统零部件材料的DV和PV阶段测试以及报告的编写 5. 负责电池系统零部件材料的失效分析，运用合适的材料测试分析手段提出解决问题办法并提供技术支持 6. 参与材料分析设备采购的技术选型工作	1. 本科及以上学历 2. 3年以上从事高分子材料或者金属材料的工作经验 3. 熟悉各种有机（PC、SMC、丙烯酸酯、聚氨酯、导热硅胶）和无机材料（钢、铝等）的物理性能、化学性能和力学性能 4. 了解金属加工、塑料注塑、胶水合成、表面电泳处理等工艺技术，并熟悉其中至少一种相关工艺 5. 熟悉IEC、ISO、ASTM、GB、GB\T针对零部件材料的各类测试标准，熟悉黏度、硬度、拉伸、剥离强度、弯曲、耐疲劳等性能测试及分析方法 6. 会使用3D制图软件者优先	化学类、新能源材料类等相关专业	★★★

续表

序号	岗位族名称	岗位（群）名称	职业分类	岗位（群）职责	岗位任职资格标准	主要专业来源	紧缺度（五星为最紧缺）
47	仿真和测试工程师	电芯仿真、测试工程师（含寿命、热管理、电化学、电流密度）	汽车工程师	1. 负责铁锂电芯性能测试对接与数据整理汇总 2. 负责铁锂电芯失效表征分析 3. 负责铁锂电芯整车对接与数据分析反馈 4. 负责铁锂电芯测试标准规范及认证	1. 硕士1年以上或本科2年以上工作经验 2. 熟悉动力电池的工艺流程和性能指标 3. 掌握锂离子电池材料、电化学等基本知识和锂离子电芯设计、工艺知识 4. 熟悉DOE和6 Sigma等工程方法 5. 工作富有激情、逻辑清晰，有良好的工作习惯，工作细致、认真	电化学、化学、应用化学、材料等相关专业	★★★★
48	仿真和测试工程师	PACK仿真、测试工程师（含寿命、热管理、结构）	汽车工程师	1. 制定结构、热及寿命仿真流程，仿真标准 2. 针对仿真需求制订仿真计划 3. 完成整包ET样、PT样结构仿真，热仿真，寿命仿真分析 4. 审核评估FT整包结构与热仿真报告，审核评估结构部件仿真报告 5. 跟踪电池系统机械类试验并进行试验对标工作 6. 提出结构优化建议，协助产品及性能工程师优化	1. 硕士及以上学历 2. 2年以上PACK仿真经验 3. 熟悉电池包相关参数、电池系统性能要求 4. 熟悉CAE基础及应用 5. 熟练使用办公软件	机械、自动化、材料等相关专业	★★★★★

续表

序号	岗位族名称	岗位（群）名称	职业分类	岗位（群）职责	岗位任职资格标准	主要专业来源	紧缺度（五星为最紧缺）
49	仿真和测试工程师	燃料电池电堆仿真、测试工程师	汽车工程师	1. 负责相关电堆测试任务，并做数据初步处理，撰写测试报告 2. 制定电堆测试协议及测试标准 3. 完成测试故障处理、分析及跟踪 4. 完成测试前电堆组装、气密性检查 5. 配合部门其他同事，完成相关电堆测试 6. 对采购设备进行维护及保养，负责与设备商一起调试、解决设备问题	1. 本科及以上学历 2. 有燃料电池开发、测试或者系统测试经验者优先 3. 熟悉燃料电池电堆测试台、电化学工作站测试设备，能够独立完成测试台操作，具有较强的学习能力与动手能力	化学、材料学、燃料电池等相关专业	★★★
50	仿真和测试工程师	燃料电池系统仿真、测试工程师	汽车工程师	1. 配合工程师进行电堆部件的准备与测试 2. 参与电堆组装及相关测试工作 3. 部件质量检查检测与登记工作 4. 支持极板与电堆实验室工作开展，并能进行有限元分析等 5. 协助与负责试验准备，维护测试设备、仪器和数据采集系统，支持测试计划推进，参与部分整理、分析测试数据，撰写技术报告、文档、PPT等 6. 负责领导交代的其他相关工作	1. 2年以上新能源或燃料电池行业工作经验 2. 工作积极认真，能吃苦耐劳 3. 能适应短期出差或根据需要一定时间驻现场工作 4. 具有新能源领域工程项目经验，具备交叉学科领导能力、良好的沟通和协调能力、团队质量决策与协作能力，能快速学习并有创新能力者优先	电子、机电、机械设计、化工工程、热能与动力工程等相关专业	★★★★

附录五　紧缺人才需求目录（研发人员）

续表

序号	岗位族名称	岗位（群）名称	职业分类	岗位（群）职责	岗位任职资格标准	主要专业来源	紧缺度（五星为最紧缺）
51	仿真和测试工程师	车载氢系统仿真、测试工程师	汽车工程师	1. 负责车载氢系统建模及仿真技术研究 2. 负责机电液联合仿真技术难题攻关 3. 负责车载氢系统机械、流场、热场、电磁场等方面的仿真 4. 负责车载氢系统整车匹配仿真 5. 为车载氢系统设计提供技术支持	1. 硕士及以上学历 2. 工作3年以上 3. 熟练使用Creo、CAD、Ansys等软件 4. 具备部件结构有限元分析能力	机电、机械设计、自动化等相关专业	★★★
52	仿真和测试工程师	电驱动系统仿真、测试工程师	汽车工程师	1. 协助完成CAE\CFD仿真分析工具平台采购调研，输出平台建设规划 2. 负责电驱动系统（EDU或EDS或eAXLE）各部件的流体及热传导仿真分析，包括但不限于电机的散热水道、IGBT的散热水道、转子油道、转子磁钢温度分析，齿轮箱、轴承散热分析等 3. 负责供应商流体及热传导方案的审核、沟通	1. 硕士及以上学历 2. 工作5年以上 3. 有成熟的电驱动系统（EDU或EDS或EAXLE）热仿真工作经验 4. 有油冷仿真经验的优先 5. 熟练使用Ansys或Semi-center系列软件	电机、机械等相关专业	★★★★★

续表

序号	岗位族名称	岗位（群）名称	职业分类	岗位（群）职责	岗位任职资格标准	主要专业来源	紧缺度（五星为最紧缺）
53	仿真和测试工程师	电机仿真、测试工程师	汽车工程师	1. 负责新能源汽车水冷、油冷电机的热设计、验证和优化 2. 负责电机热仿真，包括冷却水道、油路、流阻等热路模型搭建和仿真 3. 与电磁工程师合作进行电机多物理场耦合分析及优化设计	1. 本科及以上学历 2. 本科工作3年以上，硕士1年以上工作经验 3. 熟悉电机结构和原理，掌握力学、热力学、流体力学等专业知识 4. 熟练使用Ansys、MotorCAD、Fluent等机械结构和热仿真软件 5. 熟悉电机常用材料，对电机制造流程和生产工艺有深入了解 6. 具有优秀的团队合作能力、主动积极的自学能力、良好的沟通能力以及创新精神	电机、机械等相关专业	★★★★
54	仿真和测试工程师	电控仿真、测试工程师	汽车工程师	1. 负责现有产品（包括变频器及伺服）失效分析 2. 负责新产品投产前可靠性分析 3. 协助其他部门任务	1. 熟悉电机驱动器产品的工作原理，熟悉电机驱动器硬件电路原理，熟练使用实验测试仪器 2. 从事变频器或其他电机驱动产品的设计、测试或失效分析工作者优先考虑 3. 工作认真细致，善于沟通	电气工程、自动化、电力电子、机电、通信等相关专业	★★★★

附录五 紧缺人才需求目录（研发人员） | 201

续表

序号	岗位族名称	岗位（群）名称	职业分类	岗位（群）职责	岗位任职资格标准	主要专业来源	紧缺度（五星为最紧缺）
55	仿真和测试工程师	减速器仿真、测试工程师	汽车工程师	1. 负责减速器的结构、寿命仿真设计，验证和优化 2. 负责减速器产品失效分析 3. 负责减速器产品可靠性分析及优化设计	1. 本科及以上学历 2. 熟悉减速器结构和原理 3. 熟练使用Ansys等机械结构仿真软件 4. 熟悉减速器常用材料，对减速器制造流程和生产工艺有深入了解 5. 具有优秀的团队合作能力、主动积极的自学能力、良好的沟通能力以及创新精神	机械等相关专业	★★★
56	仿真和测试工程师	车载电源仿真、测试工程师	汽车工程师	1. 能了解并挖掘客户需求，分析客户需求并根据客户需求制定解决方案 2. 负责硬件仿真设计工具的支持，硬件SI/PI/EMC设计及咨询项目的实施 3. 负责开展相关硬件仿真设计背景及相关工具的培训	1. 硕士及以上学历 2. 3年以上工作经验者优先 3. 了解电路、模电/数电、PCB板设计等，熟悉SI/PI/EMC设计等；从事过电子SI/PI/EMC设计及实施的人员优先 4. 熟悉EMC设计及测试、天线或雷达设计	电子类、电气类、机械电子类等相关专业	★★★
57	运维工程师（车端）	电池大数据工程师	汽车工程师	1. 负责锂电池大数据分析，包括数据清洗、数据分析、建模及优化 2. 负责电池SOC、SOH、热失控等算法的设计和调优 3. 协助锂电池电芯、模组、系统测试	1. 本科及以上学历 2. 具备新能源汽车大数据项目开发经历者优先，具备动力电池性能开发经历者优先 3. 精通锂电池特性 4. 数理基础、编程基础扎实，熟悉算法数据结	计算机、自动化等相关专业	★★★

续表

序号	岗位族名称	岗位（群）名称	职业分类	岗位（群）职责	岗位任职资格标准	主要专业来源	紧缺度（五星为最紧缺）
				4. 负责电池模型的搭建、调试与优化 5. 负责相关技术文档编制与代码编写、测试	构，熟悉统计学习方法，熟悉深度学习算法及其框架 5. 有较好的Java/C/Python等语言基础，精通1~2种		
58	运维工程师（车端）	电池回收利用工程师	汽车工程师	1. 负责新能源锂电池（三元或磷酸锂）动力电池的回收项目的规划、技术支持、外包对接 2. 负责回收技术及效率的提升与改进	1. 本科及以上学历 2. 5年以上电池行业研发工作经验 3. 熟悉电池研发整个环节与生产制造流程	电化学等相关专业	★★
59	运维工程师（车端）	换电开发工程师	汽车工程师	1. 负责电池系统开发定义、方案设计及评价 2. 负责快换电池箱电气部件总体集成方案 3. 输出电气设计方案书、拓扑图、原理图、选型指导书 4. 负责换电产品线束、管路三维模型设计	1. 本科及以上学历 2. 3年以上非标自动化电气设计经验 3. 能够根据功能需求，独立设计机电架构及具体实现方案，完成零部件选型，与供应商完成技术对接 4. 熟练使用二维、三维绘图软件 5. 能够配合机械工程师完成样机组装和调试，能独立完成电子、软件系统调试和整机联调，针对存在的问题制定解决方案并跟进实施 6. 有汽车换电系统开发经验者优先 7. 有良好的执行力、沟通合作能力和团队合作精神	电气、自动化等相关专业	★★★

续表

序号	岗位族名称	岗位（群）名称	职业分类	岗位（群）职责	岗位任职资格标准	主要专业来源	紧缺度（五星为最紧缺）
60	运维工程师（车端）	换电电气工程师	汽车工程师	1. 负责换电站设备专业化管理 2. 协助强电施工，进行简单设计 3. 负责编制换电站运维体系文件 4. 负责制定换电站维保方案，指导处理换电站设备故障 5. 定期巡查换电站，发现问题后提出专业解决方案	1. 专科及以上学历 2. 两年以上工作经验 3. 持电工证，懂交流电、电气设备，有与电相关设计、工程施工、使用维护及保养经验者优先 4. 有良好的安全意识，有团队管理经验者优先 5. 熟练使用各种办公软件 6. 有较强的学习能力和沟通能力	电气、自动化等相关专业	★★
61	运维工程师（车端）	充电开发工程师	汽车工程师	1. 负责大功率锂电池充电机的产品研发工作 2. 负责高低压充电系统方案确定、性能匹配计算、技术资料与图纸确认 3. 负责公司重点项目产品实施 4. 配合电动汽车充换电业务的市场推广工作 5. 配合新能源充电站的设计及技术管理工作	1. 本科及以上学历 2. 精通电力电子开关电源相关专业知识，有大功率电源开发经验者优先 3. 熟练使用电脑办公软件，CAD等设计软件 4. 具有一定的充电桩工程工作经验 5. 具有敏锐的洞察力，熟悉电动汽车充换电行业领域 6. 具有较强的沟通能力及灵活应变能力	电力电子、电气工程及其自动化等相关专业	★★★★

续表

序号	岗位族名称	岗位（群）名称	职业分类	岗位（群）职责	岗位任职资格标准	主要专业来源	紧缺度（五星为最紧缺）
62	运维工程师（车端）	充电电气工程师	汽车工程师	1. 负责充电桩的电气原理设计 2. 负责充电桩零部件的选型、资料整理、新增等 3. 负责充电桩电气原理图/接线图的编制、整机BOM的编制 4. 负责充电桩生产过程的指导 5. 作为项目负责人，负责一般项目的项目管理	1. 本科及以上学历 2. 配电行业4年以上工作经验或电桩行业2年以上工作经验 3. 能熟练阅读中英文技术文档 4. 具备良好的团队精神和沟通意识，责任心强	电气或自动化等相关专业	★★
63	运维工程师（车端）	充电匹配工程师	汽车工程师	1. 负责电动车与直流充电桩、交流充电桩的匹配测试，包括实验室测试和实车实桩测试 2. 匹配内容包括机械匹配、电气匹配、逻辑匹配等 3. 负责电动车与充电桩匹配问题的排查和解决 4. 负责电动车与充电桩匹配设计规范的制定	1. 本科及以上学历 2. 5年以上工作经验 3. 了解电动车充电相关的标准 4. 具有一定的充电匹配开发经验 5. 具备良好的团队精神和沟通意识	电力电子、电气工程及其自动化等相关专业	★★
64	运维工程师（车端）	V2G工程师	汽车工程师	1. 负责V2G（车向电网）和V2l（车向负载）产品的规划、定义、开发及管理 2. 负责V2G测试实验设计、需求分析设计 3. 负责根据相关国家标准，制定公司产品的规格	1. 本科及以上学历 2. 通信理论基础扎实 3. 熟悉国际和国内主流V2G技术路线及标准制定 4. 较强的归纳、统计、分析和判断力，文档规范编写能力	通信工程、电力电子等相关专业	★★

附录六 技能人员主要岗位目录及任职资格标准

行业或领域	岗位（群）	职业分类	岗位群职责	主要专业来源	学历	技能	经验
新能源整车制造（3612）	试制与试验	检验试验人员（6-31-03）	1.依据国家标准，使用专用测试设备、仪器与软件，完成车辆、总成性能测试、参数匹配与数据记录、反馈测试系统，分析测试数据等 2.制定整车试验方案，搭建测试系统，分析测试数据等	汽车制造类、机械设计制造类、机电设备类等相关专业方向	高职专科及以上学历	1.汽车电路图、电气图识读和应用能力 2.新能源汽车测试台架、常用工量具规范使用能力 3.使用相关软件设计整车试验方案能力 4.搭建测试系统能力 5.新能源汽车高压电安全防护技能 6.新能源整车及零部件性能测试技能 7.智能网联车辆仿真测试、道路测试技能 8.使用测试软件，统计和分析数据能力	3年以上相关工作经验

续表

行业或领域	岗位（群）	职业分类	岗位群职责	主要专业来源	学历	技能	经验
	工艺开发与管理	其他汽车制造人员（6-22-99）	1. 策划整车生产线方案 2. 编制整车冲压、总装等生产工艺流程 3. 编制生产质量检验指导书、生产检验质量标准等	新能源汽车、汽车制造类、机械设计制造类等相关专业方向	高职专科及以上学历	1. 使用相关软件进行工艺设计/方案设计技能 2. 使用机械设计软件、设计制作工装技能 3. 过程监控，解决现场技术问题能力等	3年以上相关工作经验
新能源整车制造（3612）	生产线操作	汽车生产线操作工（6-22-01-01）	依据生产作业指导书，按照安全操作流程，生产设备，完成车辆涂装焊装、冲压、机加等生产加工任务	新能源汽车、汽车制造类、自动化类、机电设备类等相关专业方向	高职专科、中职专科	1. 新能源汽车电路图识图能力 2. 读懂工艺卡、作业指导书，理解流程作业单和工作要求能力 3. 新能源汽车生产加工设备规范操作能力 4. 新能源汽车用高压电安全防护技能 5. 新能源汽车整车及主要部件拆装技能等	具有低压电工特种作业操作证

续表

行业或领域	岗位（群）	职业分类	岗位群职责	主要专业来源	学历	技能	经验
新能源整车制造（3612）	装调	汽车装调工（6-22-02-01）	依据安全操作流程和装配工艺规范，使用专用工具完成新能源汽车整车、动力电池、驱动电机总成、电机控制器总成和底盘系统和电气系统、机械零部件等的装配和调试	新能源汽车、汽车制造类、机械设计制造类、机电设备类等相关专业方向	高职专科、中职专科学历	1. 新能源汽车电路图、电气图、机械图识图能力 2. 新能源汽车常用装配调试工具使用能力 3. 合理选用新能源汽车常用材料能力 4. 新能源汽车高压电安全操作防护技能 5. 新能源汽车整车、总成、零部件规范拆装、检测和调试技能 6. 动力电池充电与更换操作技能 7. 车辆数据分析技能	1年以上新能源汽车相关工作经验
	质检	质检员（6-31-03-05）	1. 新能源汽车零部件来料检测 2. 新能源汽车制造装配过程检测 3. 依产品质量标准，进行下线新车外观、安全、综合性能检测及各系统工作状态检测 4. 质量数据记录反馈	汽车制造类、机电设备类等相关专业方向	中职专科及以上学历	1. 新能源汽车电路图、机械图识图能力 2. 新能源汽车常用检测设备、工量具规范使用维护能力 3. 新能源汽车四大工艺和零部件质量检测和诊断技能 4. 新能源汽车质量电路及其	1年以上新能源汽车相关工作经验

续表

岗位（群）	职业分类	岗位群职责	主要专业来源	学历	技能	经验
		5. 返修检测 6. 进行产品质量改进与改善			元器件检测和故障诊断技能 5. 智能传感器、计算平台和智能座舱系统检测诊断技能 6. 应用相关软件进行新能源汽车故障码和数据流分析技能等	
返修	其他汽车制造人员（6-22-99）	针对下线检测不合格车辆进行修复	汽车制造类、机械设计制造类、电子信息类等相关专业方向	高职专科及以上学历	1. 新能源汽车常用维修设备、工具使用能力 2. PLC故障诊断能力 3. 基本软件编程能力 4. 新能源汽车用高压电安全防护技能 5. 新能源汽车驱动电机及控制系统、车身电气系统、动力电池系统、底盘系统、空调舒适系统、充电系统拆装及检修技能 6. 混合动力系统检修技能 7. 电动汽车CAN总线检测技能 8. 车载网络维护技能	2年以上相关工作经验；具有低压电工特种作业操作证、驾驶证

行业或领域：新能源整车制造（3612）

续表

行业或领域	岗位（群）	职业分类	岗位群职责	主要专业来源	学历	技能	经验
新能源整车制造（3612）	生产现场管理	其他生产辅助人员（6-31-99）	1. 生产现场工艺指导 2. 生产现场安全管理 3. 生产设备维护及故障维修 4. 生产现场技术问题排除 5. 生产班组管理等计划、组织、协调、控制工作	汽车制造类、机电设计制造类、机械设计制造类、新能源汽车等相关专业方向	高职专科及以上学历	1. 生产现场班组管理能力 2. 生产设备维护及故障维修能力 3. 生产现场危险源识别及安全处置能力 4. 生产现场技术问题排除能力	3年以上相关工作经验
	充电设施设备安装、运维	机电设备修理人员	1. 充电设施设备安装与调试 2. 充电设施设备日常维护管理 3. 充电桩安全操作培训和指导	电力技术类、自动化类、机电设备类等相关专业方向	高职专科及以上	1. 电路分析和设计能力 2. 充电设施常用工具、仪器装调、质检操作能力 3. 高压电安全防护技能 4. 充电设施设备安装调试技能 5. 充电设施设备质检及维护技能等	2年以上相关工作经验，具有低压电工特种作业操作证、钳工证

续表

行业或领域	岗位（群）	职业分类	岗位群职责	主要专业来源	学历	技能	经验
汽车修理与维护（8111）	售后服务接待	汽车维修技术服务人员（4-12-01）	1. 完成车辆从维修预约到结算交车全流程服务工作。2. 依据安全操作规范，使用新能源汽车常见检测设备，进行整车基础检查。3. 依据安全操作流程和技术标准，工艺指导书，使用专用工具完成整车及零部件功能检查，进行故障初步诊断	道路运输类或新能源汽车等相关专业方向	中职专科、高职专科	1. 新能源汽车电路图、电气图、机械结构图识图能力。2. 新能源汽车常用检测维修设备、工具规范操作能力。3. 车用高压电安全防护技能。4. 新能源汽车常见故障检查诊断技能。5. 新能源汽车常规保养、易损件更换技能。6. 乘用车驾驶技能。7. 计算机及Office办公软件使用能力等	1年以上新能源汽车服务经验，具有低压电工特种作业操作证
	机电维修	汽车维修工（4-12-01-01）	1. 依据维修手册和安全操作规范，正确使用工具设备，对新能源汽车常用设备、车身电气系统、驱动电机及控制系统、动力电池及管理系统、空调系统等部件进行拆装、检测以及故障	道路运输类或机电类新能源汽车等相关专业方向	中职专科、高职专科学历	1. 电路图、电气图、机械结构图识图能力。2. 常用检测维修设备、工具规范操作能力。3. 车用高压电安全防护技能。4. 车用高压电系统上电、断电、验电能力	3年以上汽车相关工作经验，具有国家低压电维修资质，驾驶证

附录六 技能人员主要岗位目录及任职资格标准 | 211

续表

行业或领域	岗位（群）	职业分类	岗位群职责	主要专业来源	学历	技能	经验
汽车修理与维护（8111）			诊断和修复更换 2. 车用程序与软件升级			5. 新能源汽车线束拆装、清理、检查能力 6. 高压电驱动及控制系统、车身电气系统、动力电池系统、底盘系统、充电系统、空调与舒适系统的拆装、检测与诊断维修技能 7. 车载网络维护技能 8. 智能系统检测、调试与软件更新技能	
	钣金维修	汽车维修工（4-12-01-01）	依照客户需求或车辆故障情况，按照车辆维修工艺对车身开展整形修复工作	不限	技校或中职	1. 专用设备与工具规范使用能力 2. 车用高压电安全防护技能 3. 钣金工艺技能 4. 密封胶涂胶技能	1年以上相关工作经验

续表

行业或领域	岗位（群）	职业分类	岗位群职责	主要专业来源	学历	技能	经验
汽车修理与维护（8111）	喷涂维修	汽车维修工（4-12-01-01）	依照客户需求或车辆故障情况，按照车辆维修工艺对车身开展涂装维修复	不限	技校或中职	1. 专用设备与工具规范使用能力 2. 车用高压电安全防护等技能 3. 喷涂工艺技能 4. 密封胶涂胶技能	不限
	维修质检	质检员（6-31-03-05）	1. 汽车零部件来料检测，制造和装配过程检测，跟进质量问题 2. 依据下线新车标准、综合性能检测、各系统工作状况检测和质量数据记录反馈 3. 进行产品质量改进与改善	汽车制造类、机电设备类等相关专业方向	中职专科及以上学历	1. 新能源汽车电路图、电气图，机械结构图识图能力及机械制图能力 2. 新能源汽车检验设备、测量工具规范使用与维护能力 3. 车用高压电安全防护技能 4. 维修工艺和零部件质量检验技能 5. 新能源汽车传感器、智能座舱及元器件，智能座舱系统检测平台技能 6. 新能源汽车故障码和数据流分析技能	1年以上新能源汽车相关工作经验

续表

行业或领域	岗位（群）	职业分类	岗位群职责	主要专业来源	学历	技能	经验
汽车修理与维护（8111）	美容装饰	其他修理及制作服务人员（4-12-99）	新能源汽车美容、装饰、改装等	汽车制造类等相关专业方向	中职专科	1. 车用高压电安全防护技能 2. 新能源汽车美容装饰改装项目的产品选用、材料选择、设备操作及任务实施能力 3. 分析理解设计方案和编制新能源汽车美容装饰初级方案能力	不限
	配件管理	采购员（4-01-01-00）、仓储管理员（4-02-06-01）	1. 新能源汽车零配件采购计划及供应管理 2. 配件仓库管理 3. 配件索赔	汽车制造类等相关专业方向	高职专科及以上	1. 新能源汽车零配件识别能力 2. 提供配件相关技术问题咨询能力 3. 汽车零配件仓储管理软件应用能力 4. 数据统计、维护及管理能力	3年以上相关工作经验
	动力电池回收	汽车回收拆解工（6-22-02-02）	1. 动力电池余能检测 2. 动力电池均衡管理及维护 3. 动力电池回收拆装	自动化类、机械设计制造类等方向	中职专科、高职专科	1. 动力电池余能检测技能 2. 动力电池均衡管理及维护技能 3. 动力电池回收拆装技能	至少3年相关工作经验

续表

行业或领域	岗位（群）	职业分类	岗位群职责	主要专业来源	学历	技能	经验
汽车销售与服务	销售	销售人员（4-01-02）	1. 向用户进行新能源汽车讲解，完成车辆销售 2. 新能源汽车市场数据收集、处理、分析 3. 开发潜在客户及客户关系维护	汽车营销类、汽车制造类、新能源等相关专业方向	中职及以上	1. 新能源汽车结构特性讲解技能 2. 高水平的试乘试驾技能 3. 车辆智能网络监控、诊断、维护技能 4. 新媒体营销与自媒体制作能力 5. 新能源汽车营销方案策划能力 6. 车辆市场数据搜集、处理、分析能力	不限
	技术支持	汽车工程技术人员（2-02-07-11）	1. 协助销售提供产品定制化服务和客户技术咨询 2. 指导售后维修解决方案 3. 对索赔进行技术判定	汽车制造类、机械设计制造类等相关专业方向	职业本科及以上	新能源汽车整车、总成、零部件设计、性能测试、工艺设计、装配调试、质量控制等技能，具有相关软件应用、设备改造、生产管理、故障检修能力	3年以上相关工作经验

附录七 紧缺人才需求目录（技能人员）

行业或领域	岗位（群）	职业分类	岗位群职责	知识	技能	经验	主要专业	紧缺度
新能源整车制造（3612）	装调	汽车装调工（6-22-02-01）	依据安全操作流程和装配工艺规范，使用专用工具完成新能源汽车整车、动力电池、驱动电机总成、电机控制器总成和底盘系统和电气系统、机械零部件等的装配和调试	1. 汽车电工电子知识 2. 汽车机械制图知识 3. 整车构造基本原理 4. 新能源汽车动力电池系统和充电系统基本结构与原理 5. 新能源汽车驱动电机及控制系统、电气系统、底盘系统等基础知识 6. 新能源汽车常用材料等基础知识	1. 新能源汽车电路图、电气图、机械图识图能力 2. 常用装配调试工具使用能力 3. 合理选用常用材料能力 4. 新能源汽车高压电安全操作防护技能 5. 新能源汽车整车、总成、零部件规范拆装、检测和调试技能 6. 动力电池充电与更换操作技能 7. 车辆数据分析技能等	1年以上新能源汽车相关工作经验	高职专科、中职专科学历，新能源汽车、汽车制造类、机械设计制造类、机电设备类等相关专业	★★★★★
	质检	质检员（6-31-03-05）	1. 零部件来料检测 2. 新能源汽车制造和装配过程检测 3. 下线新车外观、安全、综合性能及各系统工作状态检测	1. 电工电子知识 2. 动力电池系统、驱动电机及控制系统、车身电气系统、底盘系统、充电系统、辅助系统等基础知识	1. 新能源汽车电路图、机械图识图能力 2. 新能源汽车常用检测设备、工量具规范使用维护能力 3. 新能源汽车四大工艺和零部件质量检测和诊断技能	1年以上新能源汽车相关工作经验	中职专科学历以上学历，汽车制造类、机电设备类等相关专业	★★★★★

续表

行业或领域	岗位（群）	职业分类	岗位群职责	知识	技能	经验	主要专业	紧缺度
新能源整车制造（3612）	工艺开发及管理	其他汽车制造人员（6-22-99）	4. 质量数据记录反馈 5. 产品返修检测 6. 产品质量改进	3. 汽车性能检测流程、检测标准、技术要求等 4. 检测设备操作规范 5. 整车质量管理体系和相关法律法规	4. 新能源汽车电路及其元器件、智能传感器、计算平台和智能座舱系统检测与诊断技能 5. 应用相关软件进行新能源汽车故障码和数据流分析技能等	3年以上相关工作经验	高职专科及以上学历，新能源汽车、机械设计制造类等相关专业	★★★
		其他汽车制造人员（6-22-99）	1. 策划整车生产线方案 2. 编制整车冲压、总装生产工艺流程 3. 编制生产质量检验指导书，生产检验标准等	1. 新能源汽车电工电子、机械设计与制造等基础知识 2. 新能源汽车构造基本原理知识 3. 高级程序设计语言 4. 新能源汽车领域安全生产、绿色生产、环境保护等相关知识和法律法规	1. 使用相关软件进行工艺设计/方案设计技能 2. 使用机械设计软件、设计制作工装技能 3. 过程监控，解决现场技术问题能力等			
	返修	其他汽车制造人员（6-22-99）	针对下线检测不合格车辆进行修复	1. 新能源汽车电工电子基础知识 2. 新能源汽车整车构造和基本原理知识 3. 新能源汽车动力电池系统、充电系统、驱动电机及控制系统、车身电气系统以及辅助系统的基础理论知识 5. 故障诊断知识	1. 新能源汽车常用维修设备、工具使用能力 2. PLC故障诊断能力 3. 基本软件编程能力 4. 新能源汽车用高压电安全防护技能 5. 新能源汽车驱动电机及动力电池系统、车身电气系统、底盘系统、空调系统拆装及检修 6. 混合动力系统维修技能 7. 电动汽车CAN总线检测技能 8. 车载网络维护技能	2年以上相关工作经验；具有低压电工特种作业操作证	高职专科及以上学历，汽车制造类、机械设计制造类、电子信息类等相关专业	★★★

续表

行业或领域	岗位（群）	职业分类	岗位群职责	知识	技能	经验	主要专业	紧缺度
新能源整车制造（3612）	试制与试验	检验试验人员（6-31-03）	1. 依据国家标准，使用专用测试设备、仪器与软件，完成车辆、总成与性能测试，参数匹配与数据记录，反馈利跟踪。 2. 制定整车试验方案，搭建测试系统，分析测试数据等	1. 新能源汽车基本构造和工作原理 2. 新能源汽车动力性能、制动性能、转向性能、经济性能、稳定性能等试验的基础理论知识	1. 汽车电路图、电气图识读和应用能力 2. 新能源汽车测试台架、常用工量具规范使用能力 3. 使用相关软件设计整车试验方案能力 4. 搭建测试系统能力 5. 新能源汽车高压电安全防护技能 6. 新能源整车及零部件性能测试技能 7. 智能网联车辆仿真测试、道路测试技能 8. 使用测试软件统计和分析数据能力	3年以上相关工作经验	高职专科及以上学历，汽车制造类、机械设计制造类、机电设备类等相关专业	★
	生产线操作	汽车生产线操作人员（6-22-1-01）	依据生产操作作业指导书，按照安全操作流程，操作生产设备，完成车辆涂装、焊装、冲压、机加工等生产加工任务	1. 新能源汽车基本构造和原理 2. 新能源基础知识 3. 新能源汽车安全防护知识 4. 工具操作规范	1. 新能源汽车电路图识读能力 2. 读懂工艺卡、作业指导书、作业单和工作要求能力 3. 新能源汽车生产加工设备操作规范技能 4. 新能源汽车用高压电安全防护技能 5. 新能源汽车整车及主要部件拆装技能等	低压电工特种作业操作证	高职专科、中职专科学历，汽车、新能源相关自动化类、机电设备类等相关专业	★

续表

行业或领域	岗位（群）	职业分类	岗位群职责	知识	技能	经验	主要专业	紧缺度
汽车修理与维护(8111)	机电维修	汽车维修工(4-12-01-01)	1. 依据维修手册和安全操作规范，正确使用新能源汽车常用工具设备，对新能源汽车底盘系统、车身电气系统、驱动电机及控制系统、动力电池及管理系统、空调系统等进行拆装、检测和修复 2. 车用程序与软件升级	1. 新能源整车构造和基本原理 2. 新能源汽车电工电子基础知识 3. 新能源电气系统、充电控制系统、车身电气系统、驱动电机及控制系统、动力电池及管理系统、底盘系统、空调舒适系统、混合动力系统等专业基础理论知识 4. 新能源汽车安全防护和环境保护知识	1. 新能源汽车电路图、机械结构图识读能力 2. 新能源汽车常用检测维修设备、工具规范操作能力 3. 车用高压电安全防护操作能力 4. 线束拆装、清理、检查能力 5. 高压电驱动及控制系统、车身电气系统、充电系统、空调系统、检测与诊断维修技能 6. 底盘系统的拆装与维修技能 7. 车载网络维护技能 8. 智能系统检测调试与软件更新	3年以上汽车维修专业经验，低压电工特种作业操作证，驾驶证	中职专科、高职专科学历，道路运输类、机电设备类、新能源汽车等相关专业	★★★ ★★
	售后服务接待	汽车维修技术服务人员(4-12-01)	1. 完成车辆交车全流程约到结算服务工作 2. 依据设备、使用检测设备，进行整车基础检查 3. 完成整车及零部件功能检查，进行故障初步诊断	1. 汽车电工电子知识 2. 不同类型新能源汽车各系统的名称、作用、基本结构和连接关系 3. 新能源汽车相关零部件的检查和调整方法 4. 汽车服务营销基础知识	1. 新能源汽车电路图、机械结构图识读能力 2. 新能源汽车常用检测维修设备、工具规范操作能力 3. 车用高压电安全防护操作技能 4. 常见故障诊断技能 5. 常规保养、易损件更换技能 6. 乘用车驾驶技能 7. 计算机及Office办公软件使用能力等	1年以上相关经验，远程救援经验，具有低压电工特种作业操作证	中职专科、高职专科学历，道路运输类或新能源汽车等相关专业	★★★ ★★

续表

行业或领域	岗位（群）	职业分类	岗位群职责	知识	技能	经验	主要专业	紧缺度
汽车修理与维护（8111）	钣金维修	汽车维修工（4-12-01-01）	依照客户需求或车辆故障情况，按照车身工艺对车身开展整形修复工作	1. 电工电子基础知识 2. 新能源汽车材料知识 3. 车用高压电安全防护知识等	1. 专用设备与工具规范使用能力 2. 车用高压电安全防护技能 3. 钣金工艺技能 4. 密封胶涂胶技能	1年以上相关工作经验	技校或中职学历，道路运输类等相关专业	★★★ ★★
	喷涂维修	汽车维修工（4-12-01-01）	依照客户需求或车辆故障情况，按照车身工艺对车身开展涂装修复工作	1. 金属、非金属材料表面涂装工艺基本要求 2. 车身表面处理工艺知识及环保标准 3. 车用高压电知识	1. 专用设备与工具规范使用能力 2. 车用高压电安全防护技能 3. 喷涂工艺技能 4. 密封胶涂胶技能	不限	技校或中职学历，道路运输类等相关专业	★★
汽车销售与服务	销售	销售人员（4-01-02）	1. 向用户进行新能源汽车讲解、完成汽车市场数据收集、处理、分析 2. 新能源汽车销售 3. 开发潜在客户及客户关系维护	1. 电工电子基础知识 2. 汽车机械基础知识 3. 新能源汽车构造原理 4. 新能源汽车性能与评价基础知识 5. 营销管理基础知识 6. 数据分析基础知识	1. 新能源汽车结构特性讲解技能 2. 高水平的试乘试驾技能 3. 智能网络监控、诊断、维护技能 4. 新媒体营销与自媒体制作能力 5. 新能源汽车营销方案策划能力 6. 市场数据搜集、处理、分析能力	不限	中职及以上学历，道路运输类，电子商务类，汽车类，新能源等相关专业	★★★ ★★

致　　谢

本次研究工作在工信部的支持和指导下进行，由中国汽车工程学会联合电动汽车产业技术创新战略联盟、国际汽车工程科技创新战略研究院、吉林大学汽车工程学院、清华大学汽车产业技术与战略研究院、清华大学车辆与运载学院、中国汽车工程学会技术教育分会和中国汽车工程学会汽车应用与服务分会共同完成。在研究过程中，得到了北京华汽汽车文化基金会、广州汽车集团股份有限公司、比亚迪汽车工业有限公司、博世（中国）投资有限公司、上海重塑能源集团股份有限公司、南昌智能新能源汽车研究院、中国第一汽车集团公司、东风汽车集团有限公司、吉利汽车集团有限公司、安徽江淮汽车集团股份有限公司、陕西汽车控股集团有限公司、上海蔚来汽车有限公司、上汽通用五菱汽车股份有限公司、特斯拉（上海）有限公司、重庆长安新能源汽车科技有限公司、奇瑞新能源汽车股份有限公司、智新科技股份有限公司、惠州亿纬锂能股份有限公司、孚能科技（赣州）股份有限公司、北京亿华通科技股份有限公司、上海捷氢科技有限公司、上海治臻新能源装备有限公司、上海氢晨新能源科技有限公司、精进电动科技股份有限公司、上海电驱动股份有限公司、上海蔚兰动力科技有限公司、上海捷能汽车技术有限公司等多家企业和清华大学、吉林大学、同济大学、湖南大学、北京理工大学、武汉理工大学、辽宁工业大学、湖北汽车工业学院、江苏大学、浙江工业大学、重庆大学、中北大学、淄博职业学院、荆州职业技术学院、深圳职业技术学院、福建工业学校等学校的积极支持和配合，为研究工作的顺利完成提供了极大的帮助。教育部教育质量评估中心为研究工作提供了高等教育质量监测国家数据平台相关数据支撑，猎聘和纳人为研究工作提供了大数据分析支撑。在此对各单位表示衷心的感谢。